LES BOURGEOIS

DE MOLINCHART

A MAX BÜCHON.

Acceptez, mon ami, la dédicace de ce nouveau volume, et si vous y trouvez quelques pages à votre convenance, l'auteur n'aura rien à se reprocher, et sera délassé des neuf mois qu'a demandés l'enfantement de ce livre.

CHAMPFLEURY.

CHAMPFLEURY

LES BOURGEOIS

DE

MOLINCHART

PARIS
LIBRAIRIE NOUVELLE
BOULEVARD DES ITALIENS, 15, EN FACE DE LA MAISON DORÉE.

L'Auteur et les Editeurs se réservent tous droits de traduction et de reproduction.

1855

PARIS. — TYP. DONDEY-DUPRÉ, RUE SAINT-LOUIS, 46, AU MARAIS.

LES BOURGEOIS
DE MOLINCHART

I

Visite d'un chevreuil à quelques bourgeois.

Il y a vingt ans, un chevreuil, poursuivi dans la plaine par des chasseurs, grimpa la montagne de Molinchart et traversa la ville. On en parle encore aujourd'hui.

Les grosses bêtes ne sont pas communes dans cette partie de la France.

De temps en temps, dans l'hiver, on entend parler d'un loup qui a été vu dans les environs, mais le fait est rare.

Le chevreuil fit une entrée plus triomphale qu'un prince. Il se présenta à la porte de la ville au moment où le gardien de l'octroi était occupé à sonder une voiture de roulier. Comme la grosse voiture occupait tout le passage de la porte, le chevreuil fit un bond par-dessus la tête de l'employé, qui, tout stupéfait de ce bruit particulier, put à peine apercevoir les pattes de derrière du chevreuil, au détour de la rue des Battoirs.

Devant la porte d'un marchand de tabac, on remarque un petit grenadier de bois du temps de Louis XVI ; il a un habit bleu à revers blancs, des culottes blanches, de grandes guêtres noires. Sous le bonnet à poil allongé sort une grosse tête fortement colorée, d'une nature impassible, dont les yeux ne semblent occupés qu'à regarder une longue pipe que la bouche serre avec amour. Le grenadier excite généralement l'admiration des gens de la campagne qui arrivent par cette porte de la ville. Le chevreuil ne daigna pas lever les yeux sur le grenadier de bois qui fume la même pipe depuis une centaine d'années.

Il allait déboucher sur la place du Marché qui conduit à la mairie, lorsque, pris de vertige, le chevreuil rebroussa tout à coup chemin. Ces maisons, ces boutiques ne ressemblaient guère à sa tranquille forêt de Saint-Landry, qui appartient à la couronne, et où les princes de la famille royale ne pensaient guère à chasser.

— Ah! le voilà! s'écria l'employé de l'octroi, qui courut au chevreuil avec une sonde à la main.

L'animal sentait la ville, et il voulait reprendre le chemin des champs; mais déjà son entrée avait produit un effet immense; tout un atelier de couturières était aux fenêtres; les boutiquiers de la rue sortaient de leurs boutiques.

Le chevreuil avait choisi la plus mauvaise rue de la ville, car elle compte trois hôtels de voyageurs. Les trois aubergistes étaient sortis précipitamment, occupés de cet événement, les uns armés de couteaux, les autres de broches; mais les trois rivaux, en se disputant d'avance la possession du chevreuil, firent que l'animal eut le temps d'enfiler une ruelle qui conduit aux remparts de la ville.

On vit alors un curieux spectacle : les marmitons, les cuisiniers des trois hôtels coururent à sa poursuite en deux bandes différentes, l'une redescendant vers la porte de la ville, dans la crainte que le chevreuil ne coupât brusquement la montagne; l'autre suivant à la piste. Derrière, on entendait un bruit confus de voix qui criaient : Arrêtez-le !

— Il faut aller au bas de la montagne.

— Vous ne l'aurez pas !

Les trois aubergistes gourmandaient leurs cuisiniers, leurs marmitons, donnaient des ordres, des contre-ordres, et ne savaient guère comment se terminerait l'affaire.

Au cas où le chevreuil voudrait bien se laisser prendre, un combat était presque imminent entre les gens des trois hôtels rivaux. Le Griffon fit des ouvertures au Soleil-d'Or, et l'Écu souscrivit aux conditions suivantes, c'est-à-dire

que le chevreuil serait loyalement partagé en trois parts:
Le Griffon réclama le filet et les rognons; le Soleil-d'Or
prit un quartier moins estimé, à la condition qu'on lui
abandonnerait la tête pour l'exposer en montre; et l'Écu,
qui était arrivé le dernier à la poursuite de la bête, se
contenta de ce que ses rivaux voulaient bien lui laisser;
c'est-à-dire des bas morceaux.

Cependant le chevreuil trompait les calculs de ses ennemis; après avoir respiré l'air du haut des remparts,
haletant, effrayé des rumeurs sourdes qui le suivaient,
sentant l'odeur de la cuisine, comme tous les animaux
qui ont l'instinct de l'abattoir, il ne retrouvait plus sa
piste et détournait encore une fois les remparts : c'était
vouloir faire une seconde entrée dans la ville. Il arriva
ainsi sous la voûte obscure de la mairie, où de tout temps
les polissons de la ville jouent aux *billes;* en apercevant
l'animal qui se présentait inopinément, les enfants se cri-
rent en présence d'une bête féroce, et se répandirent sur
la place en poussant des cris de terreur.

Le chevreuil essaya de rebrousser chemin; mais, à cent
pas de lui, il aperçut les tabliers blancs des gens de cuisine qui le poursuivaient; alors il continua sa course vers
la mairie, qui forme un terrain très en pente; au pied
duquel se trouve la vieille tour des Évêques. C'était un
mercredi, jour de petit marché; il y avait plus de monde
là que partout ailleurs. Le voisinage de la mairie, la grande
rue de la ville amènent toujours quelques allants et venants. Avant de tomber sur l'étalage du marchand de
faïence qui fait face à la mairie, le chevreuil était signalé
à l'attention du maître d'hôtel de la Tête-Noire, qui est
toute la journée sur sa porte, en attendant les voyageurs.

Le maître d'hôtel appela son chef de cuisine et lui
montra le chevreuil, qui, dans un élan désespéré, était
tombé sur les faïences et les avait brisées. Le chef de
cuisine dépêcha ses aides, et ils s'occupèrent à barrer
le chemin des vignes par où la bête pouvait encore s'é-

chapper. Mais les gens de l'hôtel de la Tête-Noire n'étaient pas assez nombreux pour barrer entièrement la rue; un petit marmiton, qui tenta de s'opposer à la fuite du chevreuil, fut renversé dans le ruisseau; et l'animal pouvait se croire encore échappé au feu de la cuisine, lorsqu'à l'extrémité de la rue il rencontra le commissaire de police, qui publiait un arrêté de la ville à son de caisse. Le bruit du tambour fut la perte du chevreuil, qui, éperdu, entra dans la boutique de M. Jajeot, épicier et marchand de joujoux.

A ce moment, l'épicier était en train de détailler un pain de sucre par petits morceaux. Il apportait à cette occupation un soin extrême : c'était réellement un plaisir que de le voir donner un petit coup sec de marteau et tailler des morceaux de sucre carrés avec l'habileté d'un ouvrier adroit. A chaque nouveau fragment, M. Jajeot semblait se sourire à lui-même et se complimenter en dedans; cela se devinait à un certain clignotement d'yeux et à un léger mouvement des lèvres en avant; puis M. Jajeot prenait délicatement son sucre du bout des doigts et l'arrangeait avec symétrie dans une espèce de montre tendue d'un papier bleu de ciel.

Quand la casse d'un certain nombre de morceaux de sucre avait produit quelques fragments sans importance, M. Jajeot prenait encore le soin de les séparer de la poudre et de ranger ces fragments dans un bocal; la poussière de sucre servait aux divers besoins de la maison Jajeot. C'est pendant que l'épicier enveloppait soigneusement sa poussière de sucre dans de grands cornets de papier, que le chevreuil entra et produisit un effet tel qu'il s'en voit peu dans les meilleurs mélodrames.

Le chevreuil s'embarrassa les pattes dans des petites charrettes d'enfants amoncelées par terre avec les joujoux communs. M. Jajeot poussa un cri de terreur. Le chevreuil se releva et donna des cornes dans des têtes de loup, des pelotes de ficelles, des petits balais qui étaient accrochés au plafond. L'épicier prit son cornet de poudre de sucre et le brandit comme une lance : la poudre de sucre vola sur son comptoir. Le chevreuil, qui avait les cornes empêtrées de pelotons de ficelles et de petits balais, était agacé comme un taureau qui sent s'enfoncer dans son corps les mille flèches des *picadores:* il se jeta au fond de la boutique, dans une montre qui contenait une trentaine de poupées de toutes les grandeurs, depuis la grande demoiselle habillée jusqu'à l'enfant dans le berceau. Un Turc tombant dans un sérail de Françaises eût témoigné moins de désirs; car le chevreuil semblait les embrasser les unes après les autres.

M. Jajeot était hébété et anéanti; il avait secoué le moulin à café pour s'en faire une arme; mais le moulin à café était fixé solidement au comptoir depuis peut-être plus de cent ans. L'épicier cherchait des armes et ne trouvait partout que des substances coloniales dont l'emploi comme machines de guerre constituait des frais énormes; il mit la main sur des pièces fausses de six livres qui étaient clouées au comptoir. S'il avait osé, M. Jajeot eût jeté des gros sous à la tête du chevreuil, mais c'était vouloir casser les glaces des montres. Cependant, à chaque seconde le désastre augmentait. Au-dessus des poupées était le compartiment des joujoux, des maisons, des fermes, des ménages, dans de petites boîtes de sapin, et chaque mouvement du chevreuil amenait un dégât nouveau.

Toute la boutique enfiévrée semblait atteinte de la danse de Saint-Guy.

C'étaient des pluies de polichinelles qui tombaient du plafond sur les petits tambours d'enfants; les ballons décrochés faisaient des bonds considérables, dont quelques-uns atteignaient le chef de M. Jajeot; tout était son et mouvement considérables. Les chanterelles des petits violons rouges pleuraient, accrochées par le torrent des joujoux, semblable à ces trombes de grenouilles qui effrayent les esprits ignorants.

Plus le bruit augmentait, plus le chevreuil effaré causait de dégâts; il se démenait dans la boutique comme un parchemin sur des charbons. Peut-être, sous la lisière de sa tranquille forêt, avait-il entendu par hasard le son d'un violon de ménétrier, à la tête d'une noce ; mais qu'était-ce que cette musique en comparaison des aboiements des chiens à soufflets, des lapins jouant du tambour de basque, des grincements aigus des petits violons rouges, qui rendaient un dernier soupir désastreux sous ses bonds effrénés ?

La tempête dans les forêts a ses horreurs particulières quand le vent, soufflant de toutes ses forces, siffle en cassant des branches, en déracinant des arbres ; mais le rebondissement des ballons, des balles de gomme, la cascade de billes, ces poupées éventrées dont le son coulait, ces polichinelles aux abois qui agitaient leurs petits membres en semblant demander grâce, ces petits ménages dont toute la batterie de cuisine était mise au pillage comme par des barbares ignorants, ces sucreries gluantes sur lesquelles les pattes du chevreuil glissaient, non jamais la nature, dans ses tourmentes, n'avait autant troublé un pauvre animal.

L'épicier voulait crier, appeler au secours ; mais sa langue était collée à son palais, la salive n'humectait plus les rouages de sa langue, quand tout à coup le chef de l'hôtel de la Tête-Noire entra dans la boutique, un énorme couteau à la main. A ce spectacle, M. Jajeot ferma les yeux, car il avait horreur du sang, et l'idée de voir convertir sa boutique en abattoir fit qu'il se trouva mal. Mais le chevreuil avait flairé un ennemi dangereux, et il disparut subitement dans un petit corridor du fond, qui mène à la chambre à coucher de l'épicier. M. Jajeot eut alors un spectacle qui lui parut une vision, un horrible cauchemar.

Derrière le chef de la Tête-Noire étaient accourus les marmitons, les gens de l'hôtel, en criant : — Par ici, par ici ! Au dehors de la boutique, une foule immense se collait aux vitres de la devanture, riait, montrait l'épicier du doigt, faisait de grands gestes et criait : — Il est chez

M. Jajeot. Il se fit un mouvement dans la foule; une seconde bande de marmitons traversa la boutique au galop : c'était le Soleil-d'Or. — Où est entré le chevreuil? demanda l'un des poursuivants à l'épicier. M. Jajeot, sans savoir ce qu'il faisait, montra du doigt son corridor. Une troisième bande entra plus tumultueuse que la seconde, et continua à fouler aux pieds les joujoux étendus sur le plancher : c'était l'Écu. M. Jajeot fit un violent effort sur lui-même pour se lever, en apercevant au milieu de la foule qui entourait la boutique le commissaire de police ; mais l'écharpe blanche du commissaire disparut tout d'un coup et se perdit dans cette foule tumultueuse, qui criait :

— Voilà les bouchers !

Effectivement, la nouvelle d'un animal dangereux avait couru par la ville, et les garçons de la boucherie la plus voisine étaient accourus au-devant du danger. Cinq grands gaillards, le tablier sanglant, traversèrent la boutique en suivant le chemin qu'avaient suivi les marmitons. A tout moment la foule augmentait devant la boutique, et M. Jajeot crut à un acte de sorcellerie quand il vit entrer une quatrième bande habillée de blanc et coiffée de bonnets de coton, qui n'était autre que les cuisiniers du Griffon, ceux qui étaient postés en observation dans la montagne, et qu'on alla chercher pour les prévenir que le chevreuil était entré définitivement dans la ville. M. Jajeot, dans son trouble, confondait les premiers avec les derniers, eu égard à leur costume, et il ne pouvait comprendre comment des gens qu'il avait vus entrer dans sa maison pouvaient y revenir sans en être sortis.

Une douloureuse idée traversa le cerveau de l'épicier. Qu'étaient devenus ces quarante individus dont on n'entendait plus le bruit? Ils devaient être tous dans la chambre à coucher, plongeant leurs couteaux dans le corps du chevreuil; et cette chambre, si calme jusqu'alors, était témoin d'un meurtre affreux. En ce moment, la foule fit craquer les carreaux de la devanture, qui offrait à l'œil des gourmands les mille bonbons en bocaux, les liqueurs fines et d'autres objets d'une valeur inappréciable et fragiles. Une fanfare joyeuse de cors de chasse éclata dans les airs.

L'émeute avec ses clairons sauvages, ses canons retentissants, ses fusillades lointaines, ses cris de mourants, ses bruits sourds de trains d'artillerie, ses chevaux au galop, n'aurait pas produit un plus sinistre effroi aux oreilles de M. Jajeot. Que pouvait être cette sonnerie de cuivre qui ne trouble jamais les calmes habitudes de Molinchart? Le reflux de la foule ne laissa rien à chercher à l'esprit inquiet du marchand de joujoux. Cinq cavaliers en habits de cheval, dont deux tenaient en main des cors de chasse, s'avancèrent devant la boutique de M. Jajeot, qui fut tout étonné de ne pas voir les chevaux traverser sa boutique au galop; rien ne pouvait plus le surprendre, ni le feu du ciel, ni les pluies de grenouilles, ni les sept plaies d'Égypte. A cette heure, il était rompu à toutes les émotions; sous le joug de l'hallucination, il ne faisait plus partie de la vie réelle, il rêvait; il n'habitait plus Molinchart, mais un enfer. La foule redevint silencieuse devant les cinq cavaliers, remarquables par leur tournure élégante, de riches costumes de chasse et une physionomie distinguée qui ne permettaient pas de les classer dans la bourgeoisie. Les deux sonneurs de trompe étaient deux cousins, messieurs de Vorges et de Jonquières, qui habitaient un château à trois lieues de Molinchart, près du village des Étouvelles.

Les cavaliers produisirent plus d'effet que toutes les harangues du commissaire de police; la foule se recula et fit cercle autour des chevaux. La noblesse exerce encore un certain prestige sur la petite bourgeoisie; l'élégance des manières, la politesse froide de l'ancienne aristocratie, qui a laissé des traces d'hérédité dans le sang, font baisser la tête aux bourgeois, qui se sentent laids et communs devant les nobles, et qui s'en moquent aussitôt que ceux-ci ont tourné les talons. Le comte de Vorges ayant demandé quelques explications sur la situation du chevreuil, cent voix s'élevèrent dans la foule pour lui répondre.

— Messieurs, dit le comte à ses amis, voulez-vous garder un instant les chevaux? Je vais voir à retrouver ces coquins qui s'acharnent tous après une belle bête.

Le comte entra dans la boutique, et l'aspect du ravage lui indiqua le chemin, car le chevreuil avait laissé partout des traces de son passage : c'étaient mille objets qu'il avait traînés après lui, des platras qu'il avait détachés du mur en se cognant avec ses cornes.

Ah ! monsieur le comte, je suis ruiné, s'écria M. Jajeot, en reconnaissant dans sa boutique une figure humaine.

— Où est passé le chevreuil? demanda le jeune homme.

— Par là, dit l'épicier.

— Voudriez-vous, monsieur, me montrer le chemin?

M. Jajeot fit un signe de tête désespéré qui montrait sa profonde répugnance à suivre les traces de la bête.

— Il n'est pas au premier? demanda le comte.

— Je ne sais pas.

— Ni à la cave, par hasard?

L'épicier secoua la tête. Désespérant d'en tirer de meilleurs renseignements, le comte prit le chemin du corridor et entra dans la chambre à coucher, où on ne remarquait d'autre désordre que des traces de pas boueux dont la pointe en avant annonçait, comme une boussole, que tout le monde s'était dirigé vers la fenêtre.

— Le chevreuil aura sauté par ici, se dit le comte.

Il entendit un bruit confus de voix qui le fit hâter d'arriver.

La fenêtre de la chambre à coucher de M. Jajeot donne sur une grande cour formant terrasse, qui dépend de la maison de M. Creton-du Coche, avoué. Justement sous la fenêtre de l'épicier, un petit appentis qui sert d'entrée à la cave avait permis au chevreuil d'échapper, encore une fois, au corps armé des marmitons, des cuisiniers et des bouchers. Mais, malgré la légèreté et la souplesse de ses pattes, le chevreuil avait troué le toit trop faible de l'appentis ; il parcourut la terrasse avec inquiétude, et comprit que la fuite était tout à fait impossible, cette terrasse étant portée par un mur très-élevé appartenant aux anciennes fortifications de la ville. Dans cette folle course, le chevreuil s'était blessé à la patte en sautant sur le petit toit ; il se laissa tomber de fatigue dans un coin de la terrasse, huma l'air avec son nez et regarda avec ses grands yeux tristes l'horizon qu'il voyait peut-être pour la dernière fois.

Une jeune femme parut à la porte vitrée qui donne sur la terrasse, et fut tout étonnée de voir cet animal étendu, couvert d'une sueur fumante. Elle s'approcha du chevreuil, qui devina une protectrice : il la regarda avec des yeux pleins de larmes, et la jeune femme caressait l'animal, s'étonnant de le trouver si doux ; mais une rumeur énorme lui fit lever les yeux vers la maison de M. Jajcot.

Vingt têtes rouges se pressaient à la fenêtre et regardaient avec des yeux d'envie l'animal caressé. Une discussion s'était élevée entre les cuisiniers et les bouchers, à l'effet de savoir comment on parviendrait à descendre sur la terrasse. Le plus grand des cuisiniers, grâce à sa taille, se laissa pendre par les mains, et son corps ne se trouva guère plus éloigné d'un pied du petit toit de l'appentis. Étant arrivé sans accident dans la cour, il marcha droit au chevreuil, qui se releva subitement devant ce nouveau danger.

— Ne le tuez pas, monsieur, s'écria la femme de l'avoué en joignant les mains.

Le cuisinier n'écoutait pas et poursuivait le chevreuil sur la terrasse, pendant que tous descendaient, un par un, par la fenêtre, suivant l'exemple du premier. Dans un dernier élan, le chevreuil se précipita contre la petite porte de la cave qui donne sous l'appentis, et disparut en faisant entendre des bruits de bouteilles cassées. Le cuisinier de la Tête-Noire, qui était le premier poursuivant, s'élança dans la cave, malgré les prières de la jeune femme, qui s'attachait à ses vêtements.

Alors, ayant essayé inutilement d'obtenir la vie sauve du chevreuil auprès de ses nombreux ennemis, la femme de l'avoué se plaça devant la porte de la cave et essaya de résister aux vingt poursuivants de l'animal, qui se disputaient, qui criaient et qui voulaient chacun avoir droit à la dépouille du chevreuil.

En ce moment, entourée de gens grossiers qui paraissaient tout disposés à forcer l'entrée de la cave, la femme de l'avoué, émue, irritée, devait surprendre tous les regards par le feu qui brillait dans ses yeux. Elle écoutait d'une oreille attentive si l'homme au couteau qui était descendu dans la cave avait rejoint le malheureux chevreuil; en même temps elle regardait fixement en face la bande armée de broches et de coutelas, impatiente d'être arrêtée dans sa chasse par une faible femme. Ce fut au moment où tous criaient qu'ils avaient droit à la bête, que le comte de Vorges parut à la fenêtre de la maison de Jajeot. Déjà la femme de l'avoué perdait contenance; ses nerfs faiblissaient.

De sa main droite, elle fermait convulsivement la serrure de la cave, qui n'était qu'un faible obstacle aux bras vigoureux des bouchers, lorsque le comte, qui avait également sauté par la fenêtre, changea la scène de face. Il avait compris la lutte de la jeune femme, sans se rendre compte de la scène précédente.

— Allons, s'écria-t-il en faisant siffler sa cravache en l'air, place! Que faites-vous ici?

Les cuisiniers, les palefreniers, les domestiques de la Tête-Noire, qui reconnurent le comte pour l'avoir vu quelquefois à l'hôtel, baissèrent la tête.

M. de Vorges traversait assez souvent la ville de Molinchart, soit dans un élégant équipage, soit à cheval, pour attirer les regards de curieux oisifs; tous les gens qui appartenaient aux auberges, aux cuisines, et qui sont en général de nature basse, s'écartèrent; mais les garçons bouchers ne parurent pas s'inquiéter de l'ordre du comte.

Habitués au sang, à son odeur enivrante, devenus rudes et grossiers par leur état d'assommeurs, vivant moins dans le milieu des villes, les garçons bouchers semblent avoir emprunté du caractère du taureau.

Le sentiment, la délicatesse se sont éteints chez eux par l'habitude du sanglant métier qu'ils exercent.

— Que faites-vous dans cette maison ? s'écria le comte.

— Monsieur, dit l'orateur de la boucherie, celui qui servait la viande détaillée aux bonnes de la ville, on nous a appelés pour tuer une bête qui faisait du ravage dans la ville.

— Vous pouvez vous en aller; il ne s'agit pas de bœuf ni de taureau... Madame, dit le comte en saluant poliment la femme de l'avoué, veuillez indiquer, s'il vous plaît, la sortie de votre maison, car il n'est guère présumable que tous ces gens remontent à cette fenêtre par laquelle nous sommes arrivés si cavalièrement.

La femme de l'avoué fit un signe à sa femme de chambre, qui épiait depuis quelques instants cette scène par la fenêtre du salon et qui n'osait se montrer. Rassurée par la présence du comte, elle se présenta et fit passer par un corridor menant à la rue les bouchers et les cuisiniers, honteux de leur mauvaise chasse. La foule, qui attendait avec une émotion extrême la fin du combat, fut d'abord stupéfaite en voyant sortir par la maison de M. Creton du Coche la nombreuse bande, entrée par la boutique de l'épicier Jajeot.

Le premier mouvement des femmes fut d'éviter le spectacle sanglant qui devait être le couronnement de cette poursuite acharnée ; le second mouvement fut une ardente curiosité pour les vainqueurs et la victime. Chacun se haussait sur la pointe des pieds. Les gens du Soleil-d'Or parurent les premiers; après eux défilèrent les cuisiniers du Griffon. La foule attendit impatiemment le chevreuil; et cette espèce de procession ne faisait qu'activer la curiosité.

Quand apparurent les bouchers avec leurs tabliers sanglants, il se fit une forte rumeur dans la foule. On s'imagina qu'ils laissaient l'honneur de porter le cadavre aux gens de l'Écu; mais ceux-ci sortirent la tête basse, suivis des gens de la Tête-Noire, également les mains vides. Tous traversèrent la foule, ne répondant rien aux questions que chacun leur adressait.

II

Explication de la Société météorologique.

L'avoué se promenait alors sur les remparts, suivant son habitude, après déjeuner, loin de se douter de ce qui se passait dans sa maison. Il était sorti à midi précis, pour aller voir *les travaux*.

C'est une mission que se donnent les bourgeois de Molinchart qui ont du temps à dépenser : fait-on sauter une roche à cinq heures du matin, ils y sont avant les ouvriers; ils veulent savoir la quantité de poudre qu'on introduit dans la mine, ils comptent à leur montre les secondes qui s'écoulent entre le feu et la détonation; ils pèsent pour ainsi dire le bruit de l'explosion, et reviennent en disant, dans la ville, d'un air grave : « Le rocher de l'année passée a pété au moins une fois plus fort que celui de ce matin. » S'agit-il de terrassements, le bourgeois ne se fatigue pas de rester une journée en contemplation devant l'ouvrier qui se sert du râteau. Il s'inquiète du prix de la corvée; il fatigue le terrassier de questions, et meuble son cerveau de motifs de conversation sans fin. Quand, à l'automne, on ébranche les arbres, le bourgeois suit le haut échafaudage qui porte à son sommet le jardinier, et il compte combien les pauvres de la ville ont pu emporter de petites faguettes dans leurs tabliers.

Tel était M. Creton (du Coche), dont le véritable nom eût dû s'écrire entre deux parenthèses, car il provenait d'une appellation familière qui avait servi à distinguer son père, M. Creton, entrepreneur du service du coche, de

M. Creton-Talosse, le marchand de draperies. Quoique la famille des Creton fût à peu près éteinte dans Molinchart à la mort du marchand de draps, l'habitude, l'usage firent que l'avoué conserva son surnom de du Coche. Seulement, l'avoué fut pris d'une faiblesse nobiliaire qui l'amena à retrancher d'abord une parenthèse, celle du milieu, et à signer ainsi ses actes : Creton du Coche), petite manie inexplicable, car le signe), qui sert à fermer, ne signifie rien quand il n'a pas été ouvert de la sorte (.

L'avoué se justifiait à ses yeux en alléguant le grand nombre de signatures qu'il était obligé de donner, et la rapidité avec laquelle tous les grands hommes arrivent à donner un signe indéchiffrable à la place de leur signature. Toujours est-il que M. Creton finit par supprimer tout à fait la parenthèse fermée, et que le surnom qui témoignait de l'origine industrielle de son père devint dès lors un titre de noblesse.

En faisant graver sur des cartes de visite son nom de Creton du Coche, l'avoué renonça dès lors à la direction de son étude; qu'il confia aux soins de Faglain, son maître clerc. Faglain n'était pas plus maître clerc que son patron n'était noble, car s'il avait à gourmander un second clerc; un saute-ruisseau, c'était à lui que s'adressaient les réprimandes. Il était le seul clerc de l'étude, et il trouvait le moyen de s'y ennuyer les deux tiers de la journée. L'étude de M. Creton du Coche ne fut jamais une étude sérieuse; un client était une merveille, et quand Faglain allait au tribunal civil, c'était sous prétexte de s'instruire. Aussi le voyait-on généralement plus friand de la justice de paix et de la police correctionnelle, où il trouvait à exercer son hilarité.

M. Creton du Coche ne garda son étude que pour porter le titre de *maître* qui est attaché à cette profession ministérielle. Il avait recueilli de son père une fortune indépendante, gagnée dans le service du coche; mais il tenait à diverses prérogatives, telles que celles de la noblesse, de la maîtrise, de porter un portefeuille sous le bras et de dire : « Je reviens du *Palais*, » avec une telle accentuation, qu'on eût pu croire qu'il avait été embrassé par le pape. C'est ce qui expliquera peut-être combien sont recherchées les moindres charges de la magistrature, dont les fonctions sont si peu payées en France. La cravate blanche, la robe, la sévérité apparente du caractère, l'appareil de la justice, font qu'un jeune substitut, riche de quinze cents francs de traitement, croit faire une médiocre affaire en épousant quinze mille livres de rente.

En revenant par les remparts, M. Creton aperçut un étranger qui semblait fort occupé avec une longue-vue à considérer les points les plus éloignés du paysage. Un étranger est toujours un événement dans une petite ville ; d'ailleurs, celui-ci était d'une allure assez parisienne pour se faire regarder. Il y avait dans ses grosses moustaches, dans son pantalon noir à larges plis, quelques symptômes militaires, mais le restant de sa physionomie, certaines manières dégagées, souples et sans façon, faisaient pencher l'esprit vers le côté civil. L'étranger était jeune, porteur d'une de ces figures *bon enfant* communes à beaucoup de gens ; il salua l'avoué, qui se sentit flatté de cette avance.

— Monsieur étudie les beautés du paysage ? dit M. Creton.

— Pardonnez, monsieur, je m'occupe d'observations météorologiques, répondit l'étranger.

L'avoué pinça les lèvres et secoua la tête sans dire un mot, en homme qui feint de comprendre la portée de cette science.

— Monsieur est un savant, à ce que je vois ?

— Je fais des recherches pour la Société météorologique, en attendant qu'elle ait nommé dans la ville un membre correspondant.

— Vous ne trouverez pas ça dans la ville, dit l'avoué.

— Cependant, dit le jeune homme, j'ai déjà parcouru une partie de la France, et j'ai pu former quelques élèves qui sont maintenant de précieux sujets pour l'avenir. Rien n'est plus attachant que cette science; sans doute il faut de l'intelligence; vous, monsieur, que je n'ai pas le plaisir de connaître, vous seriez un excellent météorologue; vous paraissez observateur...

— Oh! oh! dit l'avoué avec un petit rire de satisfaction.

— Vous êtes observateur, ces qualités-là sont peintes sur votre physionomie.

— Il est vrai, dit l'avoué, qu'on me le dit souvent; je regarde, j'aime à m'instruire; mais quelles qualités faut-il pour devenir météorologue?

— Avez-vous quelques minutes à me donner, monsieur?

— Avec plaisir, monsieur.

— Vous n'êtes pas sans avoir remarqué souvent, monsieur, combien l'état du ciel est variable; il est couvert à un moment, tantôt beau, ensuite voilé; les nuages sont épars, il y a des balayures, les nuages se rassemblent en troupeaux; puis vous voyez des pommelures, des vapeurs, enfin des cumulus. Ici, sur le plateau de votre montagne, vous avez des trésors d'observation : le vent change, les nuages courent et varient de forme à l'infini.

— Je crois bien, monsieur, dit l'avoué.

— Ces perpétuelles variations sont la mort de la France.

L'avoué regarda son interlocuteur et se posa devant lui.

— Vous allez me comprendre, monsieur. Il y a par toute la France des bois, des marais, des rivières, *et cœtera*. L'homme a bouleversé la nature, qui n'en avait pas besoin; tous les jours vous verrez arracher un bois et le changer en prairie, planter un bois là où il n'y en avait pas, creuser un canal dans un endroit sec et dessécher des marais.

— C'est vrai, dit l'avoué.

— Eh bien, monsieur, c'est là que je vous attends. L'homme contrarie la nature; il va contre sa sagesse; que sait-il s'il ne fait pas un bouleversement blâmable? Qui lui a donné le droit de déboiser une montagne? L'intérêt, n'est-ce pas? Un conseil municipal a-t-il assez de science pour savoir si les émanations d'un canal ne sont pas dangereuses, et si l'humidité d'un marais qu'on dessèche n'avait pas été calculée par la Providence ?

— Je n'avais jamais pensé à cela, dit l'avoué : vous me surprenez.

— Ne voit-on pas avec une secrète tristesse tomber un arbre sous la cognée du bûcheron ?

— Oui, dit M. Creton, ça m'a toujours produit quelque effet.

— Si vous étiez un de ces hommes épais de petite ville, je ne vous eusse pas parlé de la sorte, monsieur ; mais j'ai tout de suite vu à qui j'avais affaire, et je me suis permis de vous saluer.

— Comment, monsieur, trop flatté, en vérité ; c'est un plaisir pour moi que de m'instruire avec un homme qui cause aussi bien...

— Ce n'est pas notre état de parler, monsieur ; j'ai une mission plus élevée que je remercie tous les jours la Société météorologique de m'avoir confiée ; nous voulons, à l'aide de quelques personnes distinguées, augmenter la vie d'un tiers.

— Vraiment ! dit l'avoué ; c'est beau, c'est fort beau !

— Quel est l'âge moyen de la mortalité sur votre montagne ?

— Nous avons, dit M. Creton, beaucoup de vieillards de quatre-vingt-dix ans qui se portent très-bien.

— Eh bien ! monsieur, avant cinq ans, si je trouve dans la ville un homme observateur et dévoué à l'humanité, les personnes d'ici dans la force de l'âge, telles que vous, par exemple, pourront aller aisément de cent dix à cent quinze ans.

— Ce n'est pas possible.

— Attendez, monsieur, je ne suis pas un charlatan qui donne des brevets de longue vie ; certainement, je ne guéris pas les malades, je ne change rien à la constitution des personnes faibles, mais j'arrive presque toujours à leur faire cadeau d'une dizaine d'années de plus.

— Mais le moyen ! le moyen ! s'écria M. Creton enthousiasmé.

— Je le crierais en pleine place publique que je ne craindrais pas qu'on me le volât. Il y a tant d'égoïstes dans les sociétés modernes, qu'il a fallu le concours de savants, de bienfaiteurs du genre humain, pour s'associer, mettre à la disposition de la Société des sommes considérables pour arriver où elle en est. La Société météorologique, monsieur, est présidée par le célèbre M. de Rouillat, que vous connaissez de réputation.

L'avoué, après avoir entendu ce nom, fit le salut d'un homme poli qui veut avoir l'air de connaître les célébrités, et qui n'a jamais entendu leur nom.

— Oui, M. de Rouillat, oui, oui...

— M. de Rouillat, le plus célèbre météorologiste suisse, qui a passé sa vie dans les veilles et les observatoires, a rassemblé autour de lui les spécialistes les plus distingués de l'Europe. Il y a eu unanimité sur son rapport, et l'Europe savante attend avec anxiété les fruits de son génie. A la suite des séances de l'Athénée, qui ont ému tous les corps savants, un programme a été adoptée, que vous me permettrez de vous faire accepter.

L'avoué prit le programme.

— Paris n'est rien, comparé à la France ; c'est la province qui a été désignée pour former la base des observations. Il n'y a pas à Paris assez de météorologues pour s'installer dans chaque province, chaque département, chaque chef-lieu, chaque sous-préfecture ; d'ailleurs, ces observations d'un an et plus tiendraient les savants parisiens hors de leur sphère et coûteraient trop d'argent.

— Beaucoup d'argent, dit l'avoué.

— Le comité a donc résolu de nommer, dans chaque ville, un membre correspondant qui étudie, sur les lieux, les variations de l'atmosphère ; permettez-moi de vous offrir encore ce tableau divisé par colonnes, qu'il suffit de remplir les jours où l'on remarque quelques signes extraordinaires dans les nuages ; ici est la colonne d'observations, où le véritable savant intelligent consigne des faits particuliers. Tous les mois ce bulletin doit être renvoyé à Paris, au siége de la Société, rue de la Huchette, par le membre correspondant. C'est alors que les membres du comité se rassemblent, dépouillent la correspondance, comparent la situation des départements entre eux, s'adjoignent les géologues les plus remarquables de l'Institut.

— Quel travail, monsieur ! s'écria M. Creton enthousiasmé.

— Au bout d'un an, quand chaque petit pays a été étudié avec soin, une commission, nommée par le comité, à laquelle on adjoint le membre correspondant, parcourt toute la France, et, pour rétablir l'équilibre dans les variations de l'atmosphère, rend aux terrains, aux bois, aux marais, la forme primitive que la nature leur avait donnée ; alors l'état sanitaire reprend les proportions qu'il avait dans la plus haute antiquité, aux époques où les hommes ne s'étaient pas avisés de rien changer à la main de Dieu.

Ainsi parla Larochelle, qui n'était autre qu'un commis voyageur en baromètres, thermomètres, hygromètres, et qui joignait à son commerce l'invention de la Société météorologique, dont le brevet se payait cinq cents francs. Larochelle fut un des types les plus adroits de la race des voyageurs de commerce : ayant fait longtemps la place de Paris pour une fabrique d'objets de géographie, la rage le porta vers l'astronomie, la géologie, dont il brouilla de telle sorte les éléments, qu'il en arriva à croire sérieusement à son système. Quoique rusé, Larochelle était de bonne foi, mais il avait l'esprit mis à l'envers par un vieil excentrique qui, tous les ans, se proposait de ruiner les calculs de l'Observatoire. Le commis voyageur demanda avec audace des fonds pour une Société qui ne se composait en réalité que de lui et de l'astronome halluciné.

Si Larochelle était curieux à entendre développer ses

doctrines, il devenait un homme de génie pour changer les cinq cents francs d'un provincial contre le fameux diplôme de membre de l'Institut météorologique. Rarement on l'avait vu manquer son coup. Les bourgeois ont toujours aimé à devenir savants sans grande fatigue, et à s'occuper des intérêts de la société, soit moraux, soit matériels, soit hygiéniques. Tous ceux qui, dix ans plus tard, devinrent fouriéristes, et firent des rentes en faveur d'un phalanstère qui ne devait jamais exister, étaient, dans le principe, membres de l'Institut météorologique !

L'illustre Larochelle gardait toujours, comme dernier ressort, un moyen qui fit plus pour la Société météorologique que de beaux plaidoyers : il avait trouvé, à force de génie, une sorte de signe particulier, voyant, qu'il offrait sérieusement aux bourgeois comme une décoration dont le ministère n'avait pas à s'inquiéter, et qui flattait singulièrement les manies de grandeurs des provinciaux; mais l'avoué n'avait pas besoin d'être enflammé par la décoration, la parole de Larochelle en fit immédiatement un des adeptes les plus zélés.

— Si vous en aviez le temps, monsieur Creton, lui dit Larochelle, nous pourrions passer ensemble à l'hôtel, et je vous montrerais les différents statuts de notre Société.

— Certainement, dit l'avoué.

— Il vous faut votre diplôme.

— Oh ! je tiens au diplôme, dit M. Creton, car je crains l'envie... Je suis certain que cette nomination fera des envieux ; mais j'aurai ma conscience... Vous savez, monsieur Larochelle, si je vous ai sollicité pour faire partie de votre Société savante...

— Ne craignez rien, dit le commis voyageur. Il sera fait expressément mention sur le brevet que vous avez été choisi par moi-même.

L'avoué ne se sentait pas de joie. Il ne marchait plus, il volait, malgré la pesanteur de son ventre.

— Je pensais bien, dit-il, que j'étais un peu inoccupé,

et qu'il me fallait appliquer à des travaux sérieux mon esprit exact.

— Dites votre haute intelligence, reprit Larochelle ; vous avez mieux que l'esprit exact.

— Vous allez trop loin, monsieur Larochelle.

— Non, dit celui-ci, je me connais en hommes ; vous serez un des plus précieux membres correspondants de la Société météorologique.

— Vous me confondez, vraiment...

— Vous êtes jeune encore, monsieur Creton, vous avez de l'activité, votre esprit travaille, votre œil est vif...

— J'ai toujours eu une bonne vue, dit l'avoué, et cette qualité doit être importante pour les observations.

— Si vous n'aviez qu'une bonne vue ! répondit Larochelle ; mais on sent que votre regard va pénétrant au delà des choses connues... C'est votre regard qui m'a fait vous accoster. Je me suis dit : Voilà un homme qui serait d'un prix inestimable pour la Société météorologique, et il faut se l'attacher par des sacrifices d'argent même, s'il en est besoin.

— Je ne tiens pas à être payé ; l'honneur d'appartenir à la Société météorologique me suffit.

— Vous comprenez, monsieur Creton, que, dans certains pays, je me trouve en face de deux personnes capables de remplir la mission dont je les charge. Dernièrement, en Touraine, il y avait un arpenteur assez pauvre qui me paraissait offrir plus de capacité qu'un personnage riche de la même ville ; je n'ai pas hésité : j'ai donné immédiatement la préférence à l'arpenteur, et la Société lui fait un traitement annuel. Rien ne nous coûte.

En descendant un sentier qui conduit des promenades au faubourg où logeait Larochelle, M. Creton saluait tous ceux qu'il rencontrait et les interpellait de façon à se faire remarquer, car il se sentait glorieux d'être en société de Larochelle, et il pensait qu'on ne manquerait pas de lui demander plus tard : — Avec qui donc vous promeniezvous l'autre jour ? — Avec un homme très-savant, répondrait naturellement l'avoué. — Ah ! dirait-on. — Oui, il m'a fait l'honneur de me choisir pour représenter sa Société dans le pays. — Et M. Creton pouvait ainsi annoncer naturellement sa nomination.

Près de la porte de la ville étaient assis sur un banc des vieillards qui se réchauffaient au soleil.

— Voilà pourtant des hommes, monsieur Larochelle, qui vous devront une existence de quelques années de plus.

— L'honneur vous en reviendra à vous seul... C'est de la justesse et de la conscience de vos observations que dépend le sort de ces vieillards.

— Mais c'est une mission fort délicate, dit l'avoué, je comprends maintenant que vous ne vous adressiez pas au premier venu.

— Nous sommes arrivés, dit le commis voyageur, qui introduisit M. Creton du Coche dans la chambre garnie qu'il occupait à l'hôtel.

— Recevez cette décoration, lui dit-il en lui mettant en main une petite boîte verte qui brûlait les mains de l'avoué.

— Une décoration ? s'écria M. Creton.

— Oui, mon cher monsieur, et permettez que je vous donne l'accolade de la confraternité scientifique.

— Vraiment, c'est trop, dit l'avoué qui crut qu'il allait s'évanouir.

Abreuvé de compliments, nageant dans une mer de joies, l'orgueil lui montant à la tête, M. Creton du Coche signa, sans vouloir le lire, un brevet, fait en double sur papier timbré, par lequel il était nommé membre correspondant de la Société météorologique ; en même temps il se reconnaissait redevable d'une rente de cinq cents francs, payable par trimestre, pour fournir aux frais de bureaux de ladite Société ; mais l'avoué était trop ravi pour entendre parler d'affaires d'argent, et, le cœur plein d'émotions nouvelles, il quitta Larochelle, qui partait le soir même.

III

Une jeune femme en province.

Vers quarante ans, l'avoué s'était senti porté vers les ordres du mariage, et il épousa mademoiselle Louise Tilly, jeune fille dont la beauté faisait grand bruit dans le monde de Molinchart, mais qui n'avait pour dot que sa beauté. Cette jeune femme, dévorée bientôt par les ennuis du mariage, allait aux soirées de la sous-préfecture, aux grands bals par souscription de la mairie, et recevait une fois par semaine les amis de son mari ; mais elle se trouvait isolée depuis la mort de son père. Quand venaient les longues soirées d'hiver, M. Creton du Coche, les pieds sur les chenets, racontait les nombreux travaux qu'il avait *surveillés*. Depuis dix ans il n'avait jamais changé de conversation.

La femme de l'avoué, pendant ces dix ans, se condamna à un dévouement absolu ; elle écoutait ou feignait d'écouter son mari ; elle s'était même habituée à lui donner des répliques sans l'entendre. De quart d'heure en quart d'heure, elle plaçait un *ah !* un *vraiment !* un *est-ce possible !* qui faisait croire à l'heureux avoué que sa femme s'intéressait extraordinairement à son récit. Quelquefois, cependant, les réponses ne correspondaient pas tout à fait aux demandes. Ainsi M. Creton du Coche disait à sa femme : « Veux-tu venir demain matin voir arpenter au bas de la montagne ? et Louise lui répondait : — Vraiment ! » sans que l'avoué s'en inquiétât. Il n'avait jamais surpris de traces de mauvaise humeur dans les réponses de sa femme, et il se contentait d'être écouté.

La société de M. Creton du Coche n'offrait rien de satisfaisant à la jeune femme : elle se composait, entre autres curiosités, d'un avocat plaisant, âgé de cinquante ans, qui n'avait jamais résisté à la manie de faire un calembour. On l'avait entendu plaider pour un assassin qui pouvait être condamné à mort, et terminer sa plaidoirie par un jeu de mots adressé au jury, qu'il suppliait de se montrer *juri-dique.*

Depuis vingt ans, il se servait des mêmes calembours, et il ne les trouvait jamais ébréchés. Deux fois la semaine, Louise allait passer la soirée avec son mari chez sa sœur, mademoiselle Creton, vieille fille défiante et hargneuse comme toutes les personnes dont on attend la succession. Ursule Creton, âgée de cinquante-cinq ans, porteuse de bannière à la confrérie de la Vierge, ne put pardonner à son frère d'avoir épousé une jeune fille douce et belle, qu'elle appelait une étrangère. Le célibat, soit qu'il provienne de la volonté de l'individu, soit qu'il ait été conservé par force majeure, amène souvent ses servants à regarder le mariage comme une immoralité. La vieille fille employa mille moyens perfides pour empêcher l'avoué de se marier ; elle demeurait avec son frère, avant les noces, mais elle quitta la maison brusquement quand M. Creton du Coche lui eut annoncé que le contrat était signé.

Telles étaient les seules relations de famille que Louise eût dans la ville ; peut-être eût-elle rompu ouvertement avec la vieille fille si l'avoué ne l'eût priée de la ménager, mettant sur le compte de l'âge les aigres paroles dont sa sœur ne manquait jamais de régaler l'arrivée des deux époux. Mademoiselle Ursule avait un merveilleux flair pour deviner le plus petit ruban neuf que portait Louise ; c'étaient alors des récriminations sans fin sur les toilettes d'à présent mises en regard des toilettes d'autrefois.

La coquetterie moderne, à l'entendre, dévorait des fortunes ; les hommes étaient des niais de ne pas mettre ordre à de pareilles profusions. Dieu sait où l'amour de la toilette entraînait les femmes. Tout en faisant des généralités, la vieille fille parlait de telle sorte que la femme de l'avoué en prît une bonne part. Ce moyen de conversation épuisé, la vieille fille ne parlait que de prêtres et d'affaires de sacristie. Elle se croyait une mémoire prodigieuse pour retenir les sermons, et elle mêlait dans sa tête cinq ou six phrases nageant dans une mauvaise sauce latine, et les débitait au coin de son feu, un poing sur la hanche, assise dans son fauteuil, qu'elle prenait réellement pour une chaire.

Louise baissait la tête devant ces plaidoyers, et son caractère finit par s'assoupir en entendant soit son mari, soit sa sœur. Vive et spirituelle dans sa jeunesse, elle devint mélancolique à l'excès et courba la tête sous le joug de la vie bourgeoise.

Pendant dix ans, le mari n'eut pas l'idée des ennuis secrets de sa femme ; il se croyait le modèle des maris, car toute la ville le félicitait de son heureux ménage. Peut-être Louise se fût-elle jetée dans la religion, si l'exemple de la vieille fille ne lui eût montré le ridicule qu'amènent les pratiques religieuses mal comprises. Mademoiselle Ursule Creton aurait, en effet, chassé les fidèles du temple plutôt que d'y amener des prosélytes. La première fois que Louise l'entendit, la vieille fille s'était levée de son fauteuil et s'appuyait sur un écran vert qui servait à la protéger contre le grand feu de la cheminée. « Chers frères et chères sœurs, s'écriait Ursule Creton en s'adressant à l'avoué et à sa femme, nous avons tous de grands devoirs à remplir, comme le dit l'apôtre saint Paul, *sanctus Paulus;* observons-nous donc, afin que l'âme, du jour où elle s'échappera de notre vulgaire enveloppe, l'âme puisse s'envoler dans les régions célestes... » Ah ! comme M. de la Simonne a bien dit cela ! Nous n'avons jamais eu de prédicateur pareil à Molinchart. Dimanche dernier il a parlé de l'enfer à faire frissonner : « L'enfer, mes frères et sœurs, est un lieu de flammes ardentes, une fournaise, un brasier incandescent où brûleront perpétuellement les pécheurs endurcis. » Et il est bien fait, M. de la Simonne, il a une voix douce et terrible par intervalles, c'est un jeune homme, les cheveux frisés... et honnête ! il m'a demandé si la bannière ne me fatiguait pas... Me fatiguer, moi, de porter cet emblème de la pureté... Je ferais plutôt trois fois le tour de la montagne.

Si Louise, la première fois, comprima un sourire, quand elle entendit les mêmes motifs de conversation pendant dix ans et qu'elle sentit entrer dans son cœur les griffes de la vieille fille, elle trouva ces visites si pénibles qu'elle ne se présentait plus chez mademoiselle Ursule Creton qu'en tremblant. Elle fut nommée dame de charité ; mais elle retrouva dans ces associations de bienfaisance mille jalousies de femmes, mille commérages qui faisaient que les secours n'allaient pas toujours aux plus pauvres ou aux plus honnêtes. Elle résolut alors de chercher elle-même ses pauvres, et de ne plus recevoir sa direction des bureaux de bienfaisance et autres endroits, où les meilleures intentions sont trop souvent paralysées.

Une des pointes de la montagne de Molinchart, celle qui regarde Paris, et dont l'horizon bleu est borné à dix lieues par les plaines du Soissonnais, est habitée par de pauvres gens qui demeurent dans ce qu'on appelle des *creuttes*, mot évidemment corrompu de *grottes*. Ce sont des rochers creux qui ont formé naturellement des abris pour protéger contre la pluie et le vent. Il y a des creuttes riches et des creuttes pauvres ; les unes ont été maçonnées avec soin, de façon à former une chambre carrée. Une cheminée y a été établie ; l'humidité en a été chassée petit à petit. Un jardinet est au-devant de la creutte ; des fleurs communes égayent l'entrée ; quelquefois un petit pêcher se trouve exposé au grand vent de la montagne. Les creuttes valent aujourd'hui cent cinquante à deux cents francs ; mais l'ancienne creutte, la véritable, ne se reconnaît que par un filet de fumée qui sort tout à coup de la crevasse d'un rocher. On s'étonne d'où vient cette fumée, et en cherchant on aperçoit, à travers des broussailles épaisses, une ouverture basse et étroite par laquelle on ne peut entrer qu'en rampant. Quelquefois il en sort un marmot, curieux comme un lézard, qui passe sa tête par l'ouverture pour se chauffer au soleil, et qui rentre aussitôt qu'il aperçoit un étranger.

Des pauvres habitent ces creuttes. Quelques bottes de paille forment le lit de toute la famille; des haillons de toutes couleurs, l'habillement des enfants; des morceaux de pain dur, la nourriture de ces pauvres. De grands chardons, symbole de la misère et de la paresse, se dressent devant l'entrée de ces creuttes, où l'on retrouve à deux pas d'une petite ville non pas riche, mais où l'existence est facile ou médiocre, ces familles de bohémiens qui ont été jetés là on ne sait quand, qui viennent on ne sait d'où.

En se promenant dans ce bel endroit, peu fréquenté, mais qui offrirait aux enthousiastes de grands paysages un des plus beaux motifs de la France, Louise oubliait qu'elle était prisonnière dans la petite ville de Molinchart. De ce côté de la montagne il arrive des bourrasques sauvages qui donnent au pays de secrètes harmonies avec le grand spectacle de la mer. Au pied de la montagne à droite, on aperçoit une grande étendue de terrain sauvage et désolé sur lequel quelques plants de pomme de terre essayent de percer la terre qui forme la base du terrain. C'est le Mont-Blanc, appelé par inversion *Blimont* dans le pays. Quelquefois un cadavre de cheval se dessine sur le sable du Mont-Blanc, car on conduit là les vieux chevaux pour les abattre.

Sur la partie la plus élevée du Blamont se dresse un moulin à vent désolé, qui a les ailes cassées et dont le vent enlève tous les jours une côte. Cet endroit infertile sert de contraste aux riches pâturages, aux grands prés verts qui s'étalent en carrés longs, encadrés d'une bordure de peupliers élancés. De jolis villages, jetés à droite, à gauche, au milieu, montrent la richesse du pays. Louise suivait souvent des yeux la lourde diligence descendant bruyamment la montagne de Molinchart, qui aussitôt enlève le gros sabot de fer enrayant les roues de devant, et s'élance joyeusement dans la vallée qui mène à Paris. Une chaumière, un bouquet d'arbres masquent tout à coup la diligence, mais elle reparaît, laissant derrière elle un panache de poussière. La femme de l'avoué suivait cette diligence qui va tous les jours à Paris.

Ce n'était pas le vulgaire désir du provincial qui conduisait son esprit sur la route de Paris; mais, du haut de la montagne, sa vue s'élançait au delà des horizons lointains, et, perdue dans des rêveries aussi vagues que la forme des nuages, la jeune femme oubliait momentanément sa vie rapetissée, et elle s'en revenait le plus lentement possible vers la ville, en jetant un regard en arrière sur ses beaux rêves qu'emportait le vent.

Quand Louise allait en soirée, elle répondait généralement par un sourire complaisant qui prenait de la mélancolie de ce qu'il n'était pas sincère. Aux bals, elle n'eût jamais dansé, si M. Creton du Coche ne lui eût amené des messieurs qui trouvaient, disait-il, grand plaisir à « faire un tour de valse avec madame. » L'avoué, *délivré* de sa femme, se hasardait à parier à l'écarté et n'allait jamais au delà d'une perte de dix francs.

Au bout de huit ans de mariage, Louise renonça à ce monde; elle déclara formellement à son mari qu'elle avait horreur des danses, des toilettes, des propos de petite ville, et qu'elle n'accepterait plus aucune invitation. L'avoué, qui, jusqu'alors, n'avait pas entendu sa femme manifester si énergiquement sa volonté, essaya de la dissuader de ses idées de solitude, mais il accepta la retraite de sa femme sans déranger rien à sa vie. Deux fois par semaine il allait à des soirées de célibataires, et l'hiver il ne manquait pas un bal ni une soirée particulière. L'absence de sa femme lui fournissait d'ailleurs des conversations toutes faites.

C'était : — On ne voit plus madame Creton. — Est-elle souffrante? — Le bal la fatigue peut-être, elle a l'air si délicat. — Quel dommage que vous n'ayez pas amené avec vous madame Creton du Coche! — Vous témoignerez beaucoup nos regrets de n'avoir pas à notre soirée la belle madame Creton. — L'année prochaine j'irai prendre de force madame Creton. — Ah ! monsieur Creton, vous faites le garçon, pendant que madame est à la maison.

Il serait facile de remplir dix pages de ces formules de politesse avec lesquelles une maîtresse de maison accueillait l'avoué qui partait en disant à sa femme : « Je m'en vais donner un coup d'œil, et je reviens. » Le coup d'œil de M. Creton du Coche durait la moitié de la nuit, et quand il rentrait, sa femme était depuis longtemps endormie.

Celui qui aurait étudié l'avoué pendant la soirée se serait dit avec raison : « Voilà un gros homme gêné dans ses habits noirs, dans sa cravate blanche, dans ses gants paille, qui n'a rien à faire ici. Il a l'air de regarder la foule et il ne voit rien, son œil ne cherche pas à surprendre le serrement de main d'un jeune homme et d'une jeune fille qui dansent ensemble; sa grande oreille rouge et massive n'entend pas ces jolis mots mystérieux qui se chantent en reconduisant la danseuse à sa place. Il n'a pas les violentes passions qui secouent le joueur, qui font que le sang afflue au cœur, qui amènent d'invisibles gouttelettes de sueur sur les pores de son front. La musique de la valse ne lui révèle pas ses secrètes langueurs. Comment comprendrait-il ces avertissements, ces conseils harmonieux qui font que la danseuse se laisse aller de plus en plus sur la poitrine du jeune homme? »

Cependant, M. Creton du Coche aimait le bal; mais il l'aimait à la façon des gens de son espèce, que l'ensemble occupe plus que les détails, que le mouvement général intéresse, qui s'inquiètent de l'éclairage, qui vont de temps en temps au buffet, qui se demandent combien la soirée a pu coûter.

Sorti de ce système d'observations, l'avoué était bouché aux drames, aux comédies, aux coquets proverbes qui se jouent le plus souvent entre deux personnages, avec un éventail pour décor. Louise s'intéressa la première année à suivre ces petites scènes; elle avait l'esprit fin, observateur, peut-être un peu trop réfléchi. D'un coup d'œil, si elle l'avait voulu, elle eût fait jouer ces comédies à son profit ; mais elle n'avait pas trouvé cette âme sœur, qui, suivant Lavater, existe quelque part et finit toujours par se rapprocher. Étudier les vices de chacun était trop facile dans une petite ville où chacun laisse lire dans ses actions et ses pensées. A ce jeu de critique maligne, Louise sentait qu'il était facile de devenir méchant, et, pour se garer de ce défaut éminemment provincial, la femme de l'avoué se condamna à une retraite absolue.

L'événement du chevreuil vint changer quelque chose à son programme. Quand il eut chassé la bande qui s'était introduite dans la maison de l'avoué, le comte de Vorges, voyant Louise toute tremblante, lui offrit son bras, — et elle en avait grand besoin, car en entrant dans le salon elle se laissa tomber sur un fauteuil, de telle sorte que le comte crut à un évanouissement. — La femme de chambre suivait.

— Des sels, dit le comte, vite, votre maîtresse se trouve mal. Et il lui prit les mains, qu'elle avait d'une merveilleuse finesse.

Madame Creton du Coche, que ses amis appelaient plus généralement Louise, pour lui épargner l'humiliation du nom bourgeois de son mari, était d'une beauté remarquable.

Petite, les membres fins, la démarche souple, avec son teint d'orange et de grands yeux noirs couronnés par d'épais sourcils noirs, on aurait pu la croire d'origine espagnole.

Quoique le comte fût du meilleur monde, il ne se rappelait pas avoir jamais touché de mains si douces, si souples et montrant un peu leurs veines ; car malgré que la peau en fût un peu brunie, comme la figure et tout le corps, mille petites veines bleues s'y jouaient et s'y entremêlaient capricieusement. Les grands yeux noirs de Louise formaient la partie la plus appelante de sa fibre ; cependant, étant fermés, ils offraient le charme particulier d'un œil plus bruni qui colorait les paupières. La bouche entr'ouverte montrait un évanouissement sans douleur, et laissait passer un souffle aussi pur qu'un petit vent qui aurait traversé un rosier. Tout en désirant entendre de nouveau la douce et mélancolique voix de Louise, le comte ne se sentait pas mécontent de rester encore quelques instants auprès de la jeune femme évanouie, et il eut un moment de dépit en voyant reparaître sa femme de chambre tenant un flacon de sels. Avant qu'on en eût fait usage, la poitrine de Louise, qui se soulevait doucement, sa bouche qui s'ouvrit un peu, annoncèrent qu'elle revenait à elle.

— Eh bien! madame, dit M. de Vorges, comment vous trouvez-vous ?

— Mieux, monsieur, je vous remercie.

— J'ai été un moment inquiet.

Louise sourit.

— Quelle faiblesse! dit-elle; mais tous ces gens m'avaient épouvantée avec leurs tabliers sanglants; j'ai cru qu'ils entreraient de force dans la cave... Ce pauvre chevreuil! Ah! monsieur, qu'il est cruel de tuer ces animaux; on dirait qu'ils pleurent.

— Je ne saurais vous dire, madame, combien je dois de reconnaissance à ce chevreuil : sans lui je n'aurais pas eu le plaisir de vous revoir... Si je vous disais, madame, que j'ai été heureux de votre évanouissement !

Louise sourit d'abord et rougit ensuite considérablement.

Déjà elle avait rencontré le comte de Vorges dans une soirée, un an auparavant; elle avait valsé avec lui, et aux sensations particulières qui la troublèrent, elle se promit de ne plus danser avec le comte; mais elle ne put l'empêcher de venir s'asseoir auprès d'elle, et elle se serait crue de mauvaise grâce de ne pas écouter un jeune homme spirituel, aimable et d'excellentes manières. Certaines femmes ont le courage de fuir le danger aussitôt qu'elles le soupçonnent, de même que les soldats qui arrachent la mèche enflammée d'un obus avant qu'il éclate. Louise jugea la conversation du comte trop attrayante :] il y avait dans l'accent de sa voix, dans ses moindres paroles, des petites fleurs de galanterie cachées comme la violette, mais qui se trahissaient par leur parfum. Louise eut peur, car elle venait de rencontrer un homme dans Molinchart : les autres danseurs n'étaient pas des hommes pour elle, c'étaient des clercs d'avoués, des professeurs, des employés du gouvernement, des avocats, des habits noirs et des cravates blanches, des gens en favoris ou en moustaches, des têtes chauves, enfin des personnages de province qui marchaient, dansaient et se promenaient grotesquement ; mais dans la marche du comte, dans ses moindres gestes, dans son regard, le charme était attaché, et la femme de l'avoué, pour cacher cette impression, prit un masque et essaya de paralyser ses sensations sous une parole moqueuse.

Un an s'était passé depuis que Louise avait valsé et causé avec le comte de Vorges ; mais à plusieurs occasions, occupée à broder à sa fenêtre du premier étage, donnant sur la rue, elle fut étonnée de tressaillir sans motif, et un moment après de voir arriver à cheval le jeune homme, qui ne manquait pas d'envoyer un regard dans sa direction. Aussi rougit-elle d'être restée pendant quelque temps sans connaissance, seule avec le comte ; et son trouble fut extrême quand il reprit la conversation du bal telle qu'il avait été obligé de l'abandonner un an auparavant.

— Mais le chevreuil ! s'écria Louise, qui jugea à propos de rompre ce tour de conversation.

— Madame, dit la femme de chambre, qui rentra, il est toujours dans la cave.

— Il est vrai, dit la femme de l'avoué, j'ai la clef dans ma poche. Monsieur le comte, me promettez-vous la grâce du chevreuil ?

— Oh ! certainement, madame.

— Je veux, dit-elle d'un ton charmant, qu'il soit reconduit près d'un bois, et que là on le lâche.

— Madame, nos domestiques veilleront maintenant à protéger la fuite du chevreuil autant qu'ils ont contribué à sa poursuite.

— Monsieur le comte, je vous remercie...

— A mon tour, madame, j'ai une faveur à solliciter, une très-grande faveur.

— Monsieur, le sauveur du chevreuil peut demander beaucoup.

— Madame, me permettrez-vous, quand je passerai à Molinchart, de venir savoir de vos nouvelles?

— Monsieur le comte, je ne reçois pas, je vois seulement quelques amis de mon mari; il paraîtrait surprenant, dans une petite ville où tout est remarqué, que mon salon, vous voyez quel salon, monsieur! fût ouvert à des personnes d'une condition tout à fait au-dessus de la nôtre.

— Du moins aurai-je l'honneur, madame, de vous rencontrer cet hiver dans le monde?

— Guère plus, monsieur, je ne sors pas, je vis à l'écart.

Le comte alors plaida longuement sa cause; il s'étonnait que la seule femme du département se condamnât à la réclusion; d'ailleurs, rien ne l'empêcherait désormais de voir la femme de l'avoué : il viendrait à Molinchart deux fois la semaine; il chercherait à la voir à la fenêtre; il ferait mille démarches pour la rencontrer. Enfin, il termina son discours de la sorte :

— Madame, c'est en chassant au chevreuil à une lieue d'ici, que nous l'avons fait arriver par hasard dans la ville, il est entré par hasard dans votre maison, je vous ai rencontrée par hasard, ou plutôt la Providence l'a voulu ; mais si vous ne voulez plus que je vous voie, je me rends maître du hasard, je chasserai un loup et je m'arrange de telle sorte que le loup entre dans votre maison, qu'il mange votre bonne, votre mari même, peu m'importe, mais j'arriverai à temps pour tuer le loup et avoir le plaisir de vous voir.

Cette façon de parler, moitié galante, moitié railleuse, embarrassait Louise, qui évitait les réponses en rougissant lorsqu'un incident vint à propos changer les termes de la conversation. On entendit un certain bruit qui venait de la cour et qui provenait de la porte de la cave refermée avec violence..

— Madame, s'écria la femme de chambre, qui entra à ce moment, le chevreuil va casser la porte.

Mais en même temps, une voix d'homme qui criait : Ouvrez-moi ! ouvrez-moi ! rappela à la femme de l'avoué qu'un des poursuivants de l'animal était entré dans la cave avant qu'elle eût le temps de s'y opposer.

— Allez donc voir, Marie, dit-elle, ce qui se passe. Mon Dieu, monsieur, je frémis maintenant; la pauvre bête doit avoir été tuée par ce boucher.

— Je prie le ciel que vous vous trompiez, madame, dit le comte; car je n'aurai plus rien à vous demander.

— Il est mort, madame, s'écria la femme de chambre, il est mort; voilà qu'on l'emporte.

— Oh! je ne veux pas le voir, s'écria la femme de l'avoué en se cachant la tête dans ses mains.

En ce moment rentrait M. Creton du Coche, qui ouvrit la porte du salon et qui montra une figure toute bouleversée.

— Que se passe-t-il donc ici? demanda-t-il. La ville est en révolution, il y a deux mille personnes sur la place ; tout le monde inspecte ma maison; chacun me regarde avec curiosité. Jajeot, l'épicier, me dit les larmes aux yeux : « Ah ! si vous saviez ! » Je croyais que le feu était dans la maison. Je rentre par le corridor, un homme tout sanglant, qui porte un cadavre sur ses épaules, manque de me renverser, et vous, Louise, vous semblez consternée.

— Pardon, monsieur du Coche, dit le comte, qui eut l'adresse de supprimer le mot roturier de Creton, si je suis la cause innocente de ce trouble.

En reconnaissant M. de Vorges, l'avoué fit un profond salut, flatté de l'honneur que lui faisait le comte en lui rendant visite; puis il écouta avec un grand ébahissement les nombreuses aventures du chevreuil et la perturbation qu'il avait apportée en ville.

— C'est le cuisinier de la Tête-Noire, dit M. Creton, qui est le vainqueur; je l'ai reconnu.

— Alors, monsieur, dit le comte, vous me permettrez bien de vous envoyer un quartier de chevreuil pour vous faire oublier les tracas que j'ai apportés, sans le vouloir, dans votre maison.

En apprenant l'évanouissement de sa femme, le complot qui avait été fait de rendre le chevreuil à la liberté, l'avoué plaisanta Louise.

— Elle est trop sensible, monsieur le comte, un rien l'affecte. Pourquoi ne tuerait-on pas un chevreuil comme on tue un mouton, un bœuf?

— Bien certainement, dit Louise, je ne mangerai pas de ce chevreuil.

— Voilà bien les imaginations de femme, dit l'avoué.

— Je l'ai vu pleurer, monsieur.

— Mais tu ne le connaissais pas, ma femme, ce chevreuil; tu ne l'avais pas fréquenté assez longtemps, il ne t'était pas attaché. Si tu me disais: J'ai une poule favorite que j'ai élevée avec peine, à qui tu aurais donné tous les matins de la mie de pain, je comprends ça; c'est ta poule, elle ne t'aime pas, mais tu l'aimes... Monsieur le comte, j'accepte avec plaisir votre quartier de chevreuil, nous l'arroserons d'un petit vin de mes vignes; et si vous voulez me faire cet honneur et rendre le chevreuil hors de prix, c'est de vouloir bien accepter demain d'en venir manger un morceau sans façon.

— Ce serait avec le plus grand plaisir, monsieur du Coche, dit le comte; mais je repars demain matin.

— Oh! dit l'avoué, vous retarderez bien d'un jour.

— Et je ne voudrais pas contrarier madame, dit le comte, en la voyant subir l'aspect de ce chevreuil.

— Vous nous restez, monsieur le comte! dit l'avoué.

— Ma mère sera bien inquiète.

— Monsieur, dit Louise à son mari, vous ne faites pas attention que vous gênez M. le comte.

Le jeune homme lança un regard à la femme qui voulait l'empêcher d'accepter l'invitation.

— Après tout, dit-il, je peux envoyer aujourd'hui mon domestique prévenir ma mère que je ne la verrai qu'après-demain.

— Ah! s'écria l'avoué en prenant la main du comte, voilà une bonne idée...

Quand le comte fut sorti, Louise dit à son mari :

— Je ne vous comprends pas, monsieur : pourquoi insistez-vous à garder à dîner M. de Vorges? Vous avez dû cependant remarquer que cela me déplaisait.

— Alors, madame, dit M. Creton, notre maison va donc être convertie en prison? Ayez la complaisance de me dire en quoi vous gêne cette invitation.

— Monsieur, vous êtes avoué ; M. de Vorges est d'une grande noblesse et d'une grande fortune ; vous ne pouvez l'égaler en rien : malgré votre bonne volonté, vous lui offrirez un repas misérable, nous n'avons pas un train de maison convenable.

— Vraiment, madame, on dirait que nous attendons le roi ; vous avez vu combien les manières du comte sont simples et sans affectation ; ce jeune homme me plaît beaucoup.

— Cependant, monsieur, vous m'aviez permis de me laisser vivre à ma guise. Si je reçois le samedi vos amis, c'est pour vous faire plaisir, c'est parce qu'ils sont vos égaux.

— Eh bien! madame, M. le comte descend à la Tête-Noire ; il y mange d'ordinaire : j'aurai soin de faire venir le repas de la Tête-Noire.

— Ce n'est pas tant le repas, dit Louise, que...

— Quoi! quel mystère encore? Je vous le répète, je connais M. le comte ; dernièrement, j'étais près de la porte de la ville, faisant le calcul combien les âniers amènent de cruches d'eau par jour du bas de la montagne. M. le comte de Vorges s'en retournait en voiture : il m'a salué le premier. Je soutiendrai partout que c'est un homme bien élevé.

— Et parce qu'il vous a salué, vous prétendez le connaître ?

— Vous le voyez bien, madame, il me rend visite, il daigne m'offrir un quartier de chevreuil ; il faut pourtant savoir vivre dans le monde.

— Quel homme singulier vous êtes ! vous voilà hors de vous parce qu'un comte a daigné vous saluer... Il poursuit un chevreuil, entre dans votre maison par escalade, et vous dites qu'il vous rend visite ; il vous offre un quartier de chevreuil par la plus simple politesse, car il a mis la maison à l'envers, et vous voilà aussi fier que si vous aviez été décoré ! Avez-vous bien pensé, monsieur, que demain vos amis viennent dîner, suivant leur habitude, ici ?

— Tu as raison ! s'écria l'avoué, ils ne comprendraient pas M. de Vorges ; je m'en vais les faire prévenir de ne venir que dimanche.

— Et toute la ville va savoir que vous traitez M. de Vorges ; vos amis en seront instruits les premiers ; ils diront que vous rougissez d'eux. Vos manies de grandeur courront la ville, et chacun plaisantera sur vous.

— Madame, dit l'avoué, je suis au-dessus des cancans de Molinchart : que les malins de café disent ce qu'ils voudront, ce n'est pas dans ces endroits-là que je vais consulter le jugement public. Ma position dans le barreau m'élève à une hauteur qui empêche les brocards de m'atteindre... J'ai invité à dîner M. le comte de Vorges, et plus j'y réfléchis, plus je me trouve avoir raison. Je pense que vous voudrez bien faire une toilette en rapport avec la condition de la personne que nous recevrons.

— Une toilette ! dit Louise en souriant. Quant à ceci, monsieur, vous permettrez que je m'en rapporte à mon goût.

IV

Un grand dîner.

M. Creton s'était donné une peine immense pour le dîner ; il avait fait des listes sans fin, contenant les notabilités de la ville, ses amis et ses parents. Cette combinaison produisit une liste de cinquante couverts. En voyant ce chiffre, l'avoué fut effrayé et se mit à raturer certains noms pour les remplacer par d'autres : il hésitait entre ses amis, ses parents et les notabilités, car les trois combinaisons se combattaient. Inviter les fonctionnaires de Molinchart, c'était donner un dîner officiel ; c'était faire croire que l'avoué cherchait des honneurs ; les amis et les parents de l'avoué n'étaient pas tous gens du meilleur monde ; l'avoué finit par restreindre sa table à vingt couverts, mêlant les trois combinaisons qui devaient offrir aux yeux du comte de Vorges la crème de la société molinchartaise.

Louise s'était chargée de mille petits détails destinés à faire oublier certaines habitudes bourgeoises dont l'avoué ne pouvait se séparer. Elle mit en réquisition toute la serre d'un jardinier du faubourg pour remplir sa salle à manger de fleurs. Elle fit enlever des tableaux qui provoquaient l'admiration perpétuelle de son mari ; elle veilla de son mieux à l'exécution du repas, qui était servi moitié par l'hôtel de la Tête-Noire et moitié par un célèbre pâtissier de la rue des Battoirs.

Entre cinq et six heures du soir, la société arriva et fut émerveillée de l'aspect qu'une femme avait donné, en moins d'une journée, à des appartements construits sans art et décorés sans coquetterie. Louise avait une toilette charmante : elle portait une robe qu'on croyait blanche au premier aspect, et qui offrait, dans les plis, la couleur mourante de la rose-thé. Cette nuance délicate s'harmonisait merveilleusement avec le ton doré de la jeune femme ; au milieu de l'agitation que produit toujours une telle réunion, les grands yeux noirs de Louise avaient perdu leur résignation. Elle devint, au dîner, ce qu'elle était avant son mariage, une belle jeune fille souriante, heureuse de vivre et laissant le bonheur sortir par tous les pores de son visage.

Le comte de Vorges avait été placé auprès d'elle. Quoique âgé de vingt-cinq ans, il conservait le charme de la première jeunesse. Une petite moustache, qui ressemblait à un peu de fumée qui sort de la cabane d'un pauvre, contribuait sans doute à le faire paraître plus jeune qu'il n'était réellement. Vers vingt-trois ans, il était revenu de Paris, à la suite d'une passion violente pour une comédienne, et, depuis, il ne sortait plus de ses terres. On l'avait vu arriver un jour à Molinchart, maigre, pâle, triste, et telle était la tradition qui courait le pays. La santé lui revint, mais il conserva toujours un sourire fin et triste, un regard inarrêté qui provoquait la sympathie. On racontait de lui des faits prodigieux, presque incroyables, qui jetaient les esprits dans la surprise.

La montagne de Molinchart forme cinq coudes qui ont permis de tracer avec beaucoup moins de frais une montée accessible aux voyageurs ; au milieu de cette montagne est un chemin roide, escarpé, raboteux, qui coupe au court et qui sert aux piétons à gagner une bonne moitié de temps : on appelle, dans le pays, cette route *grimpette*, car il faut presque l'escalader pour arriver en haut. Les enfants adorent ce chemin et le préfèrent naturellement à la voie régulière. Cependant, dans les temps d'hiver, il est impossible d'en descendre, ainsi que pendant le dégel. Un jour de marché, les paysans qui apportent leurs légumes par la grande montagne, furent plus effrayés que s'ils avaient vu le diable. Un homme à cheval descendait au grand galop la *grimpette*. Le comte de Vorges ayant entendu dire qu'en 1814, un officier russe avait tenté l'aventure, fait qu'il regardait comme impossible, il essaya de le renouveler cependant, au risque de se tuer mille fois, la tête broyée contre les arbres.

Il n'en fallait pas tant pour exciter dans la ville une vive curiosité : mais l'audacieux cavalier ne rentra pas dans Molinchart à la suite de ce défi, ayant le bon goût de ne pas se poser en écuyer et ne voulant pas s'exposer aux regards de la foule. Si le comte de Vorges eût été d'une nature fanfaronne, se plaisant à troubler par bravade le calme des habitudes réglées d'une petite ville, il eût passé, à la suite de cette action, pour un fou ; mais il y avait une telle froideur sur sa figure, qu'on ne sut qu'en penser. Avec quelques traits de cette nature, en continuant de vivre à l'écart dans le château de sa mère, presque toujours à cheval ou à la chasse, le comte de Vorges pouvait devenir un héros de chronique un peu mystérieuse. L'avocat Grégoire, qui ne doutait de rien et qui s'était promis de faire parler à table le jeune comte, passa la moitié du repas à chercher une entrée en conversation. Quand il croyait avoir trouvé une phrase et qu'il se tournait vers M. de Vorges pour lui adresser la parole, l'air froid de grand seigneur avec lequel il était regardé l'empêchait d'arriver à son but, et lui faisait demander tantôt du sel, tantôt du poivre, tantôt de la moutarde, car il se sentait deviné dans ses pensées.

M. Creton avait écrit lui-même les noms des convives sur de petits morceaux de papier qu'on avait fourrés dans les serviettes pliées en triangle et grosses d'un petit pain. Il avait pour voisin de droite M. Lebailly, bourgeois riche, un des meilleurs écouteurs de province. M. Lebailly, homme grave, aurait entendu parler les langues les plus savantes qu'il eût fait un signe d'assentiment consistant en une étrange grimace. Les yeux se fermaient, le nez s'allongeait, la bouche rentrait en dedans. Il semblait avaler un trésor et ne comprenait rien à ce qu'on lui disait. Il passait pour un homme très-intelligent ; on ne le consultait pas, parce qu'il était connu qu'il ne répondait pas ; mais quand quelqu'un voulait s'asseoir dans une opinion, s'entendre dire oui, il allait en référer à

M. Lebailly, qui ne manquait pas sa grimace affirmative.

— Il me faudra beaucoup de girouettes, lui disait M. Creton : j'en place une sur le grand toit, une autre sur le petit pavillon qui fait retour sur la terrasse, une troisième sur le mur de la terrasse... Vous concevez, monsieur Lebailly, pourquoi. Je n'aurai pas toujours besoin de me déranger pour aller voir la situation du vent. Si je suis au premier étage, de ma chambre à coucher j'aperçois la girouette du petit pavillon, et dans le salon, tout en vaquant à mes occupations, la girouette du mur de la terrasse joue sous mes yeux... C'est une grave commission que j'ai acceptée, et je veux la remplir avec dévouement... N'est-ce pas heureux, monsieur Lebailly, si j'allonge votre existence d'une dizaine d'années : voilà pourtant à quoi j'arrive en ne quittant pas de l'œil mes girouettes.

— Monsieur, ne me parlez pas de la république, disait une demoiselle d'Autremencourt, qui était à la gauche de l'avoué, et qui répondait à M. Chotat, grand maître de la loge franc-maçonnique de Molinchart ; non, monsieur, vous ne savez pas ce que c'est que la république. Ma mère l'a vue, monsieur, et elle frémissait encore des excès qui s'y sont passés...

— Cependant, mademoiselle d'Autremencourt, vous admettez bien qu'il y avait quelques honnêtes gens parmi les conventionnels ?

— Non, monsieur, ils étaient tous plus abominables les uns que les autres... Ce Saint-Just, cet exécrable monstre, savez-vous ce qu'il a fait dans Molinchart ? Eh bien, monsieur, la famille de M. Delamour existe encore ici...

— Plaît-il, mademoiselle d'Autremencourt ? s'écria M. Delamour, qui entendait son nom mis en question.

— Oh ! pardon, monsieur Delamour, si je rappelle à vos souvenirs un événement fâcheux : je parlais de Victoire Delamour, qui était une jeune personne douce, bien élevée, sortant du couvent, et toujours maladive, lorsque cet ogre de Saint-Just arriva à Molinchart. Il connaissait la famille de mademoiselle Delamour, il fait l'homme complaisant, dévoué, le scélérat! Il offre de conduire mademoiselle Delamour à Paris, dans une maison de santé, afin qu'elle fût traitée avec soin. Les parents le croient et lui laissent emmener la jeune fille. Savez-vous ce qu'il fait? En arrivant à Paris, il ne perd pas une minute, il la fait guillotiner.

La discussion s'engagea alors sur l'ancienne révolution, que mademoiselle d'Autremencourt n'avait pas mise sur le tapis sans motifs : elle voulait donner une leçon à M. Chotat, chef de la réunion des francs-maçons, qu'on accusait, en 1823, de tremper dans les conspirations de carbonari. M. Chotat profita de cette attaque pour faire un plaidoyer en faveur des idées révolutionnaires, et une partie de la table se lança dans la discussion.

— Combien vous devez souffrir, madame, dit, en s'adressant à Louise, le comte de Vorges, d'être obligée d'entendre tous ces beaux raisonnements!

— Hélas! j'en ai pris mon parti, monsieur, dit-elle.

— Pas gaiement, du moins, dit le comte; quoi que vous fassiez, les secrètes mélancolies qui sont en vous apparaissent à la surface et viennent voiler votre beau regard. Je vous comprends, madame, et je sens combien vous souffrez des gens qui vous entourent.

— Mais, monsieur, dit-elle d'un ton froissé, je vis le plus souvent entourée de mon mari.

— Sans doute, poursuivit le jeune comte, M. Creton est un honnête homme, il est incapable de chercher à vous peiner, et, cependant, à chaque minute de la journée, il vous froisse, il vous brise... Quand on a souffert comme moi, madame, quand on a le cœur brisé, on devient savant dans ces matières.

— Vous avez autant souffert, vraiment? dit Louise d'un ton légèrement ironique.

— Vous voudriez avoir l'air de vous moquer? madame,

— Monsieur, je ne me moque jamais de personne, croyez-le bien; mais, à votre âge, il me semble difficile de croire à de pareils tourments. Vous êtes libre, dit-elle d'un ton mélancolique.

— Les femmes sont singulières, dit le comte; tout à l'heure, madame, vous ne vouliez pas avouer la mélancolie qui est peinte sur vos traits, et, maintenant, vous venez de parler de liberté avec l'accent d'un prisonnier.

— Et il est bien prouvé, dit Louise en rompant ce dialogue et en s'adressant à mademoiselle d'Autremencourt, que Saint-Just a commis ce crime uniquement pour le plaisir de commettre un crime?

— Voilà bien ma femme, dit M. Creton, il lui faut une heure pour réfléchir à la conversation; on ne parle plus de Saint-Just, maintenant, c'est fini. Monsieur le comte, ne faites pas attention si ma femme ne vous répond pas immédiatement, elle est très-réfléchie.

Louise baissa la tête sous les sarcasmes de son mari, tandis qu'un sourire imperceptible se dessinait sur les lèvres du comte. Il laissa la conversation reprendre son cours et ne voulut pas profiter de la fausse situation où M. Creton avait mis sa femme. Louise, d'ailleurs, affectait de causer avec son voisin de gauche, M. Janotet, qui racontait la maladie de sa femme. M. Janotet, juge suppléant au tribunal de Molinchart, ne siégeait jamais, et se contentait du titre. On craignait son intelligence, car il eût pu lui arriver de confondre les témoins avec l'accusé. C'était un homme aux yeux pâles, au teint blanc, ayant quelque ressemblance avec de la porcelaine transparente. Il souriait fréquemment, s'intéressait aux détails les plus simples de la vie, aurait passé une journée à s'inquiéter des nouvelles de la santé. Avec un « Comment vous portez-vous? » il tirait des motifs de conversation pour toute la soirée. M. Janotet délayait sa conversation dans une eau fade, et, pour mieux se faire entendre de ses interlocuteurs, car il avait une voix blanche et insaisissable, il se penchait à leur oreille comme s'il avait à leur confier des choses secrètes. Louise subit tout au long l'indisposition de madame Janotet, qui n'avait pu venir au repas.

— Elle a attrapé un coup d'air, disait son mari, en se promenant avant-hier soir sur les remparts. Nous avons appelé immédiatement le médecin, qui lui conseille de prendre des ménagements. Elle boit beaucoup de guimauve très-peu sucrée, parce que le sucre est échauffant, ce qui ne convient pas au tempérament de madame Janotet; mais, avec un peu de patience et de repos, ma femme ne peut tarder à se guérir.

— Madame Janotet est souvent prise d'indispositions, dit Louise.

— Très-souvent, madame; elle est délicate sans en avoir l'air, un rien la met hors d'elle-même : une porte ouverte, une fenêtre sans tampons, un peu d'humidité, trop de chaleur..., elle craint surtout beaucoup les chaleurs...

— Et monsieur votre fils grandit tous les jours, dit Louise en regardant le petit Janotet, qui remplaçait sa mère à table et qui rougit considérablement en baissant les yeux, aussitôt qu'il entendit qu'on s'occupait de lui.

Le petit Janotet était le décalque affaibli du juge suppléant; il semblait un souffle, tant il était pâle, malingre et timide à l'âge de quinze ans. Il ne quittait jamais son père et suçait les principes de son imbécillité. Il ne parlait qu'avec une vieille bonne qui l'avait élevé et qu'il appelait encore *Radédé*. La grosse paysanne semblait seule faire plaisir à son jeune maître en lui parlant ce langage enfantin composé de redoublements de syllabes identiques dont se servent les nourrices avec les enfants au berceau. Quoiqu'il prît de l'âge, tous ceux qui le connaissaient l'appelaient encore *Toto*, et il semblait pris d'effroi quand il s'entendait appeler par son véritable nom. On le voyait partout suivre son père, le tenir par le pan de l'habit, et quand le juge suppléant entrait dans un salon, immédiatement entrait sur ses talons Toto, qui serait mort de frayeur s'il avait été séparé de son père par une porte.

— Eh bien! Toto, dit Louise, est-ce que je te fais peur?

— Il est bien doux, mais un peu timide, dit le juge suppléant en regardant son fils avec complaisance.

Pendant ces conversations, le comte donnait les signes d'une vive impatience; Louise entendait résonner le parquet de petits coups secs qui annonçaient une colère mal dissimulée. Elle eut pitié de son hôte et se tourna vers lui.

— Je suis maîtresse de maison, monsieur, lui dit-elle, et je suis bien forcée de faire les honneurs de chez moi.

— Mais, madame, je n'ai rien dit qui pût vous empêcher de faire la conversation avec vos convives.

— Je vous demande pardon, monsieur, je croyais avoir surpris quelques marques d'impatience de votre part.

— Je l'avoue, madame, vous avez raison; je vous écoutais et je rageais d'entendre votre jolie voix répondre des paroles si inutiles à la personne qui est à votre gauche.

— Le monde n'a-t-il pas ses exigences? dit Louise. Remarquez, monsieur, que vous laisserez chez nos invités une impression fâcheuse; vous ne leur avez pas encore dit un mot, et ils en seront d'autant plus blessés, que votre titre leur fera croire à de la fierté de votre part.

— J'en serais réellement désolé, dit le comte, mais ma fortune modeste et ce titre de comte, qui ne signifie rien, ne m'ont jamais tourné la tête à ce point. Je parle très-peu d'ordinaire, et je ne parle surtout qu'aux personnes qui me sont sympathiques.

— Les personnes qui sont ici ne vous connaissent pas intimement, monsieur; vous dites que vous parlez peu, mais on vous a vu, presque tout le dîner, causer avec moi.

— Auprès de vous, madame, je ne me sens plus en province, et je crois retrouver les femmes jeunes, distinguées et sans prétentions, que j'ai rencontrées quelquefois dans les salons parisiens.

— Vous êtes un flatteur, monsieur; tâchez de vous souvenir que nous sommes en province.

A partir de ce moment, le comte changea de façon d'agir : il sourit au dernier calembour que venait de faire l'avocat Grégoire, qui en profita pour lui dire qu'il avait beaucoup connu son père, et qu'il lui avait fait gagner jadis un procès très-important. La vieille demoiselle d'Autremencourt se laissa prendre à un salut affectueux du comte de Vorges, et se mit à entamer l'éloge de la noblesse; la discussion sur les variations de l'atmosphère continuait entre M. Creton du Coche et son voisin, M. Lebailly; le comte en profita pour inviter l'avoué à venir faire des comparaisons entre le climat de la vallée et celui de la montagne, et à s'installer quelques jours au château de Vorges, où il trouverait tout ce qui lui serait nécessaire pour faire ses observations scientifiques.

— J'ai un de mes parents, dit le comte, qui est président de l'académie de Reims. Je crois, monsieur du Coche, qu'il serait très-intéressant de communiquer vos travaux à cette société savante et de vous en faire recevoir membre.

— Comment donc, monsieur le comte? s'écria l'avoué, qui voyait avec joie les honneurs scientifiques fondre sur lui.

— Cette société, dit le comte, s'occupe assez peu d'art et de belles-lettres; cependant on y compose quelquefois des morceaux de poésie fort remarquables pour une ville industrielle, mais les efforts de la société académique se tournent plutôt vers les questions d'utilité pratique, et je suis certain qu'on accueillerait votre demande avec le plus grand plaisir.

Jusqu'à la fin du repas, le comte s'occupa tour à tour des différents convives, et entra dans la conversation avec des paroles flatteuses pour chacun. Il trouva même le moyen de causer avec Toto et de s'inquiéter de sa bonne Radédé.

— Je vous remercie, monsieur, dit Louise en serrant imperceptiblement le bras du comte, qui la conduisait de la salle à manger au salon. Vous avez gagné le cœur de tout le monde.

— Bien vrai, de tout le monde? dit le jeune homme. Ah! que je suis heureux!

— Il ne vous reste plus, dit la femme de l'avoué, qu'à mettre de côté un reste de raillerie parisienne, que personne ici ne devine, mais que je comprends parfaitement. Il est trop facile de plaisanter de pauvres provinciaux qui ne sont jamais sortis de chez eux.

— Vous voulez me rendre parfait, dit le comte; si je pouvais vous voir plus souvent, madame, je crois que vous finiriez par me faire adorer tous vos invités.

— Adorer! dit Louise, c'est beaucoup; supportez-les, ayez l'air de vous intéresser à leurs moindres manies.

— Et vous me permettrez de venir plus souvent vous rendre visite?

— Je ne l'ai pas entendu de la sorte, monsieur. Quel intérêt trouveriez-vous à la maison?

— Quel intérêt! madame; vous voir, vous parler, vous écouter, n'est-ce pas là le plus grand bonheur... Je m'en vais m'en retourner, et je suis sûr que ma mère ne me reconnaîtra pas; je me sens tout changé au dedans; il est impossible que ma figure n'en témoigne pas quelque chose.

— Assez, monsieur, dit Louise avec un petit ton de commandement; on va nous faire de la musique.

Dans ce moment, une note perçante d'instrument à vent venait de se faire entendre dans l'appartement. M. Janotet avait tiré de sa poche une petite flûte, et soufflait dedans pour l'échauffer.

— Monsieur le comte, dit l'avoué, ces messieurs nous ont préparé une surprise après le café: M. Janotet va nous jouer le *Duel*, un fort beau duo, avec M. Pector, le meilleur basson du département.

Le comte, qui avait quelque teinture de musique, se leva, regarda la musique sur un des pupitres, et fut tout étonné de voir sur le frontispice: *Duo pour deux violons*.

— Nous le jouons pour basson et petite flûte, dit M. Janotet, et même divers artistes de la capitale, qui nous ont entendus l'exécuter, trouvent que le morceau y gagne à cause de la différence des timbres.

— Oui, dit le comte, deux violons seraient trop uniformes.

— Précisément, dit M. Janotet. Voyons, Toto, tu ne peux cependant pas rester dans mes jambes pendant que je jouerai... Veux-tu tenir la musique? tu seras tout près de moi.

L'enfant prit la musique, quoiqu'il tremblât à chaque son du basson qui s'échappait de l'instrument de M. Pector.

— Vous allez voir, dit M. Creton du Coche au comte, il y a une petite comédie, au commencement, qui est fort intéressante quand on ne la connaît pas.

M. Creton se frottait les mains et faisait asseoir ses invités dans des fauteuils qui formaient cercle autour des deux amateurs.

— Vous ferez le combat, surtout, disait-il à M. Pector, qui ajustait les diverses pièces de son instrument, et qui dirigeait son basson en avant comme une mince coulevrine.

— Je ne demande pas mieux, dit M. Pector, si M. Janotet y consent. L'avoué courut au-devant de M. Janotet, qui donnait ses instructions à son fils.

— Toto, fais bien attention à retourner la page, tu me ferais manquer ma variation.

— Allons, Janotet, un beau combat, dit l'avoué.

— C'est bien connu, dit le juge suppléant, qui aimait à se faire prier.

— Monsieur le comte de Vorges ne se doute pas de ce qui va se passer, dit M. Creton; je suis certain qu'il sera très-curieux de ce divertissement... Mesdames et messieurs, je vous demanderai un peu de silence pour entendre le duel qui va avoir lieu devant vos yeux par deux adversaires musiciens.

Il se fit alors un grand calme dans le salon. Les deux instrumentistes étaient placés en face l'un de l'autre; ils se regardaient fixement. A un signe de tête du juge suppléant, M. Pector fit avec son basson un salut croisé que la petite flûte lui rendit comme s'il s'était agi de battre la mesure. M. Janotet se fendit, tenant droit son petit instrument : on eût dit qu'il voulait percer son adversaire, qui, le basson en arrêt, jouissait de suprêmes avantages, vu la longueur de l'instrument.

— Que prétendent faire ces deux messieurs? demanda le comte à Louise.

— Ils veulent imiter un combat à l'épée.

— Il faut, madame, que je vous aie juré d'être sérieux...

— Vous n'êtes encore qu'au début; patience, dit Louise.

En ce moment, les deux instrumentistes parcouraient le cercle en sens inverse et faisaient mine de se poursuivre; Toto tenait son père par le bras et semblait terrifié du long basson qui marchait derrière lui.

— Très-bien! s'écria M. Creton du Coche, c'est parfait; n'est-ce pas, monsieur le comte; ne jurerait-on pas un véritable duel?

— Oui, monsieur Creton, sans doute, mais les armes ne sont pas égales.

— Qu'importe! on se figure un combat et on oublie qu'on est en présence de musiciens. Tenez, mademoiselle d'Autremencourt se cache les yeux, tant elle a horreur des duels... Pschtt! voilà le basson qui commence...

M. Pector venait de lancer les premières notes du *Duel*, qui est un morceau imitatif du temps du Directoire. Au début, on entendait une sorte de querelle entre deux individus. Le basson, avec sa voix grave, semblait une sorte de *Monsieur Prudhomme*, qui a été insulté dans un endroit public par un être d'un caractère léger et pointu, représenté par la petite flûte. L'exécution de la dispute marcha avec quelque ensemble; mais quand les propos s'envenimèrent, quand la colère fut représentée par des roulades aiguës sans fin, la petite flûte se troubla et laissa seul le basson continuer ses arpéges mélancoliques.

— Pardon, monsieur Pector, s'écria M. Janotet, arrêtez-vous, vous ne m'attendez pas...

M. Pector continuait sa partie gravement, s'inquiétant peu si des batteries et des arpéges sans fin pouvaient avoir quelque intérêt pour la société. M. Janotet sauta si brusquement sur l'instrument, que M. Pector fit une grimace terrible.

— Eh! monsieur Janotet, dit-il d'un ton courroucé, vous avez failli me faire avaler l'anche; on ne se précipite pas avec autant de vivacité sur un instrument que vous savez fragile.

— Monsieur Pector, j'avoue que j'ai été un peu vif; mais je vous prierai de recommencer l'*allegro*.

— C'est impossible, monsieur Janotet; mon anche est brisée, et je n'en ai pas de rechange dans ma boîte...

Comme la discussion se prolongeait, et que la passion qui avait inspiré le compositeur du *Duel* semblait être passée dans le sang des deux musiciens, le comte en profita pour causer un moment avec Louise.

— J'espère, madame, vous rencontrer cet hiver dans les bals?

— Comment, monsieur, vous voulez quitter vos habitudes de sauvagerie et vous frotter au milieu de tous ces provinciaux, dont vous pensez tant de mal?

— Si vous y êtes, madame, il n'y a plus de province; que m'importe ce qui se dira autour de moi, je n'entendrai que votre voix, le bal est rempli de bourgeois et de bourgeoises; ils disparaissent, et je ne vois que vous, que vous seule.

— Je m'en vais prier M. Creton d'être un peu jaloux, dit Louise. Savez-vous que, s'il vous entendait, il pourrait perdre un peu de sa superbe tranquillité?... Monsieur, si vous étiez complaisant, vous me rendriez un grand service.

— Lequel? demanda le comte; je suis tout à vos ordres, madame.

— Mademoiselle d'Autremencourt regarde de côté et d'autre, elle cherche un quatrième pour faire une partie de boston.

— Et vous m'enverriez gaiement, madame, sous le feu d'un aussi terrible ennemi?

— Vous aurez une amie dévouée dans mademoiselle d'Autremencourt; sachez qu'elle est très-mauvaise langue.

— Heureusement pour moi, madame, je ne connais pas le boston.

— Alors, monsieur, vous me permettrez de vous quitter; une maîtresse de maison doit se dévouer.

— Est-ce que je ne pourrai pas le jouer en face de vous, madame? dit le comte.

— Ah! dit Louise en souriant, vous savez le boston, maintenant?

— Oh! très-peu, madame; je ne joue jamais. Réellement, où je me ferai moquer de moi; ou je mettrai mon partenaire en colère, et j'arriverai à un résultat tout contraire à celui que vous prétendiez, madame, en faisant la partie de mademoiselle d'Autremencourt.

— Vous êtes sauvé, monsieur, dit Louise! M. Pector fait un quatrième!

— Nous sommes sauvés, dit le comte.

— Je n'accepte pas cette association, dit Louise.

L'avoué rôdait dans son salon et vint vers le comte.

— Ne vous êtes-vous pas ennuyé, monsieur le comte?

— Oh! monsieur du Coche!

— Quelquefois, on ne connaît pas tout le monde, on est mal à son aise. Je crains que ma femme ne puisse soutenir la conversation. As-tu offert du vespétro à M. le comte?

— Je vous remercie bien, dit le jeune homme.

— C'est un vespétro merveilleux; il a un arome particulier. Ma femme, sonne Marie.

La bonne entra.

— Marie, apportez-nous le vespétro, vous savez qu'il est en haut de l'armoire.

— Vraiment, monsieur du Coche, vous me comblez; mais je ne bois jamais de liqueurs.

— Il est d'une douceur!... Janotet! un petit verre de vespétro.

— Je veux bien, dit la petite flûte.

— Toto boira bien aussi un peu de vespétro; vous allez le sentir, monsieur le comte, le parfum vous décidera; je l'ai acheté à la vente d'un vieux curé; il s'y connaissait, le brave homme... Personne, dans Molinchart, ne vous ferait boire de pareille liqueur, excepté M. le sous-préfet, à qui j'ai fait hommage de trois bouteilles.

— Monsieur du Coche, dit le comte, je vous demanderai la permission de me retirer; demain, avant mon départ, je viendrai prendre congé de madame et de vous, et j'espère que nos bonnes relations n'en resteront pas là.

— Certainement, monsieur le comte, dit l'avoué.

Le jeune homme donna la main au mari et à la femme, et sortit, laissant Louise sous le coup d'idées nouvelles. Elle resta jusqu'à la fin de la soirée au coin du feu, regardant fixement la plaque de la cheminée, la flamme, la sueur qui sortait à bouillons des bûches, les mille étincelles qui couraient et sautillaient dans la cheminée. Quand on pense, le feu est un monde; les moindres incidents poussent à la rêverie.

— Eh bien! dit l'avoué en surprenant sa femme dans cet état.

Louise tressaillit comme si elle revenait à la vie.

— Tout le monde s'en va, dit M. Creton du Coche, et on demande après toi pour te souhaiter le bonsoir.

V

La vieille fille.

Mademoiselle Ursule Creton demeure à l'angle de la rue Basse, dans une maison à deux étages, qui donne sur la petite place. Il n'est pas d'enfant dans Molinchart qui ne se soit arrêté, en sortant de l'école, devant la fenêtre du rez-de-chaussée, toujours ouverte. C'est le plus singulier musée qui se puisse voir et que seule l'imagination d'une dévote peut concevoir. Là, sont entassés, les uns sur les autres, des cadres remplis d'ossements de saints, cachés dans des profondeurs de petits papiers dorés et roulés ; un fragment de sainte Perpétue repose à côté d'un petit morceau du métacarpe de saint Victorien ; sainte Véronique a laissé une parcelle de tibia à côté d'une miette de métatarse de saint Fructueux. Dans de grands cadres de bois noir se voient certains arbres symboliques sur les feuilles desquels le graveur a inscrit les noms des péchés mortels assez restreints, et les titres plus nombreux des péchés véniels. Deux Enfants Jésus de cire, ornés de perruques en coton, sont de chaque côté de la cheminée sous de petits globes de verre carrés.

On distingue peu d'objets profanes au milieu de ce singulier musée ; cependant, il faut citer le tableau des assignats sous la Révolution, qui représente les nombreux assignats de divers prix, posés les uns sur les autres, au centre desquels se voit le fameux gueux de Callot, qui, appuyé sur son bâton, s'arrachant les cheveux de désespoir, semble prendre le parti de fuir ce maudit pays des assignats ; mais la pièce la plus importante, sans contredit, du musée de la vieille fille, est la fameuse Passion en bouteille, qui veut une explication satisfaisante.

Notre-Dame de Liesse est un bourg important près de Molinchart, qui attire une foule considérable de visiteurs, de curieux et de pèlerins, par la nature de son commerce et la croyance aux miracles d'une Vierge noire, dont la vie a dérouillé plus d'une plume pieuse. Toute la semaine, les chemins des alentours sont remplis de paysans à pied qui viennent de dix et vingt lieues à la ronde, afin d'intercéder auprès de Notre-Dame de Liesse pour que cesse le règne des foulures, des bras cassés et des entorses.

La vue de la sacristie de l'église a un aspect consolant : on n'y voit pour ornement que des béquilles de toutes grandeurs suspendues aux murs ; le sacristain explique

que ce sont les béquilles des boiteux, des paralytiques qui, après quelques prières, s'en sont retournés avec des jambes de quinze ans. Une armoire vitrée fait face aux béquilles : c'est le trésor de l'église, c'est-à-dire les nombreux dons laissés en partant par les croyants. Montres d'argent, bagues d'or, forment le plus considérable du trésor, qui a quelque analogie avec la devanture d'un petit orfévre.

Le commerce de Liesse, en se pliant au goût des pèlerins, devint une source de fortune pour les habitants. Tout y est pieux : là se fabriquent mille objets à bon marché, qui prennent leur plus grande valeur d'être touchés par la Vierge noire. Un pauvre paysan ne manque jamais de s'en retourner avec un gros bouquet de fleurs artificielles à son chapeau ; ce sont des fleurs rouges et des feuilles vertes, entremêlées de clinquant, qui flattent les goûts des campagnards pour les choses voyantes. Arrivé dans sa cabane, le paysan accroche au-dessus de sa cheminée le bouquet de Notre-Dame de Liesse, et on trouve rarement, en Picardie, une cheminée dépourvue de cet ornement. En outre, le paysan emporte, soigneusement enveloppées dans sa poche, une quantité de bagues de plomb, qui lui ont coûté un sou la douzaine, et qu'il offre en souvenir à ses amis et connaissances.

Les pèlerins riches apportent encore la bouteille de la Passion, qui à elle seule constitue un drame plein de curiosité, destiné à occuper les soirées d'hiver. Les clous, l'éponge, la croix, l'échelle, le vase à vinaigre, Jésus-Christ, le marteau, les tenailles, la scie, la Vierge noire, de petites médailles de cuivre, plongent dans l'eau enfermée dans une bouteille. La moindre agitation fait remuer tous ces objets, qui constituent, pour le paysan, un mystère religieux, aussi puissant aujourd'hui que les mystères du moyen âge pour le peuple. Ces divers objets, exécutés en verre colorié, sont suspendus dans la bouteille par de petits globules de verre creux. La bouteille n'a pas d'ouverture et a été fermée par l'industrie du verrier. Cette petite danse religieuse, enfermée dans l'eau tranquille d'une bouteille transparente, continue à entretenir dans l'esprit des paysans naïfs l'idée de miracles.

On ne sait pas de quelle époque date l'invention de cette Passion, qui doit remonter à des temps assez reculés, quand on examine la façon simple et grossière dont sont soufflés les personnages et les objets coloriés. L'ouvrier ne s'inquiète pas précisément de la beauté des types; il crée un Jésus-Christ avec la vitesse qu'il met à des objets matériels, et il en résulte une représentation souvent plaisante, qui n'a plus de reconnaissable que la croix de la Passion.

La Notre-Dame de Liesse, à la figure noire, est également massacrée; le marteau qui servit à enfoncer les clous au Calvaire est quelquefois aussi grand que Jésus-Christ; les clous sont aussi gros que le marteau. La coloration est employée avec une brutalité de sauvage; mais le paysan retrouve dans ces objets une image de la Passion; il n'en détaille pas les défauts, il n'en saisit que l'ensemble; il s'étonne toute sa vie de la bouteille fermée comme par miracle, et il commence l'éducation religieuse de ses enfants en leur montrant sur sa cheminée l'objet qui a été touché par Notre-Dame de Liesse.

Mademoiselle Ursule Creton tenait à la fameuse bouteille de Liesse plus qu'à la vie; peut-être eût-elle sacrifié tout son musée à la Passion en bouteille; les petites villes sont devenues sceptiques et ne croient plus à ces objets dont la forme est trop grossière; mais la vieille fille avait conservé, à cinquante-six ans, le goût des choses pieuses de sa jeunesse. Tous les matins elle époussetait son musée avec un soin particulier et levait même les globes qui recouvraient les Enfants Jésus de cire, afin de s'assurer que la poussière ne s'était pas introduite dans les boucles de coton blanc qui faisaient si bien ressortir la cire rose de leur figure. La vie de mademoiselle Creton était ainsi remplie : elle allait entendre la messe basse, se confessait deux fois la semaine et attendait les visites l'après-midi.

Après la messe, elle ne manquait pas de passer à la sacristie, sous le prétexte de voir si la bannière de la Vierge n'avait pas besoin d'entretien ; mais c'était matière à causer avec le suisse, le bedeau, et se fournir d'une provision de nouvelles pour les soirées qu'elle passait chez les dévotes. Le curé montrait une patience angélique à écouter la vieille fille qui, en qualité de porteuse de la bannière, recueillait les moindres actions des jeunes enfants faisant partie de cette congrégation. Elle fatiguait également les sœurs de la Providence qui tenaient une école gratuite de jeunes filles, et ne voulait pas perdre l'autorité qu'elle avait conquise sur elles pendant les processions.

C'étaient de nouveaux cantiques qu'elle apportait chez les sœurs et qu'elle entonnait avec un accent de tabatière neuve. On l'eût mise dans une violente colère si on eût douté de sa façon de chanter ; seuls, les polissons de la rue qui la surprenaient chantonnant pendant qu'elle époussetait son musée, lui répondaient par des accents nasillards, et prenaient la fuite en la voyant arriver armée d'un pot d'eau. Mademoiselle Ursule Creton, longue et maigre, portait habituellement à la ville un chapeau vert-clair doublé de jaune ; sous cette coiffure de perroquet elle redressait la tête, et peut-être quelques idées de coquetterie, qui n'étaient jamais sorties, sommeillaient-elles encore. Ainsi que beaucoup de femmes laides et vieilles, elle ne pardonna jamais à Louise sa beauté. À partir du mariage, elle évita même de rendre visite à son frère.

Elle prit l'habitude de parler à sa belle-sœur à la troisième personne, afin de ne pas l'appeler ma sœur. Les relations entre la vieille fille et Louise laissaient dans l'opinion de celle-ci un tel sentiment de crainte, qu'elle restait quelquefois cinq minutes devant la porte avant de sonner, espérant, ainsi que tous les esprits timides, retarder le plus possible une entrevue désagréable.

— Madame Creton a donné hier un très-beau dîner, dit-on dans la ville. Je suis étonnée vraiment de n'y pas avoir été invitée, dit la vieille fille à sa belle-sœur, à la première visite qu'elle lui rendit.

Louise rougit extrêmement, car son mari avait fait lui-même les invitations, et négligea d'en instruire sa sœur, sachant bien qu'elle ne viendrait pas : elle exposa le fait dans toute sa vérité.

— N'importe, madame Creton devrait connaître la politesse avant tout. J'excuse à peine mon frère, quoique je sache que, dans ces occasions, la maîtresse de la maison fait tout ; mais madame Creton aurait pu m'en faire part... Peut-être voudrait-on me séparer de mon frère !

— Oh ! madame ! s'écria Louise.

— Depuis le mariage de madame Creton, mon frère a changé visiblement de manière avec moi : plus d'empressement, de ces petits soins auxquels j'étais habituée et que mon âge fait bien comprendre ; madame Creton a de l'empire sur son mari ; toute la ville le sait. Qui aurait invité à dîner ce M. le comte de Vorges, qui, sans doute, fait meilleure mine à table qu'une pauvre dévote ?

— Mademoiselle Ursule, dit Louise, M. Creton a tellement insisté pour admettre M. de Vorges à sa table, que je n'ai pu poliment lui tenir tête plus longtemps. Vous pouvez le lui demander.

— Les maris seront toujours les mêmes. Madame Creton est assez fine pour faire croire à mon frère qu'il veut depuis un siècle des choses qui ne lui entraient pas dans la pensée une minute auparavant.

Alors la vieille fille s'emporta contre le luxe moderne, contre la manie de dépenser de l'argent, contre les gens qui tiennent table ouverte, et cita un sermon sur la pauvreté, et finit par montrer M. Creton du Coche sur un fumier, comme le Lazare. Cette lutte avait quelque chose de poignant pour Louise qui, une fois assise sur une chaise basse de paille, recouverte d'un mauvais coussin dont la taie était évidemment sortie d'un jupon de la vieille fille, semblait une accusée écoutant un réquisitoire de procureur général. En présence de la vieille fille, Louise se sentait accablée par une multitude d'émotions. Les meubles secs et froids étaient contre elle ; une certaine odeur de renfermé, qu'on subissait en entrant, lui portait à la tête ; les pieuses antiquités faisaient mal à regarder. De temps en temps, on entendait sortir de sous la chaise de la vieille fille une toux rauque et asthmatique qui provenait du gosier d'un vieux chien gras qui avait à peine la force de se lever de la boîte où il se tenait.

Les carreaux d'une grande croisée qui donne sur la rue avaient dû être fabriqués peu après les carreaux en culs de bouteille qui se voient encore dans d'anciennes maisons de province. Quoique propres, ils ne laissaient passer qu'un jour vert et triste, froid et glacial, même en été. Un seul portrait attirait les yeux, le pastel de la mère de M. Creton ; mais la mère était la ressemblance exacte de la vieille fille, avec un menton pointu et de grandes lunettes d'acier qui protégeaient des yeux propres à fouiller au fond des consciences.

Le portrait de sa mère servait aussi de thème de conversation à mademoiselle Ursule, qui se prévalait surtout d'une grande aiguille menaçante qui sortait des cheveux gris de la mère ; une pelote de coton, qu'elle tenait à la main, montrait qu'elle avait suspendu momentanément son ouvrage pour regarder le peintre qui faisait son portrait.

— Ce n'est pas madame Creton, disait la vieille fille, qui ferait au tricot les fameux bas de laine que je garde encore par respect pour ma pauvre mère, qui s'est usé les yeux après.

A entendre Ursule Creton, le tricot était le soutien des ménages, un échelon de fortune, une garantie de tranquillité pour les maris.

— Si ta femme avait voulu, disait-elle à son frère, je lui aurais appris le tricot ; mais elle aime mieux rester oisive de ses dix doigts et regarder par la fenêtre.

L'avoué répondait que Louise faisait de la tapisserie.

— Où la voit-on, disait la vieille fille, cette fameuse tapisserie ? Si encore, à la procession de la Fête-Dieu, je voyais ta maison tendue d'une tapisserie faite par elle : mais jamais elle ne fera rien pour l'église... C'est bientôt dit, un meuble de salon ; en seras-tu plus avancé d'avoir un meuble de salon en tapisserie ? A la bonne heure, une belle statue de sainte avec des anges, comme on en faisait anciennement... Ah ! le monde devient bien égoïste ! s'écriait-elle en pensant que Louise ne s'occupait pas du culte.

Une autre fois, elle ne l'avait pas rencontrée le dimanche à la grand'messe, et elle exécutait ses aigres variations sur l'irréligion moderne.

Toute sa vie, M. Creton avait subi l'ascendant de sa sœur, qui, plus âgée que lui, conservait les traditions sévères qu'elle tenait de sa mère. L'avoué avait un de ces caractères faibles qui trouvent un certain bien-être à se courber sous l'autorité ; s'étant longtemps dispensé de penser et d'agir par soi-même, la volonté s'envola à tire-d'ailes d'un esprit timide pour n'y rentrer jamais. La vieille fille avait senti juste le moment du départ de la volonté de son frère et s'en était emparée. Il était arrivé que M. Creton n'eut rien à désirer, à souhaiter dans la vie, tant qu'il vécut avec sa sœur. Il trouva un ménage pour ainsi dire sans connaître les souffrances matrimoniales.

Dans la ville, on citait à tout propos l'union des deux célibataires comme un modèle de bonheur, quoiqu'il y eût au fond de la pensée de chacun l'idée pénible et chagrine qu'entraînent toujours un vieux garçon et une vieille fille. Mademoiselle Creton oubliait seulement devant son frère les admonestations catholiques qui lui emplissaient le cerveau. Ayant été à même d'étudier l'avoué depuis son enfance, elle le reconnaissait incapable de scepticisme. La grossière intelligence de M. Creton ne pouvait se plier à comprendre ces esprits douteux qui ont de tous les temps soulevé le *pourquoi* et le *peut-être* dans les grandes questions catholiques.

La vieille fille s'occupait de la maison, réglait les dépenses, tenait les clés de toutes les armoires, et l'avoué n'aurait pu mettre son habit neuf sans sa permission; une femme de ménage, qui venait le matin et le soir, était chargée de laver la vaisselle : c'était tout le domestique de la maison. Mademoiselle Creton avait ainsi épongé ses envies de mariage en regardant son frère comme un époux; sans doute, de vingt-cinq à trente-cinq ans, elle eut de beaux rêves et des réveils amers, en ne trouvant pas à ses côtés l'idéal de ses songes, qui n'était autre qu'un Creton un peu plus jeune, un peu mieux dégrossi, tenant un langage amoureux et se laissant mener; car le principe d'autorité était pour ainsi dire scellé dans l'esprit de la vieille fille, et rien n'aurait pu l'en détacher.

Le frère, qui menait alors la vie des jeunes gens de l'étude où il fut premier clerc pendant trente ans, ne soupçonna pas les rêves insensés qui agitaient le corps d'Ursule Creton pendant la nuit. Ayant toujours trouvé sa sœur plutôt hargneuse que revêche, il l'entendit médire du mariage en général, et des mariages en particulier qui se formaient de temps en temps dans Molinchart.

Il n'est pas difficile, en suivant l'ordre de conversation d'une personne, en étudiant ses comparaisons surtout, de connaître ce qui lui trotte dans l'esprit. Un hypocrite n'a dans la bouche que la grande morale, et il se sert, pour rendre son idée, d'images prises dans des sujets de débauches; cet homme est un débauché, il n'y a pas besoin de le suivre, ses paroles vous disent ses actions cachées.

Mademoiselle Creton ne manquait jamais, au déjeuner, de régaler son frère d'histoires matrimoniales; elle savait le jour où le jeune homme avait été présenté chez les parents; elle n'oubliait pas les réponses de la jeune fille; elle connaissait la première le futur qui demeurait hors la ville, sa fortune, son état, son âge; elle ne manquait pas un mariage à l'église, et avait une place réservée dans les bas-côtés, d'où elle pouvait étudier les rougeurs de la mariée, ses vagues tristesses, les sourires du jeune homme, l'émotion des époux quand ils se tenaient la main.

Un observateur qui aurait entendu cette conversation se serait dit : « Voilà une vieille fille qui crève d'envie de se marier ; » mais M. Creton retrouvait chez sa sœur divers motifs de conversation qui alimentent les petites villes, et il ne vit dans la figure de sa sœur, qui se tirait, dans son teint de plus en plus couperosé, dans sa parole vinaigrée, qu'une légère modification apportée par l'âge. S'il avait eu une nature un peu plus sympathique, peut-être mademoiselle Creton lui eût-elle montré l'élan de son cœur et lui eût-elle lancé ce cri : « Trouve-moi un mari, n'importe lequel ; » mais la vieille fille savait que dessous sa flanelle l'avoué portait, en outre, un gilet et un caleçon en égoïsme.

Il y a chez les gens égoïstes des signes certains qui font qu'ils n'ont pas besoin d'attouchements franc-maçonniques pour se reconnaître : c'est une froideur dans l'œil qui terrifie ceux qui croient encore à quelque chose dans la vie. On peut dire des yeux d'un égoïste qu'ils sont morts, aussi effrayants que les yeux de verre étalés à la porte d'un oculiste, aussi terribles que l'œil toujours fixe et brillant d'un animal empaillé du Musée d'histoire naturelle. C'est ce qui explique l'intérêt qui s'attache à certaines figures dévorées par la passion, où toute la vie s'est réfugiée dans les yeux ; c'est ce qui fait qu'une femme de cinquante ans peut encore être belle à voir, et c'est ce qui fait qu'un aveugle aux paupières fermées a plus de *regard* qu'un bourgeois égoïste.

La vieille fille se sentait plus égoïste que son frère, et ne l'en craignait pas moins ; aussi elle rentra en dedans ses désirs de mariage, les fit taire, et finit par croire elle-même à ses médisances anti-matrimoniales, comme un avocat peut croire à l'audience à la vertu d'une femme adultère qu'il défend. L'avarice prit le dessus dans le panier qui contenait les passions de mademoiselle Creton. Elle vécut en faisant perpétuellement des additions de tête.

Comme elle dépensait à peine huit cents francs par an pour elle, ses rentes se grossissaient d'année en année; elle en arriva à peser la part de son frère et à la joindre à la sienne, ce qui formait un avoir de près de deux cent mille francs.

Peu à peu, l'idée suivante, qui s'était montrée d'abord comme une flammèche et qui gagna son esprit comme un incendie, se traduisit de la sorte : Si mon frère mourait le premier ! Ces sortes d'idées, qui semblent monstrueuses et anti-naturelles, sont cependant très-communes. Au premier abord, chacun les repousse avec indignation, les croyant envoyées par le démon, mais le démon revient tellement souvent et en employant de si astucieux raisonnements, qu'on oublie ses cornes.

Quand mademoiselle Creton faisait son tricot et semblait appliquer toute son intelligence à une maille, personne ne l'eût soupçonnée d'écouter une voix intérieure qui lui criait : Si ton frère mourait le premier !

Quand, mêlant un peu de miel à sa voix de vinaigre, tout en époussetant l'appartement, elle disait à l'enfant de cire : « Mon petit Jésus ! » il ne serait venu à l'idée du pire misanthrope qu'elle continuait ainsi la phrase : « Si mon frère mourait le premier ! »

Les cloches lui semblaient sonner perpétuellement l'enterrement de son frère.

C'était une obsession, une manie, une idée fixe; la vieille fille se surprenait quelquefois à regarder les grosses oreilles rouges de M. Creton, qui, malheureusement, pronostiquaient une heureuse constitution. Sous le : « Bonjour, Creton, comment vas-tu ? » qu'elle lui adressait chaque matin, étaient cachés des désirs d'apprendre qu'il avait passé une mauvaise nuit; qu'il avait attrapé un courant d'air, froid aux pieds, mal à la gorge, ou mille petites indispositions; mais l'avoué était fort et robuste, sans maladies, sans passions, par conséquent sans goutte ni rhumatisme. Il apportait la plus grande indifférence aux maladies de ses amis, n'ayant jamais passé par le moindre état de souffrance.

Mademoiselle Creton, à force de réfléchir, pensa à une donation au dernier vivant. Rien n'était plus simple et rien n'était plus difficile. L'avoué ne parlait jamais succession, il n'aimait pas son art, bien loin de ces gens qui ne trouvent de conversation que dans les choses de leur profession. Comment faire pour aborder la question ? Le hasard pouvait seul amener ce sujet.

Le hasard fit que M. Creton épousa une jeune fille sans fortune, belle à rendre jalouses toutes les femmes de Molinchart. En un clin d'œil, les projets de mademoiselle Ursule tombèrent à l'eau, et la nouvelle épousée ne put se douter de la haine que peut recéler le cœur d'une bigote.

VI

Conversation entre amis.

Le comte de Vorges retournait au château de sa mère avec son cousin Jonquières, tous deux à cheval. Il faisait une belle journée de commencement d'automne.

— Iras-tu aux bals de Molinchart, cet hiver? dit Julien à son ami.

— Au bal! je préfère rester aux Étouvelles; peut-être d'ailleurs passerai-je trois mois à Paris.

— Tant pis; j'aurais préféré te savoir auprès de moi.

— Si tu y tiens absolument, dit Jonquières, je resterai ; mais les journées d'hiver sont bien longues à la campagne, et les soirées encore plus longues que les journées ; que ferons-nous?

Julien resta quelque temps sans répondre.

— J'aime, dit-il tout à coup.

— Avais-tu besoin de me le dire? Un solitaire qui renonce tout d'un coup au désert ne peut être que très amoureux.

— Ne te moque pas, je te prie, Charles, car j'ai besoin

d'être encouragé. J'aime follement une femme que j'ai vue pour la première fois il y a un an, que j'ai revue ce matin et qui ne s'en doute pas.

— L'aimes-tu bien réellement ?

— De toutes mes forces ; aussitôt que je l'ai vue, j'ai oublié cette Carolina qui m'a tant fait souffrir.

— Alors, sois bien certain qu'elle sait que tu l'aimes ; il y a des signes certains, le son de la voix, le regard ; jamais une femme ne se trompe là-dessus.

— Elle est mariée ! s'écria tristement le comte de Vorges.

— Eh bien ! Julien, si tu es un homme, nous partirons demain pour Paris.

— Pour Paris ? dit le comte,

— Oui, même plus loin si tu veux. Nous irons faire un voyage, n'importe où. J'essaierai de t'amuser, de te distraire ; mais ne pense pas à une femme mariée. Tu as bien souffert, n'est-ce pas, pour cette fille de théâtre ? Cependant tes chagrins passés ne sont rien en présence de ceux que tu te prépares. Ah ! les femmes mariées, mon ami, les femmes mariées qui vous aiment vous ouvrent les portes de l'enfer. J'ai passé par là, tu le sais bien ; si je n'y ai pas laissé ma vie, c'est par une faveur toute spéciale de la Providence. Tu me connais assez pour un homme qui ne craint pas le danger ; cependant quand j'ai rencontré à ma porte un mari qui m'attendait avec un pistolet, j'ai faibli, je me suis dit : Cet homme est dans son droit ; je lui ai pris son bien, il a le droit de se venger. Heureusement le mari était plus ému que moi ; il a tiré, et il ne m'a fait qu'une balafre à la joue. Cela n'est rien ; il m'aurait tué sur le coup qu'il n'y aurait pas de mal ; mais, mon ami, c'est la femme, une femme que j'adorais, qui a été surprise sortant de chez moi, qui n'a pu nier. Qu'est-elle devenue ? Je sais que son mari l'a ramenée chez lui, et que depuis elle ne sort plus. Personne ne la voit, pas même sa domestique. Pense quels terribles drames le mari a joués depuis deux ans entre quatre murs ! N'est-ce pas affreux? Une coupable perpétuellement devant son juge! Une femme faible sans cesse en présence d'un homme qu'elle a trompé! Et le mari n'était pas un méchant homme!

— Tu prends tellement le parti du mari que je crois vraiment que tu songes à faire une fin et à épouser une riche héritière.

— Si tu avais été à ma place, Julien, tu verrais par quelles tourmentes j'ai passé. On s'illusionne à tel point, qu'on ne comprend plus ni les lois du monde ni les lois de la société. Tout ce que je faisais était pour moi la chose la plus naturelle; j'aimais, j'étais aimé, et je n'admettais pas qu'un mari pût venir me demander compte de son honneur; j'arrivais à oublier que la femme que j'aimais était mariée; elle aussi pensait comme moi tant qu'elle était avec moi; jamais nous n'avons soupçonné que nos relations pussent cesser, tant il nous semblait juste de nous voir le plus souvent possible et de nous aimer. Il est étonnant combien on ne pense plus qu'entre deux personnes, et combien le reste de la société vous devient indifférent; d'ailleurs, cet état de choses est si commun dans le monde qu'on ne fait qu'augmenter d'un le nombre des généralités; les exceptions ne sont pas les maris trompés, mais les maris regardants, jaloux. On en rit partout, dans les livres, au théâtre; on les regarde comme ridicules, impossibles, et puis un jour le mari apparaît, déchire les voiles de votre beau rêve, et vous vous trouvez d'autant plus désenchanté, que votre illusion a été douce et longue.

— Je ne crains pas les suites, dit le comte, et je saurais qu'en revenant d'un rendez-vous je trouverais, comme toi, un mari avec un pistolet, que je n'hésiterais pas: j'irais.

— Je n'en doute pas, reprit Jonquières; qu'est-ce qui peut arriver de pis, après tout, d'un coup de pistolet? la mort. C'est une mort douce quand elle est prompte. Mais, mon cher Julien, tu parles un peu en égoïste: si tu ne t'inquiètes pas de ta vie, d'autres y tiennent plus que toi. Ta mère vit de ton existence; elle serait frappée du même coup que toi; qui sait si la nature ne lui a pas donné assez de forces pour résister à ce coup, et pour traîner longtemps dans les larmes une existence malheureuse? Et ta sœur, qui n'a plus que toi pour guide, à qui on ne pourrait cacher toute la vérité, tu n'y as donc pas pensé?

Le comte de Vorges resta quelque temps sans répondre, trouvant sans doute trop justes les conseils de son ami.

— Tu aimes, dit Jonquières, mais on ne t'aime pas encore; laisse la femme que tu as remarquée tranquille dans sa petite ville avec son mari... Les femmes se laissent envelopper par cette vie bourgeoise qui éteint toute espèce de passion... c'est un sacrifice que tu feras... Crois-moi, renonce à cette passion, cela t'est facile; tu arraches avec la main un chêne d'un an; cinquante ans après il faut des bûcherons et des haches pour l'entamer.

Julien ne répondait pas et semblait préoccupé.

— Tu es encore un croyant en amour, mon pauvre Julien, et c'est ce qui me fait peur. Si tu aimais les femmes, j'en rirais avec toi, et je te laisserais trahir, tromper, jeter de côté les malheureuses que tu rencontrerais; mais, avec ton caractère, tu aimes une femme, tu en fais ta vie, ton présent, ton avenir; tu es même capable de l'ennuyer, tant tu l'aimeras et le lui diras : c'est ainsi qu'on se prépare des déceptions mortelles, des abattements qui durent des années, qui vieillissent et vous rendent insupportable à vos meilleurs amis.

— Ah! si tu avais vu Louise!

— Je l'ai vue, dit Jonquières.

— Où? s'écria le comte de Vorges.

— Elle est comme toutes les femmes adorées dont on se laisse dire : « Ah! si vous la connaissiez. » Je n'ai pas besoin de la voir; je sais qu'elle est aimée et je me rends compte du portrait que tu en as dans ta tête. Où cela te mènera-t-il, mon pauvre cousin?

— Je n'en sais rien.

— Si encore tu avais affaire à une femme parisienne, je n'y verrais pas grand mal. Beaucoup de maris sont las de leurs femmes; ils ont eux-mêmes une liaison d'un autre côté. Tu te fais l'ami de la maison, personne ne s'en inquiète; vous pouvez vivre heureux l'un et l'autre jusqu'à ce que l'un des deux se fatigue; mais en province, à Molinchart, comment est-ce possible? Tout le monde se connaît; il suffira qu'on te voie souvent dans la ville pour que chacun pèse les motifs qui t'y amènent. Vous occuperez plus de la moitié de l'année les langues du pays; la femme sera encore la victime, car toi, tu ne restes pas dans la ville. L'homme n'est jamais coupable, d'ailleurs.

— Je te dis que je l'aime; tu t'emportes, tu vois je ne sais quelle conclusion... Je respecte Louise, et je ne lui demanderai jamais qu'une faveur immense; mais c'est un beau rêve qui ne se réalisera pas... Si tu la voyais, mon ami! elle a de grands yeux noirs encadrés dans des paupières d'or... Mon rêve est de baiser ses paupières. Quand je devrais faire deux fois par jour le chemin de Vorges à la ville pendant un an, je n'hésiterais pas si Louise voulait m'accorder cette faveur.

— Je n'ai plus rien à dire, Julien; tu aimes cette femme, je resterai cet hiver avec toi.

— Mon bon Charles, dit le comte en lui pressant la main, jamais je ne pourrai reconnaître ton dévouement.

— Si... à une condition, c'est que tu me feras la même morale que je t'ai faite le jour où tu me verras devenir amoureux.

— Et, dit le comte, tu ne m'écouteras pas davantage que je ne t'ai écouté.

— C'est bien possible.

La conversation tomba sur ce mot; les deux jeunes gens sentaient leur jeunesse se réveiller à cette discussion d'amour, et les femmes passées défilaient dans leur cerveau au bruit du trot égal des deux chevaux. Un paysan déguenillé, qui fumait sa pipe, ôta son bonnet de coton en voyant arriver les jeunes gens.

— Bien le bonjour, monsieur le comte, dit-il.

— Ah! te voilà, Gambier; et ta femme, comment va-t-elle?

— Monsieur le comte est bien bon, la pauvre femme est dans son lit. Les marais la tuent.

— Pourquoi y restes-tu?

— Monsieur le comte, j'ai bâti ma cabane avec beaucoup de peine; et puis les marais ont du bon, nos légumes sont meilleurs.

— As-tu de la monnaie, Charles? demanda le comte à son cousin.

— Je n'ai que des louis.

— Tiens, voilà pour toi, dit Julien en lui jetant une pièce de vingt francs.

— Tout ça pour moi? s'écria Gambier qui n'avait jamais vu de pièces d'or de sa vie.

— Certainement.

— Ah! monsieur le comte, je vous remercie bien pour moi et ma pauvre femme; elle ne manquera pas de prier pour vous.

— Si j'avais ma fortune en or, dit le comte à son cousin, je crois que je serais heureux de la semer ainsi... On est meilleur quand on aime... Je donnais vingt sous à ce paysan chaque fois que je passais; aujourd'hui, il me semble que ce n'est pas assez que de lui donner vingt francs.

— Voilà une idée, dit Jonquières: les personnes qui s'occupent de soulager les pauvres à domicile, et qui y apportent souvent de la mesquinerie, devraient être choisies parmi les gens reconnus amoureux.

— Comment les reconnaîtrait-on?

— Oh! cela est facile, mais je choisirais les amoureux qui ne sont pas encore heureux.

Les deux cousins arrivèrent en causant à la maison de

campagne de madame de Vorges, qui remarqua la joie de son fils.

— Vous vous êtes bien amusés à la ville, messieurs? dit la comtesse, qui aimait entendre la jeunesse raconter ses folies.

— Ne parle de rien à ma mère, dit Julien à son cousin.

Alors le jeune homme raconta dans le plus grand détail les aventures qui lui étaient arrivées en poursuivant un chevreuil, et la panique qu'il avait occasionnée dans la ville.

— Mais, dit la comtesse, vous avez causé bien des dégâts dans la maison de ce M. Creton que je connais un peu.

— Ah! vous le connaissez, ma mère! s'écria Julien; tant mieux, car j'avais invité M. Creton à venir passer quelques jours à la campagne, pour tâcher de lui faire oublier, ainsi qu'à sa femme, les terreurs et le trouble que j'ai causés en forçant, pour ainsi dire, le chevreuil à se réfugier chez eux; vous ne m'en voulez pas, ma mère, d'avoir disposé de votre maison de la sorte?

— Tu as bien fait, Julien.

— La femme est charmante, bien élevée, une sorte de Parisienne égarée dans Molinchart; je suis certain qu'elle vous plaira beaucoup.

— Et quand les as-tu engagés à venir?

— J'ai voulu m'entendre d'abord avec vous, ma mère, afin d'être sûr de ne pas vous déplaire.

— Quand tu voudras, Julien.

Le comte ne se le fit pas dire deux fois, et écrivit immédiatement à M. Creton une lettre par laquelle il le priait de venir dans la semaine même s'installer au château avec sa femme. Un petit pavillon leur était réservé, dans lequel ils auraient toute liberté. L'avoué pourrait facilement transporter ses instruments d'astronomie, et se livrer dans la vallée à ses importantes observations.

Le lendemain, Julien dit à son cousin :

— Je suis inquiet de ne pas avoir de réponse; j'aurais

dû envoyer le jardinier porter la lettre plutôt que de la faire mettre à la poste.

— Mais, mon cher ami, il n'y a qu'un jour, dit Jonquières.

— Quand on aime... dit le comte.

— Si je n'avais pas peur de te mécontenter...

— Eh bien ?

— Je te dirais que je ne suis pas bien sûr que tu aimes autant...

Le comte fit un signe d'impatience.

— Autant que tu le crois ; tu as une blessure qui t'a fait souffrir, qui se cicatrise, mais qui te démange justement parce qu'elle guérit. J'ai toujours remarqué le même fait chez les gens qui avaient souffert violemment d'un premier amour ; ils espèrent hâter la guérison dans la tranquillité ; et la tranquillité ne revient jamais aussi pleine et entière que dans l'état d'innocence. Alors mes gens se jettent à la tête de la première femme qui leur plaît un peu, persuadés qu'ils vont oublier leurs souffrances en retrouvant des jouissances nouvelles.

— Ah ! mon cousin, tu ne saurais me fâcher en raisonnant ainsi... J'aime Louise ; la Carolina est bien morte, morte à jamais... Il me restait quelques brimborions, quelques nœuds de rubans, trois ou quatre chiffons sans orthographe que je gardais précieusement et que je n'osais revoir sans pleurer, je les ai brûlés cette nuit avant de me coucher, car il ne faut pas de souvenirs impurs quand je penserai à Louise, cette femme si résignée et si à plaindre.

— Est-elle réellement à plaindre ? demanda Jonquières.

Le comte pâlit, prit la main de son cousin, et d'une voix brève et tremblante :

— Charles, lui dit-il, nous avons toujours été liés d'une amitié sans nuages ; après ma mère et ma sœur, tu es l'être que j'aime le plus. Ne me dis jamais de ces mots-là, si tu tiens à me revoir.

— Comme il te plaira, Julien. Je n'ai pas songé à te blesser ; désormais je m'abstiendrai de toute réflexion et je veillerai sur toi.

— Laisse-moi seulement, mon cher ami, te dire ce qui me passe par la tête ; rien ne saurait me guérir en ce moment. Écoute-moi tranquillement, aie l'air de m'écouter si je t'ennuie. Quand je te parlerai d'elle, ne détourne pas la tête, ne pince pas les lèvres ; n'aie l'air ni de douter ni de sourire, voilà ce que j'ai à te demander. Est-ce trop ?

— Ce n'est pas assez, dit Jonquières, tu le sais bien.

Là-dessus les deux cousins se donnèrent une poignée de main énergique, et se mirent à parcourir les champs sans rien dire ; mais ils conversaient par l'esprit, et ils parlaient mystérieusement.

Au dîner, la comtesse de Vorges dit à son fils :

— Tu ne m'as pas donné de nouvelles de ta sœur ; comment l'as-tu trouvée ?

Julien rougit légèrement.

— Je ne l'ai pas vue, ma mère.

— Mais ce n'était pas son jour de congé, car tu étais à Molinchart mardi.

— Je n'ai pas eu le temps, ma mère.

— Ah ! Julien, dit la comtesse en secouant la tête, tu passes deux jours à la ville, tu aurais pu aller simplement savoir à la pension comment va ta sœur : tu sais que tu m'aurais rendue heureuse...

— Chère tante, dit Jonquières qui vint au secours de son ami, vraiment Julien n'est pas aussi blâmable qu'il le paraît... Moi-même d'ailleurs je partage sa faute et j'en demande la moitié, comme je demande la moitié de votre pardon ; mais nous sommes arrivés au pied de la montagne de Molinchart par le plus grand des hasards. En poursuivant le chevreuil au moins pendant deux lieues, nous avons occasionné une telle émeute dans la ville, qu'il y avait de quoi en perdre la tête ; Julien a fait de son mieux en honorant de sa présence la table de M. Creton du Coche, pour lui faire oublier l'embarras que la chasse et la mort du chevreuil avaient causé dans sa maison; quant à moi, retiré tranquillement à l'hôtel de la Tête-Noire, je comptais repartir immédiatement, lorsqu'on est venu m'annoncer la visite de M. Jajeot. C'est le malheureux épicier que l'aubergiste m'envoyait, et qui réclamait une indemnité pour le dégât qu'a causé le chevreuil dans sa boutique... Il m'a laissé une petite note détaillée des avaries apportées à son commerce; elle m'a paru assez amusante pour être conservée.

Le jeune homme tira de son portefeuille une facture imprimée qui contenait l'estimation des objets fracturés par le chevreuil, et qui était ainsi conçue :

1° Avoir jeté à la tête de l'animal un cornet contenant la valeur d'une demi-livre de sucre en poussière, qui ne l'a nullement arrêté dans ses bonds. . . . . » 50

2° L'animal a piétiné et brisé trois petites charrettes en bois blanc, modèle moyen, qui me reviennent, au prix de facture, rue Grenétat, à 1 fr. 25 c. pièce. . . . 3 75

3° Sept petites poupées communes à ressorts, entièrement perdues, dont le prix, rue Thibautodé, est à raison de 50 c. l'une. 3 50

4° Deux boîtes de sapin, dites à ménage, contenant fourchettes, plats, verres en étain, à 1 fr. 50 c. . . 3 »

5° Trois poupées de moyenne grandeur, dont la figure est entièrement souillée, et qui demanderaient autant pour être remises à neuf que des nouvelles; ce sont des poupées d'Allemagne, fournies par la maison d'Eschewsille, à 2 fr. 35 c. 7 05

6° Un régiment de soldats en plomb dans leur boîte, bien conditionnés, avec un vernis nouveau, inventé par M. Dufourmentelle, à Paris. . . . . 6 »

7° Un lapin qui bat du tambour lorsqu'on le fait rouler, le seul que j'avais dans mon magasin, fourni par M. Schann, rue aux Ours. . . . . 40 »

8° Encore de M. Schann, un troupeau de vaches de forte dimension, avec peau en laine. . . . . . 75 »

9° Une superbe poupée, nouveau genre, ce qu'il y a de mieux, qui, en tombant, a eu les yeux perdus et le nez fracassé, et que je mets au plus bas prix, espérant qu'elle pourra être réparée. . . . . 26 »

10° Ma devanture fracassée en plusieurs endroits par la foule qui se pressait devant et qui a cassé trois carreaux ; le dommage estimé par les hommes de l'art. . 588 »

11° Sucreries glacées sur lesquelles sont tombés des morceaux de vitres cassées, et que je suis obligé de retirer de la montre, six livres à peu près. . . . . 24 »

12° Dégâts causés au mur du corridor par le chevreuil en se sauvant, et mise en désordre de ma chambre à coucher. . . . . 180 »

— Assez, Charles, dit la comtesse.

— Ma tante, j'allais avoir fini ; mais vous comprenez quel temps m'a pris cette longue visite de l'épicier, qui réclamait dix-sept cent soixante-dix-sept francs et quatre-vingts centimes, pour l'honneur que lui avait fait le chevreuil en visitant sa boutique.

— L'as-tu payé ? demanda Julien.

— Du tout ; d'ailleurs je n'avais pas mille francs sur moi ; mais nous sommes sous le coup d'un procès très-compliqué. Ce M. Jajeot a été trouver l'aubergiste de la Tête-Noire pour se faire payer, l'aubergiste me l'a renvoyé ; voilà un homme qui me lisait sa note et qui s'arrêtait à chaque article en versant des larmes. Les poupées semblaient ses enfants chéris, et encore l'épicier me disait qu'il voulait bien me faire grâce de la vente qu'il avait manquée à cause de la foule qui entourait sa boutique. D'abord j'ai pensé à payer pour m'en débarrasser, mais il m'a semblé que la note était un peu exagérée ; alors je suis allé chez ce M. Jajeot, demandant à visiter les victimes du désastre. Mon homme a paru troublé ; déjà tout était remis en ordre dans sa boutique, il n'a pu me montrer que deux ou trois écornifiures à de mauvaises poupées de quatre sous... Je ne demande pas mieux que de payer, mais je n'aime pas être trompé... Et puis, voici ce qui se présente : nous chassons un chevreuil, d'autres s'en emparent, très-bien ; mais alors, c'est à ceux-là qu'il appartient de payer les dommages causés par la bête. L'aubergiste de la Tête-Noire nous fait payer ce chevreuil cinquante francs, par la raison que son chef l'a tué ; donc c'est lui qui doit solder les dégâts faits par ce même chevreuil chez l'épicier. Quand je lui ai dit que M. Jajeot nous réclamait près de dix-huit cents francs, il a paru vouloir abandonner la propriété du chevreuil, et il ne demande plus que les frais de cuisson.

— Quelle histoire! dit la comtesse.

— Ce n'est pas tout, dit Jonquières, est-ce que les trois hôteliers rivaux du Soleil-d'Or, de l'Écu et du Griffon, ne prétendent pas aussi avoir une forte part de propriété dans la personne du chevreuil, parce que, disent-ils, ils ne sont pas étrangers, par leurs poursuites, à sa prise ?

— Mais, dit la comtesse, M. Creton du Coche peut réclamer aussi, puisque le chevreuil a été tué dans sa cave.

— Il ne réclame rien, dit Julien.

— Oui, je l'oubliais, dit Jonquières ; donc, avec les quatre aubergistes, Julien et moi, M. Creton, l'épicier Jajeot et les garçons bouchers, nous sommes une quinzaine à tirer chacun le chevreuil. Comme ce Jajeot nous menaçait d'un procès, je me suis mis à rire et je n'ai plus voulu payer, voulant me donner le plaisir d'entendre plaider cette affaire.

— Vous auriez dû prendre arrangement, Charles, dit la comtesse ; il n'appartient pas à la noblesse de se laisser poursuivre pour une malheureuse somme de dix-huit cents francs.

— Je n'aurais pas mieux demandé, chère tante, mais cependant je n'aime pas à me sentir dévorer la laine sur le dos par ces intraitables marchands qui abusent d'une particule nobiliaire devant un nom pour nous traiter en ennemis.

— Je suis un peu de l'avis de Charles, dit Julien. M. Creton est avoué, il connaît l'affaire à fond. Puisque le drame s'est dénoué dans sa maison, et qu'il doit venir ici, nous le consulterons là-dessus.

— Comme il vous plaira, messieurs, dit la comtesse; si si vous trouvez quelque amusement à plaider, libre à vous.

— Oui, dit Julien, M. Creton sera mon conseil, et je choisirai un avocat plaisant que j'ai rencontré au dîner pour nous défendre.

Le lendemain, l'avoué n'était pas arrivé dans la matinée; le comte, impatienté, se promenait à pied sur la route qui conduit à Molinchart, espérant découvrir plus tôt la voiture qui amenait Louise et son mari. Il craignait que Louise n'eût exigé de l'avoué qu'il renonçât à venir à la campagne; peut-être M. Creton du Coche avait-il déjà quelques soupçons de l'amour du jeune homme!

Mille idées traversaient l'esprit de Julien sans qu'il pût s'arrêter à une seule. Il revenait au château lorsqu'il rencontra son cousin, qui lui dit :

— L'avoué est arrivé !

— C'est impossible, je n'ai pas quitté la route.

— Il a pris le chemin de traverse.

— Ah! s'écria Julien... tu as vu Louise?

— Non, il est seul.

Julien fit un signe de dépit.

— Elle craint de se trouver avec moi... Où est M. Creton?

— Il cause avec ma tante.

— Bien; ne fais pas semblant de m'avoir rencontré, et dis à Jacques de seller mon cheval sans que personne ne le voie; je vais à Molinchart.

— Pendant que le mari est ici? dit Jonquières. Prends garde, cela se saura, tout le monde te verra sur la place.

— Que faire?... dit Julien. Je veux la voir, lui parler cependant.

— Il y a peut-être un moyen...

— Dis vite, lequel?

— Ne voyant pas arriver l'avoué, ne recevant pas de réponse, tu es censé être parti depuis ce matin le chercher. Comme il est venu par la traverse, tu ne l'as pas rencontré.

— Oh! mon cher ami, quel service!

— Justement, j'ai annoncé que tu étais allé ce matin sur la route de Molinchart; je n'ai pas dit si tu étais à pied ou à cheval, mais prends garde qu'on ne te voie; va attendre au petit bois, j'y ferai conduire dans dix minutes ton cheval, et personne n'en saura rien.

Le comte trouva long d'un siècle le temps assez court que son domestique mit à lui amener le cheval.

— Surtout, si ma mère t'interroge, ne manque pas de lui dire que je suis parti il y a près d'une demi-heure...

Aussitôt il éperonna son cheval, partit au grand galop et arriva en un quart d'heure au pied de la montagne de Molinchart.

Les cavaliers ont l'habitude de faire un certain détour pour prendre une montée meilleure que celle qui part du faubourg; mais le comte ne se souciait guère des difficultés de la montagne, et il aurait tué son cheval pour arriver cinq minutes plus tôt, car, tout vraisemblable que fût son mensonge, il ne pouvait rester longtemps auprès de la femme de l'avoué, celle-ci étant seule. Il traversa les rues désertes de la ville, faisant retentir les pavés du pas de son cheval, et il le conduisit à la Tête-Noire, d'où il sortit sans répondre aux questions de l'hôte.

Faglain, le maître clerc de l'étude, qui était pour le moment à la fenêtre, occupé à regarder la devanture de l'orfèvre qui fait face, aperçut le comte qui se dirigeait vers la maison de son patron; aussitôt la sonnette retentit.

— La bonne! cria Faglain, on sonne!

Le maître clerc cherchait les moyens d'occuper ses loisirs et de montrer son zèle ; malgré le bruit de la sonnette, il jugeait à propos d'annoncer qu'on venait de sonner.

— La bonne, on sonne ! répéta Faglain, qui laissait à peine à la domestique le temps d'aller à la porte. Le désœuvrement de Faglain était si grand qu'une figure nouvelle était dans sa vie monotone une immense occupation ; aussi, au contraire des êtres ennuyés qu'on rencontre souvent dans les bureaux, montrait-il un visage aimable aux rares clients de l'étude. C'étaient, pour Faglain, des espèces d'acteurs qui lui donnaient la comédie, et dont il ne pouvait se lasser d'admirer la voix, les gestes, les vêtements. En entendant ouvrir et refermer la porte de la rue, la joie passa sur tous les traits de Faglain, qui, en un clin d'œil, s'entoura de vieux dossiers, trempa sa plume dans l'encrier, se frotta les mains pour se les dégourdir, comme s'il allait entreprendre une longue besogne, donna une tournure à ses cheveux, et se mit à son bureau dans la posture d'un clerc accablé de besogne.

— M. Creton du Coche est-il visible ? demandait le comte à la domestique.

— Monsieur, il est sorti pour la journée.

— Et madame ?

Alors la domestique fit entrer le comte dans la chambre où se tenait Louise, qui rougit extrêmement en voyant le jeune homme.

— Comment, monsieur ! dit-elle ; et elle s'arrêta brusquement comme si elle avait voulu retenir cette exclamation ; mon mari est à la campagne.

— Je le sais, dit Julien, et je venais savoir de vos nouvelles, madame, craignant que vous ne fussiez indisposée, puisque vous deviez accompagner M. du Coche.

— Non, monsieur, je n'ai jamais promis de suivre mon mari... Et c'est lui, dit-elle, qui vous envoie ?...

— Je suis venu, madame, de mon propre mouvement.

— Mais, monsieur, dit Louise, il n'est pas convenable que je vous reçoive en l'absence de mon mari... Je vais appeler la femme de chambre; vous avez l'air fatigué; auriez-vous besoin de rafraîchissement?

— Je vous remercie, madame; je suis venu un peu vite, il est vrai, et je vous demande pardon si je me présente auprès de vous avec quelque poussière sur mes habits.

La femme de l'avoué était fort émue et ne savait comment se tirer de cette visite inattendue; elle se leva, alla vers le cordon de la sonnette près de la cheminée; mais le comte s'empara de sa main, qu'il pressa violemment.

— Vraiment, madame, il est inutile d'appeler votre femme de chambre... je repartirai plutôt immédiatement.

— Oui, monsieur, vous avez raison... Que va penser mon mari de votre fuite?

— Madame, il ne m'a pas vu et je ne l'ai pas vu; je suis censé venir au-devant de lui.

— Parlez moins haut, monsieur, dit Louise, on pourrait vous entendre... Partez, monsieur; tenez, j'ai déjà l'air d'être du complot.

— Eh bien! madame, je vous obéis, dit le comte en se levant; je vous ai vue et j'emporte du bonheur pour quelques jours... Mais pourquoi, madame, n'avoir pas accepté notre invitation? car ma mère eût été enchantée de vous recevoir.

— Je vous l'ai dit, monsieur, je ne sors pas, je vis seule, je ne demande qu'un peu de tranquillité.

— Vous auriez trouvé, madame, dans ma mère une femme excellente qui, elle aussi, vit dans l'isolement, mais qui vous aurait porté beaucoup de sympathie... Je lui ai parlé de vous; j'ai annoncé votre arrivée; elle se faisait une fête de vous avoir quelques jours.

— Remerciez beaucoup pour moi madame la comtesse, monsieur; mais vous savez qu'il m'est impossible d'aller à Vorges.

— Je le vois bien, madame, vous craignez de vous ennuyer avec nous.

— Ah! monsieur, mon existence d'ici est-elle si gaie?

Vous le voyez, je resterai pendant l'absence de mon mari telle que vous m'avez trouvée ; je ne recevrai aucune visite, et je n'en rendrai aucune.

— Ce n'est pas vivre, madame, dit Julien ; vraiment, M. Creton a réalisé dans son ménage la vie orientale. Est-ce que, par hasard, il vous aurait empêchée de l'accompagner ?

— Du tout, monsieur, ne le croyez pas ; M. Creton me laisse parfaitement libre, et il n'insiste jamais quand je manifeste le moindre désir. Je lui ai dit que je ne me souciais pas d'aller à la campagne, il est parti fort tranquille et fort insouciant ; il reviendra sans me demander l'emploi de mon temps.

— Alors, madame, il y a un motif caché qui vous retient ici.

— Un motif caché ? dit Louise en souriant ; si vous étiez de la ville, monsieur, vous sauriez bien que je n'ai pas de motif caché.

— Madame, nous ne nous entendons pas, et je crois m'apercevoir que vous donnez à mes paroles une couleur à laquelle je ne pense guère...

Comme Louise allait sonner, le comte lui reprit encore la main.

— J'aurais été si heureux, madame, entre vous et ma mère...

Louise essayait de retirer sa main.

— Mais, monsieur, vous n'êtes pas parti, comme vous le disiez tout à l'heure.

— Madame, je vous en conjure, je ne vous parlerai pas de mon amour.

— De votre amour ! s'écria la femme de l'avoué en se levant brusquement.

— Oui, madame, depuis trois jours je ne vis plus, je ne songe qu'à vous, je vous ai perpétuellement devant les yeux, je ne saurais plus me passer de vous voir, de vous regarder, d'entendre votre voix.

— Monsieur! s'écria Louise, voulant sortir et clouée près de la cheminée.

— Je vous en prie, madame, ayez pitié de moi; je ne vous demande rien que de ne pas vous cacher; ne restez pas enfermée pour moi.

— Monsieur, je suis mariée!

— Quel mal y a-t-il, madame, à vous laisser regarder; est-ce ma faute si vous êtes belle? Je vous ai aimée dès la première minute, et rien ne saurait m'empêcher de vous aimer jusqu'à la fin de ma vie; il n'y a ni lois ni mari qui sauraient aller contre mon amour. Vous voulez vous enfermer, je vous verrai malgré vous; si vous ne me parlez pas, vos yeux parleront pour vous.

— Voilà ce que je craignais d'entendre en allant à la campagne, dit Louise.

— Vous n'êtes pas venue, madame, et cependant je vous ai dit ce que j'avais sur le cœur. Pourquoi, madame, voulez-vous que mes paroles meurent en moi? L'impression a été trop vive, et l'impression pousse mes paroles: je savais que je trouverais toujours une heure pour vous forcer à m'écouter; si l'occasion n'était pas venue aujourd'hui je l'aurais saisie demain, dans huit jours, dans un mois, dans un an, n'importe quand; mon amour n'est pas de ces affections légères qui s'envolent au moindre vent... J'ai cru avoir aimé dans ma vie, mais je m'étais trompé; depuis que je vous ai vue, madame, j'ai senti en moi de nouveaux sentiments inconnus qui m'ont prouvé que j'aimais pour la première fois.

— Par pitié, monsieur, dit Louise, laissez-moi. Retournez à la campagne; oubliez-moi, si réellement vous m'aimez, car je ne peux vous rendre une pareille affection; tout au plus pourrais-je vous offrir en échange une amitié sincère.

— Vrai! s'écria le comte, vous me donneriez votre amitié?... Que je suis heureux! Dites-le moi encore, madame, et je ne demande qu'une preuve, une seule.

— Ah! monsieur, vous demandez déjà?

— Laissez-moi vous appeler Louise; si vous aviez un frère, vous ne seriez pas blessée de vous entendre appeler par votre nom, n'est-ce pas? Dites que vous m'autorisez à vous appeler Louise?

— Est-ce possible, monsieur, devant le monde... devant mon mari? L'amitié n'a pas besoin de preuves.

— Eh bien! Louise, je jure de vous le dire si bas que personne ne l'entendra; ce sera un simple mouvement des lèvres, et vous seule le devinerez plutôt que vous ne l'entendrez. Et maintenant vous viendrez à la campagne, n'est-ce pas?

— J'ai refusé mon mari, cela ne paraîtrait pas naturel, d'autant plus qu'il saura que vous êtes venu.

— Je ne le lui dirai pas.

— Au contraire, il faut le dire : y pensez-vous, monsieur? Ma bonne, les voisins, toute la ville qui vous a vu; dites à mon mari que vous êtes venu.

— Oui, Louise, et je dirai que vous m'avez refusé aussi; je parlerai à ma mère; et elle fera tant qu'elle décidera votre mari à vous écrire; elle vous écrira elle-même, et vous ne pourrez plus refuser de passer quelques jours avec elle.

— A une condition, dit la femme de l'avoué, c'est que vous ne me parlerez pas d'amour.

— J'accepte, dit le comte.

— Au premier mot d'amour, je reprends le chemin de Molinchart.

— Oh! alors, j'espère vous garder toute l'année.

Pendant cette conversation, le maître clerc Faglain avait manifesté la plus grande inquiétude : il ne comprenait pas où était passé l'étranger qui avait sonné à la porte, car il n'était pas dans les habitudes de la femme de l'avoué de recevoir les clients de l'étude.

La mise en scène du maître clerc était perdue; ses dossiers étalés, ses écritures, ses plumes, l'encre qu'il avait versée dans l'encrier vide, firent qu'il chargea trois feuilles de papier d'immenses paraphes à la plume, qu'il interrompit seulement en entendant refermer la porte de la rue.

VII
Diverses aventures de l'avoué savant.

M. Creton du Coche était parti de Molinchart dans l'intention de s'écarter un peu de la ligne droite, afin de traverser divers petits villages qui sont dispersés dans la campagne, et qui, situés, les uns sur des versants de collines, les autres dans des vallons, doivent subir par leurs positions les modifications de la température.

L'avoué portait à sa cravate la fameuse décoration inventée par Larochelle, qui consistait en un petit thermomètre d'une dimension déjà fort respectable en comparaison des épingles qu'il était d'habitude alors d'afficher en pareil endroit.

Ce petit thermomètre, ainsi que les habits neufs pour un enfant, occupait extraordinairement M. Creton du Coche, qui s'arrêtait au moins deux fois par quart de lieue pour regarder sa décoration.

Malheureusement, le thermomètre était situé un peu trop près du menton, et l'avoué ressemblait à ces personnes qui, voulant se rendre compte de la longueur de leur nez, louchent en forçant les yeux à s'arrêter sur un point trop rapproché.

L'ordre du thermomètre donnait une nouvelle physionomie à l'avoué, qui marchait plus droit que de coutume, la tête plus en arrière, et qui respirait plus librement et avec plus de délices.

Quand M. Creton voyait au loin sur la route soit une charrette, soit un berger conduisant son troupeau, soit un paysan, il ralentissait le pas et s'arrêtait même, afin que le passant pût considérer la décoration du thermomètre ; mais il s'aperçut avec chagrin que les paysans passaient leur chemin et ne paraissaient pas remarquer cet insigne,

Quelques-uns même ne le saluaient pas ; aussi l'avoué prit-il le bon moyen de dire le premier : « Bonjour, l'ami, » ce qui est contre toutes les règles du village, où le paysan, dans cette partie de la France, a conservé l'habitude de saluer les bourgeois avant que ceux-ci aient manifesté l'intention de répondre.

Mais on a vu et on voit encore dans Paris des nouveaux décorés qui, s'apercevant qu'un factionnaire a la tête tournée, s'ingénient à le coudoyer, à se moucher d'une telle force que le factionnaire, rappelé à l'attention, est obligé de porter les armes.

Depuis qu'il faisait partie d'un corps savant, M. Creton du Coche prit une singulière manie, celle de déguster l'air, ainsi que d'autres dégustent le vin. Il reniflait le vent, car il fermait la bouche exactement et aspirait l'air dans le nez, en faisait entendre un petit bruit singulier produit par les narines.

De temps à autre, il s'arrêtait et se rendait ainsi compte de l'air qu'il appréciait par aspiration. La science amène souvent de ces tics.

A Landouzy, une petite ville près de Vorges, l'avoué entra dans une auberge sous le prétexte de se rafraîchir ; mais il avait vu quelques buveurs attablés, et il désirait se rendre compte de l'effet que produirait sa décoration, en même temps qu'il voulait constater dans une glace l'importance que le thermomètre apportait dans son habillement. Malheureusement, il n'y avait pas le plus petit miroir dans le cabaret, et les buveurs, qui étaient lancés dans d'interminables questions de terres à louer, ne levèrent même pas la tête.

La femme qui apporta à boire à l'avoué, et qui tenait un petit enfant dans ses bras, n'eût pas remarqué le thermomètre, si l'enfant n'eût allongé ses bras vers l'avoué.

C'était un petit drôle mal débarbouillé, d'une laideur de singe, et qui fit reculer M. Creton du Coche, ne se souciant pas de donner une embrassade à un si vilain marmot,

Comme l'aubergiste s'en allait après avoir apporté de la bière à l'avoué, l'enfant poussa des cris aigus et se retourna du côté du nouvel entrant, autant que pouvait le permettre son emmaillottement.

— Qu'est-ce que t'as? s'écria la mère.

Pour toute réponse, l'enfant étendit les bras du côté de l'avoué, en agitant ses doigts dans la direction du thermomètre; alors seulement la mère aperçut l'objet.

— Eh! quel drôle de bijou vous avez là, monsieur, dit-elle.

M. Creton fit un petit rire de satisfaction. L'enfant continuait toujours à crier en se lançant en avant pour pousser sa mère à s'approcher de l'objet de sa curiosité ; la mère approcha, et l'enfant put promener les mains sur toutes les parties du thermomètre et meubler son cerveau de l'idée de formes nouvelles.

— N'ayez pas peur, il est gentil, dit la mère, qui voyait l'avoué reculer, car les mains de l'enfant avaient touché mille objets de différente nature qui laissaient des traces trop positives, et M. Creton du Coche était hésitant entre le plaisir qu'il éprouvait d'avoir attiré l'attention d'un esprit innocent et la crainte que cet esprit innocent ne souillât sa cravate d'attouchements sans délicatesse et sans propreté. Après avoir flatté le thermomètre par de nombreuses caresses, l'enfant poussa plus loin ses désirs; son instinct l'avait amené à comprendre qu'il ne faisait pas partie de la personne de M. Creton, et il cherchait à le détacher violemment.

— Petit, petit! s'écria l'avoué défendant la décoration contre les attaques de l'enfant; mais celui-ci s'était penché, et, tout en essayant de se rendre maître de son thermomètre avec ses mains et sa bouche, il avait laissé sur la cravate divers résidus de confitures.

— En voilà assez, monsieur, dit l'avoué, croyant en imposer à son jeune admirateur en le traitant respectueusement.

Le *monsieur* poussa des cris tellement perçants qu'un des buveurs leva la tête.

— Qu'est-ce qu'il a donc, le mioche?

— Il s'amuse, dit la femme à son mari.

— S'il continue à nous ennuyer, donne-lui la schlague.

— Allons, monsieur, voulez-vous lâcher? C'est assez, monsieur, s'écria M. Creton du Coche, luttant contre l'enfant, qui avait fini par s'emparer de la décoration.

La mère, qui était un peu complice de l'enfant, se recula de telle sorte que l'avoué, séparé par la table, ne put atteindre l'enfant; celui-ci s'était mis immédiatement à fourrer le thermomètre dans sa bouche.

— Arrêtez! s'écria l'avoué; il va casser le verre : c'est du poison.

A ce mot, l'aubergiste se leva de table.

— Qu'est-ce qu'il y a donc? dit-il en jurant.

— Du poison! s'écriait M. Creton du Coche.

L'homme s'empara du thermomètre, qui apparaissait et disparaissait dans la bouche de l'enfant, et qui avait dû passer en cinq minutes par tous les degrés de chaud et de froid. Il donna un soufflet à sa femme.

— Tiens, voilà pour t'apprendre, dit-il, à donner à manger des baromètres à ton enfant. Et vous, maladroit, dit-il à l'avoué, vous n'avez donc pas le sens commun, à votre âge, de laisser traîner cette machine que j'ai envie de casser?

— Permettez, monsieur, s'écria l'avoué, qui frémit à l'idée de voir sa décoration détruite, votre fils me l'a pris de force.

Les paysans regardaient de travers le bourgeois, la femme pleurait, l'enfant criait; M. Creton profita du moment où l'aubergiste prenait vingt sous qu'il avait déposés sur la table pour rentrer en possession de son thermomètre et s'échapper de l'auberge où il avait failli être victime de la science.

En sortant, il huma l'air avec une satisfaction indéfinissable; le ciel eût été chargé d'orage et de tempêtes, qu'il eût trouvé la température fraîche et paisible, eu égard à la scène qui venait de se passer à l'auberge.

Ayant nettoyé sa cravate, salie par les attouchements de l'enfant, et rattaché son petit thermomètre à l'aide de l'épingle qui y était fixée, l'avoué, au bout de dix minutes de marche, arriva au château de la comtesse de Vorges, où il débuta par raconter son accident, afin de fixer immédiatement l'attention sur le fameux thermomètre.

Ce fut seulement au dîner que Julien revint de Molinchart.

— Je suis bien fâché, lui dit l'avoué, d'avoir pris la traverse; autrement, nous nous serions rencontrés, et je vous aurais évité la peine d'aller à Molinchart.

Le comte dit qu'il n'y avait pas de peine.

— Eh bien, reprit M. Creton, vous avez vu ma femme; elle ne veut pas venir, elle est entêtée; mais je la laisse faire ce qu'elle veut.

— Tu aurais dû insister, mon ami, dit la comtesse à son fils.

— Madame, dit l'avoué, c'est inutile.

— Les hommes sont maladroits, dit la comtesse; je veux essayer moi-même. Dans quelques jours, j'irai à la ville voir ma fille à sa pension, et je rendrai visite à madame Creton. J'aurai ma voiture, et j'espère la ramener. Peut-être madame Creton n'était-elle pas enchantée de faire deux lieues à pied à vous suivre dans vos explorations. D'un autre côté, il n'était pas convenable qu'elle vînt avec Julien.

— Aussi, ma mère, n'ai-je pas voulu trop presser madame Creton.

L'avoué remercia la comtesse, et dit qu'il ne pensait pas que cette démarche fût utile, car sa femme n'aimait pas la société et trouvait son bonheur à vivre seule.

Jonquières avait feint une curiosité violente pour les expériences de l'avoué, et il se posa, dès la première soirée, en écouteur avide et dévoué.

— Je remplis là une mission pénible, dit-il à son cousin, mais je ne te demande pas de remercîments. J'ai cru nécessaire de flatter la manie de M. Creton du Coche, car nous ne savons guère ce qui va arriver. Si par hasard madame Creton se décide à passer quelques jours ici, il est bon que dans le principe j'aie l'air de m'occuper de son mari, afin que tu ne sois pas forcé de lui faire les honneurs de la campagne.

— Viendra-t-elle? dit Julien. Tu peux à peine t'imaginer combien je suis inquiet ; je voudrais lui écrire, je crains de la blesser.

— Ma tante est du complot sans le savoir ; madame Creton n'osera la refuser.

— Oui, dit Julien, mais peut-être ma mère n'ira-t-elle pas à Molinchart avant huit jours, et huit jours sont si longs !... Je n'ai plus de motifs pour revoir Louise.

— Eh bien ! dit Charles à son cousin, prépare-la à la visite de ta mère.

— Oh ! mon ami, dit Julien, tu me sauves ; je vais écrire.

Aussitôt il se renferma et écrivit à Louise une lettre par laquelle il lui annonçait l'arrivée de madame de Vorges. Dans cette lettre, Julien avait su faire passer les troubles secrets de son cœur, tout en les voilant de façon à ne pas trop alarmer la femme de l'avoué.

La comtesse de Vorges, pressée de revoir sa fille, partit bientôt pour Molinchart, où l'appelaient les vacances et la distribution des prix, laissant M. Creton du Coche aux soins de son fils et de son cousin.

L'avoué fatiguait les deux amis de ses observations météorologiques et les entraînait dans des courses lointaines et accidentées, car il accomplissait sa mission avec un rare dévouement. Aussitôt qu'il se trouvait dans une vallée, il avait hâte de la quitter pour gravir une montagne ; à peine arrivé au haut de la montagne, tout couvert de sueur, il la descendait précipitamment, afin de saisir plus vivement la différence qui existait entre la température des lieux bas et celle des lieux élevés.

Ces observations conduisaient l'avoué à faire une gymnastique perpétuelle dont il ne se doutait pas ; mais il était soutenu par un orgueil secret qui prenait sa source dans la décoration du baromètre.

Si, dès le début, la Société météorologique lui avait conféré une récompense déjà glorieuse, que lui réservaient, par la suite, ses travaux qu'il couchait consciencieusement chaque soir dans un journal ? Jonquières, ayant affecté une sorte de respect pour le petit baromètre, fut victime de ses propres sarcasmes, car M. Creton du Coche entreprit de le convertir à la science nouvelle et d'en faire un missionnaire dévoué.

Les deux amis eurent à soutenir des théories sans fin, filles des discours du commis voyageur Larochelle, mais qui, empreintes de l'esprit de l'avoué, atteignaient des proportions académiques et grotesques.

Ces discours, comiques à écouter une fois, devenaient insupportables à la troisième édition.

— Je n'y tiens plus, dit Charles à son cousin, l'avoué me rendra fou.

— Oui, dit Julien, il est insupportable.

— Encore, dit Charles, tu es avec moi, mais quand je serai seul avec lui, jamais je n'aurai la patience de l'écouter. Il m'agace...

— J'y pense beaucoup, dit Julien, et je cherche un remède violent.

— Il faudrait essayer de détourner le cours de ses idées et lui donner une autre passion ; s'il avait une seconde manie en tête, elle livrerait un combat acharné à la première ; peut-être se détruiraient-elles l'une par l'autre.

— Une manie n'est pas si facile à trouver, c'est comme si tu voulais inventer un huitième péché capital.

— N'avons-nous pas notre procès ? dit Jonquières.

Le soir, le comte pria l'avoué de lui prêter la plus

grande attention ; car il avait besoin, disait-il, de ses lumières ; et il exposa l'affaire du chevreuil dans les moindres détails, en priant M. Creton du Coche de rédiger un mémoire sur cette affaire.

— Un mémoire ! s'écria l'avoué ; qu'est-ce que vous me demandez là, à moi, qui ai désormais consacré ma vie aux sciences naturelles? J'ai assez de l'atmosphère des paperasses, de l'odeur des dossiers. C'est la Providence, monsieur, qui m'a fait connaître ce jeune savant, M. Larochelle; en m'initiant aux mystères de la météorologie, il m'a tiré de cette vie processive pour laquelle je n'étais pas né. Ma femme, qui est une personne froide et de bon sens, serait plutôt capable de vous comprendre que moi. Mais vous n'êtes pas pressés, vous n'avez pas reçu d'assignation... Quand il en sera temps, allez trouver mon maître clerc Faglain.

— Il ne pourra nous défendre devant le tribunal.

— Non, mais il vous choisira un bon avocat, qu'il initiera d'avance aux moindres faits de cette affaire, et il est d'un bon conseil. Faglain mène mon étude depuis plus de deux ans, je lui laisse une liberté complète, et jamais je n'ai eu à m'en repentir ; il tranche avec beaucoup de sang-froid les affaires les plus épineuses, les plus délicates.

— Mais l'assignation ne peut tarder à venir, dit le comte, et je crois que je dois d'abord préparer mes notes, recueillir mes souvenirs et ceux de mon cousin, afin de ne pas être accablé au dernier moment et de ne pas agir à la légère.

— Oui, dit l'avoué, il n'y a pas de mal.

— C'est que, n'ayant pas l'habitude de rédiger ces sortes de mémoires, cela va me coûter de la peine.

— Mettez-y le temps, dit l'avoué.

— Je tremble devant cette besogne...

— Faites-vous aider par M. Jonquières.

— Avec plaisir, dit celui-ci ; mais, monsieur Creton, si nous nous mettons à rédiger ce mémoire, nous ne pourrons pas vous accompagner de quelques jours dans vos excursions.

— Que je ne vous gêne pas, messieurs ; la nature m'occupe tellement à cette heure que je pourrais vivre seul dans une île sans m'ennuyer.

— Nous vous donnerons Jacques, dit le comte ; c'est un garçon intelligent qui n'est guère sorti de la campagne. Ainsi que tous les paysans, il connaît à fond la nature sans s'en douter.

— Oui, oui, dit l'avoué, il sent et ne raisonne pas. Je lui apprendrai à raisonner. Vous auriez dû me le dire plus tôt ; n'importe, il n'y a pas de temps perdu. Quelle jouissance que de graver la science petit à petit dans un esprit vierge... Ah ! messieurs, quelle idée, et combien je vous remercie de m'avoir procuré un élève... Je l'écrirai à la Société météorologique ; je pourrai donc saisir en face de la nature les aspirations d'un cœur que le séjour des villes n'a pas gangrené.

— Je vais vous le faire venir, dit le comte.

Jacques avait suivi son maître à Paris pendant sa folle jeunesse, et il eût été capable de devenir valet de chambre de M. de Talleyrand, par sa finesse et son esprit de rouerie naïve, moitié campagnarde et moitié parisienne. Quand le comte revint chez sa mère, Jacques abandonna sans trop de regrets sa livrée brun et or, et il reprit ses habitudes de coq de village, adoré de toutes les filles de Vorges et de Landouzy.

— Jacques, lui dit le comte, je te donne pour quelque temps à M. Creton du Coche. Tu obéiras à ses moindres désirs, tu flatteras ses manies.

— C'est facile, monsieur le comte.

— Tu deviendras son élève...

— Comme il plaira à monsieur le comte.

— Tu ne sais pas ce que c'est que la météorologie ?

— Non, monsieur le comte.

— A partir de ce moment, tu es censé avoir étudié la

forme des nuages, suivi leurs mouvements, tu devines quand il devra pleuvoir, grêler et éclairer.

— Très-bien, monsieur le comte ; comme un berger, alors ?

— Précisément. Quel temps fait-il aujourd'hui ?

— Très-beau.

— Cela ne suffit pas, tu ne vois rien dans l'air ?

— Rien du tout.

— Il faut que tu voies, Jacques, quand même tes prédictions ne se réaliseraient pas... Que vois-tu maintenant ?

— Un nuage blanc qui n'a l'air de rien pour le moment, mais là-bas il y a un autre nuage qui semble courir après le premier : cela n'annonce rien de bon ; ils se rencontreront, l'un grimpera sur l'autre ; si d'ici à une heure il se dessine encore d'autres nuages dans la même couleur et avec des formes pareilles, je ne réponds de rien pour demain.

— Très-bien, Jacques ; mais tu doutes encore trop, il faut affirmer et ne jamais hésiter dans tes jugements ; ne manque pas de dire : *cela est positif*, ou *j'en suis sûr*, ou *je parie*, ou *je ne m'étais pas trompé*, quand même les faits iraient contre tes paroles. C'est seulement avec ce langage que tu plairas à M. Creton du Coché ; écoute-le avec la plus profonde attention, montre une grande surprise de ses jugements, applaudis avec tact à ses paroles.

— Monsieur le comte, si je commençais par lui montrer la girouette de Cadet Bossu, vous savez, qui est sur sa fenêtre, du côté de l'église ?

— Oui, cela ne fera peut-être pas mal.

Jacques fut présenté à l'avoué, qui regarda avec attention le paysan dont il ne songea pas à mettre en doute la naïveté.

— Allez, monsieur, dit Jacques, puisque vous vous occupez du vent, je vous ferai faire la connaissance d'un fameux du pays, le malin des malins pour ce qui se passe dans l'air. Il ne bouge de sa chambre, et il sait tout, grâce à ses Cosaques.

— Les Cosaques! s'écria M. Creton du Coche, ne se rendant pas compte de ce fait.

— Cadet Bossu est tailleur, dit Jacques; il a gagné sa bosse en raccommodant des habits et des pantalons, et il n'en est pas plus fier pour ça, quoiqu'il soit diablement malin, allez.

— Allons le voir tout de suite, dit l'avoué.

La maison de Cadet Bossu est la dernière du village, qui, de ce côté, subit une pente rigoureuse; on la reconnaît à un balcon de bois qui forme une saillie très-prononcée sur le rez-de-chaussée.

— Voyez-vous, monsieur, dit Jacques à l'avoué, la foule amassée devant sa maison?

En effet, les enfants du village, groupés en désordre, regardaient en levant la tête vers le premier étage, comme si un événement curieux se passait chez le tailleur.

— C'est que les Cosaques donnent leur consultation, dit Jacques. Ah! ils sont fins, les Cosaques, et ils ne vous font pas payer leurs paroles.

M. Creton, étonné, courait plutôt qu'il ne marchait, afin d'avoir par lui-même une explication satisfaisante des Cosaques. Arrivé à quelques pas de la maison du tailleur, il aperçut seulement alors deux statues de bois grossièrement coloriées et qui représentaient des Cosaques sauvages, ivres de sang, l'œil rouge, la moustache hérissée. Ces deux Cosaques, séparés par la largeur du balcon, avaient des bras mobiles et reposaient sur un pivot tournant. Suivant la direction du vent, ils tournaient avec rapidité, brandissaient l'un contre l'autre leurs longues piques et semblaient prêts à se massacrer.

Cette idée ingénieuse, suggérée par les girouettes, était sortie du cerveau du tailleur Cadet Bossu, qui, à moitié impotent et ne pouvant jouir au dehors de la société de ses concitoyens, avait imaginé cette mécanique pour amener tous les paysans de Vorges devant sa porte. Le Cosaque, qui a laissé dans tous les esprits une tradition cruelle, avait été choisi par le tailleur comme devant piquer plus directement la curiosité que n'importe quelle figure célèbre. Alors, tous les matins, et surtout les jours de grand marché, à Molinchart, les jardiniers passaient par là et ne manquaient pas d'interroger le tailleur sur la conduite des Cosaques.

— Eh! Cadet, qu'est-ce qu'ils disent de bon, les Cosaques?

Le tailleur ouvrait sa fenêtre :

— Ils m'ont laissé dormir tranquille cette nuit. Ce qui voulait dire qu'il n'avait pas venté. Les vieillards du canton insultaient les Cosaques en souvenir des dégâts qu'ils avaient commis en France. Ils les traitaient de *guerdins* (pour *gredins*), une des plus violentes injures du pays. Comme il y avait un banc de bois en face de la maison du tailleur, c'étaient des souvenirs de guerre de l'empire et des événements de 1814 qui semblaient de la veille, tant les vieillards en parlaient avec colère.

— Qu'ils reviennent un peu, les Baskirs! disaient les vieillards en montrant leur poing aux innocents Cosaques de bois qui, si le vent était calme, écoutaient sans sourciller ces effrayantes menaces.

A Molinchart même, les Cosaques faisaient loi sur la place du marché. Quand une fermière avait reçu une *boussée* (une forte pluie subite), qu'elle aurait pu éviter si elle avait regardé les Cosaques avant de partir :

— Voilà ce que c'est, disait une grosse commère abritée sous un large parapluie de cotonnade rouge; si vous aviez consulté les Cosaques, ils vous auraient dit de prendre votre parapluie.

Les enfants du village, aussitôt qu'ils avaient un moment, couraient du côté des Cosaques, non pas pour connaître l'état du temps à venir, mais pour admirer l'ingénieux mécanisme qui les faisait combattre avec un rare acharnement; mécanisme d'autant plus ingénieux pour de jeunes esprits, qu'il était hors de leur portée, et que jamais main étrangère n'avait pu en étudier les ressorts, cent fois plus étranges, suivant les connaisseurs, que ceux d'une horloge.

Ainsi, grâce à son invention, Cadet Bossu jouissait de la vue et de la conversation des vieillards, des paysans, des filles, des garçons, et plus d'un drame se joua devant ses fenêtres. Souvent une mère surprenait ses enfants en muette contemplation devant les Cosaques; et cette contemplation durait depuis des heures entières. L'école, le dîner, les Cosaques faisaient oublier tout. Cadet Bossu, d'ailleurs, avait su trouver le moyen de raviver perpétuellement l'attention en enlevant momentanément ses Cosaques : diplomate perdu sur un établi de tailleur, Cadet Bossu avait assez la connaissance des hommes pour savoir raviver leur curiosité en faisant disparaître capricieusement l'objet de leurs désirs.

— C'est excessivement intéressant, s'écria l'avoué, qui ne quittait pas du regard les figures de bois grossièrement enluminées.

— Je vous le disais bien, monsieur, dit Jacques.

Le vent, qui descendait avec force de la montagne, donna en ce moment une forte impulsion aux Cosaques, qui tournèrent avec une merveilleuse rapidité.

— Et c'est un tailleur, s'écria M. Creton du Coche, qui a inventé cette machine?

— Oui, monsieur; ne le voyez-vous pas, derrière ses carreaux, qui nous regarde?

Effectivement, Cadet Bossu était flatté de voir admirer les Cosaques par un bourgeois en habit noir et en cravate blanche.

— Voilà un homme, dit l'avoué, à signaler à la Société météorologique. Combien y a-t-il de ces intelligences perdues, qui, faute d'un peu d'éducation, ont laissé s'éteindre en eux des découvertes importantes... Je lui commanderai un pantalon. Il faut savoir récompenser le génie, n'importe où il se trouve... Si nous allions lui rendre visite?

— C'est facile, dit Jacques, nous n'avons qu'un étage à monter.

Le tailleur, qui était accroupi sur son établi devant la fenêtre, ne parut ni surpris ni honoré de la visite de l'avoué; on eût dit qu'il avait entendu la conversation et qu'il s'y attendait.

— Voilà monsieur qui est de Molinchart, dit Jacques, et qui est flatté d'avoir vu manœuvrer les Cosaques.

— C'est qu'on n'en voit point de pareils tous les jours à la ville, dit Cadet Bossu.

Et il poussa vivement un des battants de la fenêtre qui était ouvert, comme s'il eût voulu mettre une barrière entre les visiteurs et les Cosaques.

— Une belle invention, monsieur, dit l'avoué, et j'en écrirai certainement à Paris; seulement, j'aurais voulu étudier le mécanisme de plus près.

Cadet Bossu regarda fixement l'avoué et poussa une barre de bois qui servait à assujettir la fenêtre.

— Ah! bien, monsieur, c'est le plus grand mal que vous puissiez me faire que d'en parler aux Parisiens; ce sont des roués, je les connais; il en est déjà venu plus d'un pour s'occuper de mes Cosaques; moi, sans être sorti de notre village, je les comprends, et il fera chaud avant que les Parisiens aient seulement la queue d'un de mes Cosaques.

— Monsieur est de Molinchart, je te dis, Cadet; il n'est pas Parisien.

— Est-ce bien sûr que monsieur est de Molinchart? demanda le tailleur, qui avait dans le caractère une certaine défiance misanthropique.

— Oui, mon ami, dit l'avoué; je veux seulement vous commander un pantalon.

— Ah! ah! dit le tailleur, vous voulez m'éprouver, je le vois bien; monsieur sait bien que je ne pourrai pas approcher de la coupe des tailleurs de Molinchart.

— Je ne demande pas un pantalon habillé, dit l'avoué;

au contraire, je veux un pantalon pour courir les champs.

— Ah! monsieur va rester quelque temps chez nous?

— Oui, dit Jacques, monsieur s'occupe d'astronomie.

— C'est comme qui dirait magicien, astrologue, n'est-ce pas? demanda le tailleur.

— Pas précisément, dit l'avoué, blessé de se voir confondu avec un berger.

— Qu'est-ce que c'est donc? dit Cadet Bossu, qui voulait connaître le fond des choses.

— Monsieur, dit Jacques, est comme tes Cosaques, quoi, il est pour le vent.

— C'est bon, dit le tailleur, c'est bon à savoir; et vous croyez que je coupe dans votre pantalon? Toi, je te connais, Jacques, tu es du pays; tu viendrais me dire : Voilà un gilet à retourner, je te retourne ton gilet, tu me payes la façon, et tout est dit; mais monsieur, qui arrive ici en étranger, et qui tombe me commander un pantalon d'homme de campagne, je ne le crois pas; je vous fais excuse, monsieur, je dis tout. Vous avez peut-être cru que j'étais simple et qu'on me ferait accroire qu'il y a des étoiles en plein midi? Non, monsieur. Quoique vous soyez de Molinchart, je ne vous ferai pas de pantalon; celui-là que vous avez peut encore marcher longtemps; vous n'avez pas besoin de culottes, c'est Cadet qui vous le dit.

— Il est extraordinaire, dit l'avoué; mais les savants sont tous ainsi.

— Comme tu te montes la tête, dit Jacques, à propos de rien. Est-ce que ce n'est pas naturel?

— Non, dit le tailleur, qui s'était acculé contre sa fenêtre.

— Monsieur est de Molinchart, qu'on te dit.

— M. Creton du Coche, avoué près le tribunal de Molinchart! s'écrie le bourgeois avec importance.

— Bon, dit le tailleur; tout à l'heure il était astrologue, et puis il est juge en même temps. Tu penses bien, Jacques, que messieurs les juges de Molinchart ne viendraient pas sans motifs commander une culotte à un pauvre tailleur de Vorges... Voilà la première fois que je vois un juge. Mon père, qui était tailleur aussi, ne m'a jamais dit qu'il avait habillé des juges de Molinchart. Il y a un complot là-dessous; Jacques, je te croyais meilleur que ça. On t'a payé pour me trahir, ou tu ne vois pas clair.

— Ne faites pas attention, disait Jacques à l'avoué; il a quelquefois ses humeurs noires.

Mais le tailleur, que son isolement forcé rendait hypocondriaque de plus en plus, maladie qu'ignorait Jacques, qui n'avait que peu de rapports avec lui, éclata tout à coup.

— En voilà assez, Jacques, j'ai d'autres habits à faire que la culotte d'un juge, et je n'ai pas le temps de vous répondre.

— Je voudrais vous faire revenir, monsieur, sur mon compte, dit l'avoué.

— Ah! s'écria d'un ton de colère le tailleur, emmène monsieur, Jacques, que je te dis.

— Allons-nous-en, dit Jacques; mais tu es devenu diablement mal élevé depuis que je ne t'ai vu.

— Ça me regarde, dit Cadet.

— Je ne te dis pas au revoir, dit Jacques.

— Le plus tard que nous nous reverrons sera le meilleur, dit le tailleur.

L'avoué sortit fort confus de sa visite à l'inventeur; à peine étaient-ils sur le pas de la porte, qu'ils entendirent un certain bruit qui leur fit relever la tête. Le tailleur enlevait précipitamment ses Cosaques et fermait sa fenêtre avec fracas.

— J'aurais bien voulu les revoir, dit l'avoué.

— Demain, dit Jacques, son accès sera passé, et il aura honte de sa conduite. C'est un drôle d'homme; il se tient en garde contre les nouvelles figures, mais quand il vous aura vu passer une dizaine de fois sous ses fenêtres, il sera avec vous comme avec les gens de Vorges.

— J'achèterais bien cette machine-là, disait l'avoué.

— Peut-être bien que, par la suite, Cadet Bossu ne serait pas éloigné de vous en construire une pareille.

VIII

La Distribution des prix.

La comtesse de Vorges, qui était allée chez l'avoué, fut surprise de rencontrer une jeune femme distinguée et qui offrait tant de dissemblance avec M. Creton du Coche. La vie des petites provinces tient à l'action des casernes, des prisons, des hôpitaux; elle imprime son cachet mesquin à tout individu, dans ses actions, dans ses démarches, dans ses habitudes, dans ses vêtements. Les habitants de la province ne sont pas coupables de cette tache d'huile qui les gagne petit à petit, et qui les envahit tout d'un coup au moral comme au physique. Une Parisienne ne résisterait point à cette vie prolongée cinq ans; son goût si fin s'envolerait en même temps que ses caprices, la comparaison lui ferait défaut; elle arriverait à être une femme citée dans la ville, mais il lui serait impossible de reparaître dans Paris et d'y être remarquée.

La femme de l'avoué avait peut-être échappé à l'ornière provinciale, en vivant retirée, en ne s'inquiétant pas des autres *dames* de l'endroit et en renonçant à toute toilette. La simplicité l'avait sauvée; et elle eût été perdue en voulant *suivre les modes*. D'un coup d'œil, la comtesse de Vorges, qui avait été une des beautés du faubourg Saint-Germain, fut frappée de cette distinction qu'elle avait perdue de vue depuis vingt ans qu'elle vivait retirée dans son château.

Il y eut immédiatement un commencement de sympathie entre les deux femmes. Quoique timide, Louise ne se sentit pas embarrassée devant la comtesse; il est vrai que celle-ci avait dans ses manières, dans sa conversation une exquise délicatesse qui charmait ceux qui l'écoutaient,

D'une grande taille, forte, et la figure étroite, la comtesse de Vorges pouvait à certains moments relever la tête, regarder fixement, et imposer par une dignité naturelle qui n'était pas sans dédains ; mais elle ne se servait de ces airs que vis-à-vis des êtres mal élevés et curieux ; même avec ses gens elle se montrait affectueuse à l'excès.

Louise, dans la ville, était intimidée par l'inquisition des regards des bourgeoises qui la déshabillaient pour ainsi dire en public, inquiètes de connaître comment une jeune femme sans toilette, sans coquetterie, pouvait offrir ce charme. Mais le charme ne s'apprend ni ne s'analyse ; il est quelquefois dans un coup d'œil de côté, quelquefois dans un geste de la main, quelquefois dans la démarche, le plus souvent dans l'ensemble d'une figure sans traits remarquables ; chacun le sent, l'éprouve et se courbe sous son influence.

Louise ne fit aucune difficulté de suivre la comtesse au pensionnat : elle se sentait en sûreté avec madame de Vorges, et elle ne craignait plus autant la folle passion de son fils. Quand toutes deux traversèrent la ville en voiture, plus d'une langue remua par jalousie. La femme d'un avoué dans la voiture d'une comtesse ! Sur ce simple thème, la jalousie jouerait des variations pendant un an.

— Pourquoi madame Creton du Coche est-elle avec madame de Vorges?

— Comment cela se fait-il ?

Les provinciaux feraient d'excellents commentateurs s'ils appliquaient à des travaux sérieux la millième partie de ce qu'ils dépensent d'intuition pour la connaissance des pas et démarches de leurs concitoyens. La curiosité était d'autant plus vivement excitée qu'il s'y mêlait de la jalousie ; la comtesse de Vorges venait rarement à Molinchart et elle ne fréquentait pas les personnes de petite noblesse qui y vivent isolées ; aussi, jusqu'alors, cette espèce de fierté aristocratique lui avait-elle valu une sorte d'admiration qui tomba quand le bruit courut qu'elle avait été vue en voiture avec une bourgeoise. Certaines personnes, qui eussent été heureuses de lui baiser la main, furent les premières à la dénigrer ; sa promenade avec la femme de l'avoué fut comme une mésalliance ; on en dit autant de mal que si la comtesse s'était remariée à un perruquier.

Les deux dames arrivèrent à une heure à la pension de madame Legoix, qui fut une institutrice célèbre à six lieues à la ronde. Partout, dans la ville, on ne rencontrait que jeunes filles en blanc, avec un ruban bleu, un ruban rose ou un ruban violet à la ceinture, dont la couleur indiquait qu'elles appartenaient à la classe des grandes, des moyennes ou des petites. Les mères accompagnaient les petites à la solennité de la distribution des prix, et c'étaient des étalages de robes prétentieuses, de bonnets à fleurs criardes, de tours de cheveux extravagants qui faisaient honneur aux coiffeurs de l'endroit. La bourgeoisie femelle se rengorgeait, portait la tête haute, avait la figure gonflée d'orgueil et l'œil brillant d'enthousiasme. Dans trois ou quatre circonstances de l'année, la bourgeoisie décroche ces airs importants qui semblent accrochés dans un portemanteau avec les grandes toilettes.

La façade de la pension de madame Legoix était tendue de draps blancs ornés de guirlandes de lierre, comme pour la Fête-Dieu. Des pots de fleurs, qui partaient de la porte et se continuaient jusqu'au ruisseau, annonçaient l'entrée de la maison, sablée d'un sable fin et jaune, mélangé de fleurs des champs. Dans le vestibule étaient rangés divers hommes d'un âge mûr, portant au bras une petite écharpe d'un bleu céleste avec franges d'argent : c'étaient MM. Delamour, Janotet et un jeune surnuméraire des contributions indirectes qui, par sa bonne conduite, partageait avec des hommes d'un autre âge l'honneur des fonctions de commissaire. Le petit Janotet, en costume de garde national, suivait chacun des mouvements de son père et s'accrochait aux robes des dames que le juge suppléant était chargé de conduire à leurs places.

La comtesse de Vorges entra avec la femme de l'avoué et ne voulut pas accepter le bras d'un commissaire ; elle se rendit immédiatement dans une des premières salles d'où sortaient des murmures particuliers, des cris d'enthousiasme, qu'arrachait la vue de dessins à l'estompe, de broderies rehaussées par du papier vert tendre et de modèles d'écriture. On entendait dans tous les coins voltiger les mots : *parfait, délicieux, admirable,* et nombre d'autres épithètes. Jamais, cependant, on ne vit pareil massacre des grands hommes grecs et romains : les uns avaient la bouche de travers, les autres étaient louches, et le fameux nez grec voyait sa pureté de lignes outragée par des courbes indignes. Chacun trouvait les Romulus *ressemblants, prêts à parler,* et il eût été imprudent de glisser un mot de critique au milieu de ces mères enthousiastes.

La broderie était principalement représentée par des bretelles, des blagues à tabac, des pantoufles, des bonnets grecs en tapisserie, destinés à prouver aux pères que leurs filles avaient reçu une brillante éducation ; mais ce qui frappait le plus, après les exemples d'anglaise, de ronde et de bâtarde, était certaines peintures de fleurs obtenues par le *genre oriental.* Le fondu des feuilles de roses, les nervures des feuilles étaient atteints par des procédés mécaniques qui mettaient l'esprit des bourgeois aux abois. Des plateaux en tôle noire vernissée étaient chargés de fleurs en relief, d'une couleur vive, que donnait le *genre chinois,* et les heureuses mères ouvraient leurs plus grands yeux pour tâcher de reconnaître dans ces chefs-d'œuvre le coup de pinceau filial.

Aussi ce musée était-il plein d'un bourdonnement enthousiaste que seule put rompre l'annonce de la distribution des prix. Alors toutes les dames de la ville se pressèrent les unes contre les autres, oubliant la grandeur fragile de leurs toilettes, afin d'assister plus vite au triomphe de leurs filles. La grande salle d'étude avait été décorée par un tapissier ingénieux, afin de cacher la nudité des murs; de grands rideaux de calicot rouge flottaient aux fenêtres; on avait encadré soigneusement les estampes les plus fortes de dessin, celles qui abordaient le *sujet*, tels que *Mazeppa*, des morceaux d'après Girodet et Guérin.

Au fond était une vaste estrade où siégeait un jury composé du conseiller municipal faisant fonctions de maire, M. Pector, de mademoiselle Ursule Creton, désignée à cet honneur en sa qualité de porteuse de bannière à la confrérie de la Vierge, de M. Bonneau, secrétaire de la société académique rémoise, et de diverses autres personnes recommandables par leurs sciences et leurs vertus. Devant ces personnages étaient entassées des montagnes de couronnes et de livres qui luttaient par le vernis de leur clinquant.

Aux pieds de l'estrade, de chaque côté, étaient placés deux pianos, devant l'un desquels étaient assis déjà un vieux professeur, entièrement chauve, un peu sourd, il est vrai, mais qui, par son âge, offrait des garanties de moralité certaines dans une institution de demoiselles. En voyant arriver la comtesse de Vorges, la maîtresse de pension fendit la foule pour se rapprocher d'elle et lui offrir une place sur l'estrade; mais la comtesse, qui n'avait rien de pédant dans l'esprit, et qui détestait se donner en spectacle, refusa et se contenta, ainsi que la femme de l'avoué, de se confondre dans les rangs des mères de famille.

Les pensionnaires occupaient dix grands bancs de bois; et se retournaient soit par curiosité, soit pour voir plus vite leurs parents. Quelques-unes, plus impatientes, se levaient, faisaient des signes dans la salle et appelaient avec un petit sifflement de lèvres, malgré les recommandations des sous-maîtresses, qui perdaient la tête dans cette solennité, ne sachant où placer tout le monde, craignant de faire des jaloux, et, par-dessus tout, désireuses d'appeler l'attention sur leurs toilettes. Cinquante conversations se croisaient dans la salle, auxquelles madame Legoix était obligée de répondre. La maîtresse de pension était suivie d'une petite femme au nez pointu, qui à tout moment lui parlait bas à l'oreille.

— Est-ce parce que nous sommes de la campagne? disait une fermière, qu'on ne nous place pas mieux que ça... Eh bien! nous verrons si l'année prochaine je remets mes demoiselles ici!

— Mon Dieu! madame Legoix, j'entends des personnes se plaindre... Est-ce qu'au moins leurs filles sont bien traitées pour les prix?

— Quelles personnes? demanda madame Legoix.

Et elle se faisait indiquer les fermières.

— La seconde n'a rien, dit-elle.

— Il faut absolument, dit la petite femme au nez pointu, lui donner un prix.

— Alors arrangez cela, dit madame Legoix.

Mademoiselle Ursule Créton, de son fauteuil qui dominait l'assemblée, avait vu entrer la comtesse de Vorges.

— N'est-ce pas madame Creton, demanda-t-elle à son voisin M. Pector, qui accompagne cette dame?

— Oui, mademoiselle, c'est madame la comtesse de Vorges.

La vieille fille fit la grimace, nettoya de grandes conserves doublées de chaque côté d'un petit rideau de taffetas vert et se recueillit en se demandant quels rapports pouvait avoir sa belle-sœur avec une dame de la noblesse des environs.

M. Janotet montait les différentes pièces de sa petite flûte, car il devait jouer une ouverture avec le vieux pianiste de la pension, et il essayait de donner une occupation à son fils Toto, qui, effrayé de ce grand tumulte, avait envie de pleurer.

— Sauras-tu retourner les pages de la musique? lui demanda-t-il. Surtout fais bien attention, je te ferai signe quand il sera temps.

Les bourgeoises s'impatientaient et demandaient après qui on attendait. En effet, la salle était remplie depuis près d'une demi-heure ; il faisait une chaleur accablante ; les bancs étaient chargés outre mesure. Quelques maris avaient été obligés de prendre leurs femmes sur leurs genoux ; les marches de l'estrade étaient garnies de pensionnaires qui avaient dû céder leurs places aux invités. A chaque instant les domestiques apportaient des chaises qu'on avait été emprunter aux voisins et qui encombraient l'estrade, au grand dépit des membres du jury, qui perdaient ainsi de leur isolement majestueux.

Quelques jeunes gens de la ville, frères des élèves, étaient montés dans les embrasures des fenêtres ; d'autres, sans retenue, s'étaient assis sur le piano et n'en bougeaient pas, malgré les cris du vieux musicien. Le petit Janotet avait fini par se loger sous le piano et tenait la jambe de son père. La maîtresse de pension commençait à perdre la tête, car la foule entrait toujours, et par certains craquements de la porte de la grande salle, on pouvait juger que l'antichambre était pleine de spectateurs mécontents de ne pouvoir jouir du spectacle.

Tout à coup les sous-maîtresses claquèrent un livre de bois qui servait à rappeler les élèves au silence, et ce fut le signal du commencement : chacun se tassa une dernière fois, et à part les quelques murmures de certains êtres mal élevés qui ne se trouvent jamais bien dans les foules, le silence se fit petit à petit. Madame Legoix ayant fait signe à M. Janotet, celui-ci chercha son fils.

— Comment, lui dit-il, tu es sous le piano ? Est-ce ainsi que tu retourneras ma partie ?

Mais Toto était convenablement assis, et l'on ne l'eût pas fait sortir de son trou pour un empire.

— Madame Legoix, s'écria M. Janotet, jamais je ne pourrai jouer ainsi...

— Ah ! monsieur Janotet, un peu de complaisance.

— Mais, madame, le morceau est coupé juste par la

moitié sur un *sol* dièze qui saute au *mi* naturel sur un coulé.

— Voyez notre embarras, mon bon monsieur Janotet.

— Bast, dit le pianiste, vous devez savoir par cœur l'air du *Point du jour ;* vous l'avez joué dix fois.

— Allons, mon bon monsieur Janotet, dit madame Legoix.

Ayant pris son courage et sa petite flûte à deux mains, le musicien souffla trois fois de toutes ses forces dans le petit instrument de bois, qui renferme en lui, malgré son peu de volume, les cris les plus perçants de la nature.

Le silence se fit à cet appel redoutable, et M. Janotet essaya de faire passer dans son tube de bois noir tout ce qu'il avait de douceur pour chanter le *Point du jour ;* malheureusement, comme il l'avait prévu, il fut obligé de s'arrêter à l'endroit le plus pathétique pour retourner la romance. Le vieux maître de piano, qui avait l'oreille dure, croyant que M. Janotet était seulement en retard d'une mesure, continua son accompagnement sans s'inquiéter du chant ; il en résulta entre le piano et la petite flûte des discordances qui, ailleurs qu'à une distribution de prix, eussent pu mettre les plus courageux en fuite ; des applaudissements nombreux n'en vinrent pas moins témoigner à M. Janotet combien les assistants étaient heureux de l'ouverture.

Le conseiller municipal Pector, qui présidait l'assemblée, et qui fit entendre pendant tout ce morceau divers accompagnements de bouche imitant le basson, ne fut pas un des moins enthousiastes.

Aussitôt après le *Point du jour,* madame Legoix se leva et fit un petit discours d'adieu à ses élèves. Brisée par les fatigues de l'enseignement, et désirant jouir d'un peu de repos sur la fin de sa carrière, elle présentait, pour lui succéder, madame Chappe, fille de M. Chappe, ancien chef d'institution à Paris, et frère de Chappe fils, qui avait suivi la carrière de son père. « Adieu, chères élèves, dit-elle en portant son mouchoir à ses yeux, loin de vous, je conserverai votre souvenir, et j'espère que mes leçons ne seront pas perdues. »

Madame Chappe, qui excitait une vive curiosité, apparut alors par une petite porte de derrière : elle était vêtue d'une robe de soie noire ; ses cheveux en bandeaux aplatis sur ses joues faisaient ressortir un nez excessivement pointu. Elle se posa hardiment sur l'estrade et parla en improvisatrice pédante.

« Jusqu'ici, dit-elle, l'enseignement des demoiselles a été trop restreint. Ayant étudié à fond les diverses méthodes de la capitale, je m'appliquerai à introduire dans ce pensionnat les éléments nouveaux que d'illustres professeurs ont jugé à propos d'enseigner aux femmes. Les sciences et les arts doivent tenir une grande place dans mon programme, que je ferai connaître sous peu.

» La vie de famille aussi bien que la vie du grand monde ne peut se passer de ces éléments divers de sciences dont la civilisation a donné soif à chacun. Mes plans sont combinés de telle sorte que la jeune fille qui sortira de mon pensionnat, fût-elle ménagère, fermière ou fille de duchesse, trouvera désormais, dans l'éducation qu'elle aura reçue, des occupations sérieuses qui, aux jours de malheur ou de chagrin, empêcheront son esprit de s'arrêter à de trop tristes pensées. Du reste, mesdames, je dois remercier madame Legoix des excellentes préparations qu'elle a semées dans ces jeunes esprits ; il ne s'agit plus maintenant que d'en hâter la maturité ; fille et sœur de parents voués à l'instruction dans la capitale, je me tiendrai plus que personne au courant des développements de la science ; et j'espère que votre sympathie ne me manquera pas plus qu'elle n'a manqué à mon prédécesseur. »

Peut-être madame Chappe eût-elle continué son discours si un craquement violent ne s'était fait entendre du côté de la porte d'entrée ; il se fit un mouvement dans la foule des bourgeoises, qui poussaient des cris perçants en voyant remuer les deux battants de la porte. Toute la salle s'était levée et on n'entendait que des plaintes et des signes de terreur.

— Messieurs, s'écria madame Legoix en s'adressant aux jeunes gens qui étaient grimpés sur les embrasures des fenêtres, ouvrez vite la porte du jardin pour empêcher un malheur.

Quelques-uns sautèrent ; on entendit casser des carreaux et le bruit d'une porte forcée. Aussitôt une avalanche de curieux fit irruption dans la cour qui donnait dans la grande rue ; comme les grands rideaux de calicot rouge gênaient la vue, les nouveaux arrivés les tirèrent en dehors et les arrachèrent audacieusement, sans s'inquiéter si un soleil ardent, pénétrant par les fenêtres, n'allait pas convertir la salle de prix en une étuve.

Il est certain que la curiosité était motivée en ce que cette solennité dépassa toutes celles connues jusqu'alors. Madame Chappe, qui avait acheté le pensionnat avant la fin de l'année, jugea bon de débuter par un coup d'éclat. Ce fut elle qui inventa de faire jouer sur deux pianos à la fois un grand morceau à quatre mains ; elle tripla le nombre de prix et de couronnes pour cette année, et elle introduisit une narration en anglais, récitée par dix élèves à la fois. A la fin de la séance, dix jeunes personnes s'avancèrent sur l'estrade, et dirent en chœur un chapitre en anglais du *Vicaire de Wakefield*.

Élisa de Vorges, qui était une jeune fille de dix ans, revint chargée de couronnes et de prix ; mais elle commit à la distribution une de ces fautes qui ont plus tard de graves conséquences. Suivant l'usage, à chaque nomination, les jeunes filles se font couronner et embrasser par leurs parents. Élisa avait porté triomphalement ses couronnes à sa mère, ainsi qu'à madame Creton qui l'accompagnait ; ayant encore de nouveaux prix, et regardant du haut de l'estrade si elle ne connaissait pas dans la foule une personne amie qui pût partager sa joie, madame Legoix confia la couronne à mademoiselle Ursule Creton pour lui faire honneur ; mais l'enfant eut peur de la vieille fille, de sa figure jaune, de ses lunettes vertes ; elle descendit de l'estrade sans avoir reçu l'accolade obligée. Les enfants ont souvent de ces secrets sentiments qui les mettent en garde contre la méchanceté. Elle frissonna de coller ses lèvres roses à la peau morte et ridée de la vieille célibataire, et celle-ci lui lança un coup d'œil que personne ne remarqua dans la salle.

Madame Chappe était allée vers M. Bonneau, membre de la société académique rémoise :

— On compte beaucoup sur vous, lui dit-elle, pour nous lire un morceau, vous, monsieur, qui avez la réputation du plus savant homme du département !

— Madame, vous êtes trop obligeante, vraiment ; mais...

— Je vous en serai particulièrement reconnaissante, je vais l'annoncer à l'assemblée.

— Pas encore, je vous prie, dit M. Bonneau ; l'émotion... la chaleur...

— Pendant que vous prononcerez votre discours, dit madame Chappe, nos demoiselles auront le temps de s'habiller pour une petite comédie préparée.

— Je n'y avais pas songé, véritablement...

Et l'archéologue déroula un énorme cahier. Madame Chappe envoya ses sous-maîtresses chercher un verre d'eau sucrée pour M. Bonneau ; en même temps, elle annonça que, sollicité vivement par l'assemblée, l'archéologue daignait lire un court fragment historique.

Sous le titre du *Molincharterium* des anciens, M. Bonneau tint l'assemblée pendant deux heures d'inquiétudes et de colère mal dissimulées. Il s'agissait de reconnaître si le *Molincharterium* cité par des commentateurs du moyen âge était le Molinchart actuel.

La langue française entrait pour une minime proportion dans ce terrible discours, où les textes nombreux d'un latin du moyen âge tenaient la plus grande place. Une cnaleur étouffante régnait dans la salle, et des battements de pieds annonçaient clairement que le discours de M. Bonneau n'obtenait aucun succès.

Il se trouva quelques êtres assez mal élevés pour crier : *Assez !*

— Ne pourriez-vous glisser? souffla madame Chappe à l'oreille de M. Bonneau, qui la regarda d'un œil inquiet, et continua bravement, sans remarquer la mauvaise influence antipathique des auditeurs.

— Dans cinq minutes, dit madame Chappe à M. Bonneau, il est absolument nécessaire que la comédie commence.

On voyait apparaître derrière l'estrade certaines figures bizarres de jeunes filles grimées et habillées d'étranges costumes. M. Bonneau continuait toujours avec son impassibilité ordinaire la lecture de ses commentaires sur *Molincharterium*. Des conversations particulières s'étaient établies parmi les assistants, qui ne savaient comment vaincre la parole tenace de l'archéologue.

Sur un signe de madame Chappe, un chœur de jeunes filles se fit entendre et couvrit entièrement la voix de M. Bonneau, qui resta debout, sans doute à continuer la lecture de son mémoire, car ses lèvres remuaient et il ne paraissait nullement s'occuper du chœur qui étouffait sa voix.

Le chœur fini, on entendit avec surprise la voix de M. Bonneau succéder à celle des jeunes filles, et le mot de *Molincharterium*, quoique accueilli par des éclats de rire dérisoires, n'en continua pas moins à revenir à chaque phrase.

Ne sachant comment délivrer l'assemblée d'un orateur si dangereux, madame Chappe, en traversant la tribune, renversa comme par hasard les feuillets nombreux qui restaient à lire du manuscrit; ce seul fait parvint à mettre un terme au flux de paroles de M. Bonneau, qui, hors de lui de voir son précieux manuscrit de voler de côté et d'autre, courut après les feuilles, et disparut de la tribune.

La distribution des prix se termina par une comédie jouée par les grandes élèves de la classe : la jeune personne qui jouait le rôle de *miss Rhétorique* fut particulièrement remarquée, ainsi que celle qui représentait le personnage de *miss Syntaxe*. Cette pièce, semée de plaisanteries grammaticales, donna une idée de l'esprit de madame Chappe, car le bruit se répandit qu'elle en était l'auteur. Les dames de la ville ne regrettèrent pas la presse qu'elles subissaient depuis le commencement de la séance, en riant aux larmes de la colère de *M. Subjonctif*, qui se plaignait vivement de rester trop souvent inoccupé. Une petite fille de six ans, à qui on avait collé des favoris sur la joue, et qui était perdue dans une longue houppelande marron, disait avec sa voix juvénile les plaintes graves de *M. Subjonctif*.

Si une minorité intelligente s'accordait à louer les beautés de cet ouvrage dialogué, la majorité n'en saisissait pas facilement les allusions délicates. Il y avait une scène dans laquelle *Prétérit-Passé* et *Prétérit-Indéfini* se disputaient vivement avec *M. Que-Retranché ;* puis tout finissait par des chansons en chœur sur les différents temps des verbes, arrangés en musique sur des airs de cantique qui faisaient balancer la tête de mademoiselle Ursule Creton, que ces mélodies reportaient à la confrérie de la Vierge.

La classe des petites ayant été aussi bien partagée que celle des grandes, la distribution fut terminée, et chacun se retira, une bonne moitié fatiguée du tumulte qu'entraîne toujours une grande assemblée, l'autre moitié heureuse d'avoir puisé dans cette solennité des motifs de conversation propres à remplir quelques soirées.

Louise pria la comtesse de Vorges d'attendre un peu que le flot de la foule fût passé ; elle venait d'apercevoir sa belle-sœur descendre l'estrade, et elle voulait lui présenter ses compliments ; mais mademoiselle Ursule Creton,

quoiqu'elle reconnût la femme de l'avoué, eut l'air de
s'avancer vers elle et lui tourna brusquement le dos.
Louise ne pouvait avoir une vive sympathie pour la vieille
fille, qui lui était hostile, et dont chaque parole contenait
une méchanceté; cependant ce dédain la froissa à tel
point que la comtesse s'en aperçut; mais elle attribua
l'air contrarié de la jeune femme à la fatigue de cette
longue séance.

— Ce n'est rien, madame, ne faites pas attention, dit la
femme de l'avoué; et elle essaya de donner le change à
ses idées en embrassant la petite Élisa, qui lui fit oublier
par ses gentillesses la méchanceté de la vieille fille.

IX

Peines d'amour.

Pendant que ces scènes se passaient à Molinchart, Julien
était dans des angoisses inexprimables. Viendra-t-elle? se
disait-il. Et il amassait toutes les raisons en faveur de l'arrivée de la femme de l'avoué; puis les raisons contraires
se rangeaient en face comme une armée ennemie, et le
jeune comte ne tirait de ces raisonnements que le doute.
De sa chambre, située au second étage du château, il apercevait au loin la montagne de Molinchart, et il pouvait
suivre, pendant une demi-lieue, la route blanche qui tout
à coup fait un coude, se cache dans les arbres, reparaît
encore jusqu'à un petit pont et disparaît derrière des cabanes de paysans. La solitude n'amène pas la tranquillité;
le comte était dans une indécision cruelle, se demandant
s'il devait aller au-devant de sa mère ou rester à l'attendre. Au cas où Louise viendrait, la comtesse ne remarquerait-elle pas le trouble qui s'emparerait de son fils, seul
sur la route, tandis qu'au château, quand tout le monde
serait réuni, l'attention serait moins portée sur lui?

Ce jour-là, il faisait un petit vent frais qui se jouait dans les feuilles des arbres et les agitait ; au loin, on voyait les blés baisser leur tête dorée et la relever doucement ; certains arbres à feuilles jaunes et douces subissaient le passage du vent en ployant leurs fines branches dans mille contours capricieux, tandis que d'autres, à la feuille sèche et vernie, miroitaient aux rayons du soleil et faisaient entendre un petit bruit métallique tant que durait la brise. Quelques sapins, au contraire, fiers, chagrins et anguleux, restaient immobiles dans leur tristesse. Julien ne pouvait quitter sa vue de ces arbres qui étaient sous sa fenêtre, et le bruit monotone du vent qui soufflait dans les feuilles endormait un peu ses inquiétudes.

Dans la cour, un petit chat rompait la tranquillité en sautant tout à coup d'un arbre, avec la vivacité d'un tigre, pour se jeter à la poursuite de petits poussins qui, à quelques pas d'une poule et d'un coq, picotaient l'herbe des pavés. Un gros chien attaché à sa chaîne, accroupi sur le ventre, près de sa niche, regardait cette scène avec mélancolie. Les petits poulets accouraient en poussant un léger cri sous l'aile de leur mère, et le chat s'en retournait sournoisement se tapir sous un massif de rosiers, étudier d'un œil brillant, tout en frétillant de la queue, les moindres mouvements des plus jeunes membres de cette famille dont il rêvait la destruction.

Quand l'esprit est irrité, ces tableaux reposent. Julien oublia un moment l'arrivée de sa mère en regardant les mille folâtreries du petit chat, dont le corps frémissait d'inquiétude et qui, par la couleur de sa robe luisante noire et grise rayée, ressemblait à un serpent annelé qui semble s'avancer vers sa proie par une succession de cercles vivants.

Julien fut tiré de ses observations par un faible bruit lointain que le fit tressaillir. C'était le roulement lointain d'une voiture sur la route récemment empierrée. A cette heure, la comtesse seule pouvait arriver au château. Aussitôt le jeune comte redevint inquiet et se promena dans sa chambre, ne pouvant encore distinguer la voiture. La voiture se rapprochait de plus en plus ; enfin, Julien put distinguer un point noir qui grossissait à vue d'œil, et il ferma les persiennes de sa fenêtre afin de pouvoir regarder Louise sans en être vu et de se composer une physionomie pour paraître devant sa mère.

La voiture approchait, mais il était impossible de découvrir les personnes qui étaient dedans, car la comtesse avait pris une voiture couverte, à cause du temps incertain ; et les émotions graduées que le comte se promettait s'évanouissaient. Il avait pensé reconnaître d'abord de loin les habits de Louise, puis l'ovale de sa figure ; puis chaque tour de roue lui ferait distinguer chaque trait, et il se trouvait en présence d'une machine carrée et vernie qui ne laissait rien connaître de ce qu'elle renfermait.

Mais une petite main qui sortit tout d'un coup de la lourde boîte pour s'appuyer sur la portière fit battre le cœur du comte. Ce n'était pas la main calme et aristocratiquement grasse de la comtesse ; ce n'était pas la main à peine formée d'Élisa ; la main qui se laissait voir sur les galons jaunes de la portière était légèrement dorée, et un petit bracelet d'ambre, qui entourait le poignet excessivement délié, en faisait ressortir la couleur. Julien se retira brusquement de la fenêtre, descendit l'escalier en fou et arriva justement dans la cour en même temps que la voiture.

— Ah ! madame ! s'écria-t-il d'une voix qui contenait beaucoup de paroles et que la comtesse ne pouvait regarder que comme une marque de politesse. Comme il aidait à descendre de la voiture d'abord sa mère, puis Louise, il eut le droit de serrer un peu plus fort que l'amitié ne le permettrait la jolie main au collier d'ambre ; mais la petite main ne répondit pas aussi vivement à ces protestations ; elle fit la rétive, s'allongea et essaya de gagner en longueur pour échapper à une étreinte trop significative. Quoique ce petit combat muet restât inconnu aux yeux de la comtesse, Julien fut obligé, bien à regret, de lâcher cette main que les convenances ne lui permettaient pas de garder plus longtemps emprisonnée.

— Et mon mari, où est-il? demanda Louise.

Cette question, prononcée avec une légèreté moqueuse, rendit le jeune comte soucieux. Louise avait dans l'esprit quelque chose de malicieux; la question qu'elle adressait à Julien n'était qu'un simple rappel à l'ordre, une petite vengeance de femme qui trouve qu'on a serré trop vivement sa main. Le comte ne comprit pas cette malice féminine et fut cruellement blessé d'entendre la femme qu'il aimait s'inquiéter si vivement de la présence de son mari. Il répondit que M. Creton du Coche explorait les environs, et qu'à cette heure sans doute il était occupé à ses recherches scientifiques. Il fallut à Julien beaucoup de courage pour ne pas se moquer de l'avoué et pour ne pas faire sentir à sa femme l'opinion qu'il avait de ses expériences; mais il se contint, attendant de la suite des événements la conduite à tenir.

Le mari revint à l'heure du dîner.

— Ah! te voilà, dit-il à sa femme.

Il n'en dit pas davantage et se mit aussitôt à raconter à la comtesse son expédition de la journée. Quoique Louise n'aimât pas son mari, elle fut blessée de la réception sans façon de M. Creton; elle y était habituée chez elle et ne s'en plaignait pas, mais la présence de la comtesse et de son fils lui fit remarquer plus vivement une pareille indifférence. Être traitée si légèrement devant un homme qui vous aime, constitue un crime pour la femme qui ne veut jamais paraître dédaignée. N'est-ce pas donner à l'amant une mauvaise opinion de soi que de paraître occuper si peu de place dans l'affection d'un mari? Une femme avoue volontiers que son mari ne prend pas garde à elle, qu'il s'occupe de tout autre chose, qu'il a d'autres passions en tête, le jeu, la table; elle forcera même la peinture, elle montrera son mari moins aimant qu'il n'est, mais elle ne lui pardonnera pas de le prouver en public par des faits.

Aussi, petit à petit, elle amasse des faits dans sa tête, elle les groupe, elle les classe; ces faits se grossissent, se colorent, forment des montagnes qui accableront la tête du mari, toutes sortes de détails minuscules qui échappent au condamné quand il apprend sa terrible sentence.

Un ami observateur eût fait remarquer plus tard à M. Creton du Coche qu'il avait pour ainsi dire attisé le feu des colères de sa femme, qu'il eût pu se casser la tête sans se rappeler la phrase qui avait blessé Louise.

La comtesse prit la défense de la femme de l'avoué, et fit remarquer à son mari qu'il la recevait au moins froidement.

— Ne faites pas attention, madame, dit M. Creton du Coche; ma femme y est habituée, elle me connaît; n'est-ce pas, Louise?

Le malheureux semblait vouloir hâter l'heure de sa condamnation. Les tribunaux, qui ne prononcent de séparation de corps qu'à la suite de violences bien constatées, sont impuissants à connaître ces milles petites causes qui amènent les plus grands troubles dans les ménages et qui font que de pareils faits sont beaucoup plus violents que des brutalités. D'ailleurs il faudrait, pour les expliquer et les mettre en lumière, des esprits fins, délicats et analytiques, facultés que beaucoup d'avocats ne semblent pas avoir en partage.

— La façon dont j'ai connu M. Julien, dit le mari, est au moins singulière; mais je l'avais remarqué, il y a longtemps, et je désirais faire sa connaissance, sans me rendre compte pour quels motifs. Savez-vous, madame la comtesse, combien les habitants de Molinchart boivent de cruches d'eau par jour?

— Non, monsieur, dit la comtesse en souriant.

— J'ai toujours aimé à m'instruire, dit l'avoué, et c'est justement M. Julien qui m'a empêché d'arriver à mes calculs. Nous avons à Molinchart des fontaines publiques, des puits et des citernes ; mais l'eau n'est pas aussi bonne que celle du bas de la montagne ; il y avait longtemps que je voulais savoir combien les ânes en transportent de cruches par jour... J'étais un jour sur la promenade, depuis le matin, à compter les ânes qui portent chacun huit cruches dans leurs paniers... Vous ne croiriez peut-être pas que j'avais oublié d'aller déjeuner... Tu dois te rappeler, ma femme, le jour où je n'ai pas été déjeuner ; si je ne déjeunais pas, c'est que j'avais peur de manquer un convoi d'ânes. Vous me direz, madame, qu'il était facile d'interroger les femmes qui conduisent les ânes, et de leur demander : Combien êtes-vous qui faites ce commerce, et combien de fois par jour montez-vous la montagne ? Mais j'ai reconnu qu'il vaut mieux faire ses observations soi-même, voir et calculer au lieu d'interroger. D'ailleurs, les femmes de la campagne, qui ne savent pas quel intérêt vous apportez à ces questions, n'y mettent aucune complaisance.

— Connaissez-vous M. Bonneau ? demanda le comte à l'avoué.

— Non, dit M. Creton du Coche.

— C'est notre voisin. Il faudra que je vous le présente. C'est également un savant fort distingué et qui apporte la même conscience que vous dans ces sortes de travaux.

— Il était à la distribution des prix, dit la comtesse ; mais il n'a pu terminer un morceau qui roulait sur des matières fort délicates d'archéologie.

— Ah ! dit l'avoué, vous avez pour voisin un archéologue !

— Il s'inquiète des moindres vestiges de monuments, dit la comtesse, et il les recueille avec le plus grand soin ; les personnes qui prétendent s'y connaître trouvent son musée fort curieux.

— J'y mènerai M. du Coche, dit Julien.

— Je suis enchanté de faire la connaissance des personnes qui se dévouent à la science ; cependant j'avoue que le petit tailleur n'a pas montré une grande complaisance à mon égard.

— Est-ce que monsieur du Coche a été rendre visite à Cadet Bossu? demanda la comtesse.

— Oui, madame, Jacques m'y a mené ; je trouve l'invention du tailleur fort ingénieuse ; ses Cosaques sont parfaits ; mais le tailleur semble avoir puisé dans leur contemplation quelque chose de leur férocité... Pour en revenir au volume d'eau que la fontaine du bas de la montagne fournit aux habitants de Molinchart, j'étais, comme je vous le disais, depuis le matin sur la promenade, mon carnet à la main, inscrivant chaque fois le nombre des ânes qui passaient sous mes yeux, lorsque M. le comte arriva tout d'un coup à cheval et traversa un groupe d'ânes... A partir de ce moment, mes calculs ont été dérangés. Je vous regardais, j'admirais votre façon de monter à cheval, et jamais je ne me suis rappelé si j'avais inscrit, avant votre arrivée, sur le carnet, les ânes qui se trouvaient sur votre passage.

— C'est fâcheux, dit Jonquières.

— Toutes mes observations précédentes étaient inutiles.

— Si j'avais su, dit Julien, j'aurais passé par un autre côté.

— Oh! dit l'avoué, j'aurais pu recommencer le lendemain ; mais ces calculs m'absorbaient trop.

Pendant tout le dîner, M. Creton du Coche ne parla que de ses ânes et de l'eau qu'ils portaient dans les cruches, au grand déplaisir de Louise, qui ne voyait pas sans peine son mari étaler sa sottise avec complaisance.

Après le dîner, on fit un tour dans le jardin ; Jonquières donnait le bras à la comtesse ; M. Creton du Coche marchait seul, ruminant ses observations ; la petite Élisa courait en avant et en arrière, cueillait des fleurs, faisait des bouquets, allait de l'un à l'autre, tandis que Julien, qui donnait le bras à Louise, marchait à pas lents pour mettre quelque intervalle entre sa mère et lui.

— Que vous êtes bonne d'être venue! lui disait-il.

— J'aurais bien dû ne pas venir, dit Louise, après cette lettre.

— Qu'y avait-il dans ma lettre? Rien autre chose qu'une invitation.

— La voici, dit Louise; je l'ai apportée pour la déchirer devant vous. Vous ne savez pas à quel danger vous m'exposez. Si par hasard mon mari était revenu et qu'il eût trouvé cette lettre, si elle s'était égarée, si elle était tombée en d'autres mains, que sais-je? la malignité aurait pu en tirer parti... Tenez, la voici, et je vous en prie, monsieur, ne m'écrivez jamais, n'importe dans quelle circonstance.

Julien profita de ce que Louise lui passait la lettre pour s'emparer de la petite main rétive. Le soir était venu ; il régnait une grande tranquillité dans la campagne ; la comtesse était à quinze pas en avant, causant avec son neveu. Julien ne répondit pas et garda la main de Louise dans la sienne. Rien ne porte au silence comme la campagne ; le comte avait le cœur plein de paroles, et cependant il se taisait, espérant faire passer dans une pression de mains les sentiments qui l'agitaient. Quoiqu'elle eût la main gantée, Louise se sentait gagner par un trouble inexprimable ; ses pas qui ne résonnaient pas sur le gazon, la tiédeur de l'atmosphère, cette conversation muette, lui faisaient battre le cœur, et elle en arrivait à craindre encore plus le silence du comte que ses paroles.

— Laissez-moi, monsieur, lui dit-elle.

Elle fit un violent effort pour dégager son bras ; alors Julien lui lâcha la main.

— Pourquoi ne peut-on toujours vivre ainsi? s'écria Julien. Quel beau rêve, Louise! mais quel triste réveil, quand vous serez partie!

Heureusement pour la femme de l'avoué, Élisa accourait en poussant des cris de joie ; elle avait trouvé deux vers luisants, les avait posés sur les bords de son chapeau de paille, et se faisait une fête de montrer à chacun ces deux petits diamants bleus qui étincelaient comme du phosphore. Louise voulut la prendre par la main, afin d'avoir un protecteur, mais la petite fille déclara qu'elle voulait marcher en avant pour servir de phare aux promeneurs.

Tout à coup, Julien fit un mouvement de dépit que comprit Louise. La voix de M. Creton du Coche venait de se faire entendre à peu de pas ; ayant pensé quelque temps à ses découvertes scientifiques, il s'était senti isolé en pleine nuit, et il avait été faire un bout de conversation avec la comtesse, qui s'était prêtée de bonne grâce à écouter les propos bourgeois sur la brièveté des jours d'automne, sur la disparition du soleil, sur le calme de la température. Après avoir épuisé la conversation de ce côté, l'avoué, qui se servait assez souvent des mêmes motifs, venait retrouver sa femme et le comte, et recommençait pour de nouveaux auditeurs ce qu'il venait de débiter ailleurs.

Julien, quoiqu'il enrageât d'être troublé dans sa conversation muette, fut obligé de quitter l'état vague où il était plongé et d'avoir l'air d'écouter l'avoué. Encore M. Creton poussa-t-il la méchanceté jusqu'à faire des questions sur les récoltes de toute nature de l'année, questions auxquelles le comte était obligé de répondre, tout en jurant entre ses dents contre le fâcheux.

— Mais, monsieur, dit Louise à son mari, ce que vous dites là n'est pas intéressant.

Si la nuit avait permis d'étudier la figure de l'avoué, on eût été frappé de sa comique surprise en entendant cette parole qui tenait d'un esprit révolté.

— Ce n'est pas intéressant ! s'écria-t-il ; voilà bien les femmes. Tu crois sans doute qu'une conversation sur les modes, sur les chapeaux, sur la tapisserie, plairait davantage à M. le comte. Ce que c'est pourtant qu'une femme qui n'est jamais sortie de la ville : elle ne sait pas distinguer le seigle du froment, le blé de l'avoine ; elle croit volontiers que tout cela est de l'herbe, et elle vient me dire que cela n'est pas intéressant... Ah! monsieur le comte, madame votre mère a eu bien tort, je le crois, d'amener ma femme à la campagne.

— Au contraire, monsieur du Coche, dit Julien, ma mère est enchantée d'avoir fait la connaissance de madame.

— Oh! oh! dit le mari d'un air de doute, c'est la politesse seule qui vous fait parler ainsi.

— Vraiment, dit Louise, à entendre mon mari, on me prendrait pour une ignorante.

— Non, non, dit l'avoué, tu n'es pas ignorante; tu brodes parfaitement, tu fais également bien de la tapisserie, mais tu n'entends rien aux productions de la terre.

On arriva bientôt au château, et cette vie, calme en apparence, se continua pendant quelques jours; cependant Julien, quoiqu'il vît réaliser ce qu'il avait tant souhaité, la présence de Louise, devenait triste, et ses anciens accès de mélancolie le reprenaient. Quelquefois il fallait l'ordre de sa mère pour qu'il l'accompagnât à la promenade avec Louise : il inventait des indispositions qui le retenaient dans sa chambre, disait-il, et qui le faisaient souffrir sans qu'il en résultât de maladie bien grave. Son cousin vint à son secours et l'alla trouver, un matin qu'il n'était pas encore levé à dix heures.

— Je ne te dirai pas, dit Jonquières, que je t'avais prédit ce qui arrive, mais tâche de prendre un peu de courage et de combattre ta passion, non pas pour toi, mais pour ta mère.

— Ma mère! s'écria Julien.

— Sans doute; elle ne m'a rien dit, parce qu'elle me sait trop ton ami pour que je ne te répète pas les moindres choses qui te regardent, mais j'ai cru comprendre qu'elle avait deviné l'état dans lequel tu te trouvais.

— Tu crois, dit le comte de plus en plus attristé.

— Je ne l'affirmerais pas, mais elle s'en doute.

— Il ne faut pas qu'elle le sache, dit Julien.

— Je l'ai pensé comme toi ; ma tante ne souffrirait pas qu'on trompât chez elle ce M. Creton ; elle ne fermerait pas les yeux complaisamment sur une intrigue, et si elle avait un commencement de certitude, elle ferait tout pour éloigner l'avoué et sa femme.

— Peut-être le préviendrait-elle, dit Julien.

— Il faut donc, mon cher ami, que tu joues un peu la comédie pendant quelques jours ; tâche de paraître gai, et chasse ces airs mélancoliques qu'elle a trop appris à connaître quand tu revins de Paris. Sois empressé, galant même, mais d'un air dégagé. Au contraire, tu es gêné auprès d'elle, tu ne parles pas, tu soupires...

— Vraiment ! s'écria le comte un peu confus.

— Eh bien ! il n'y a pas de mal, tu l'aimes et tu soupires ; il y a manière de soupirer ; tu soupires bien, et tu n'as pas l'air encore d'un chanteur de romances.

— A la bonne heure... dit Julien rassuré. Mais au fond je suis bien malheureux... Est-ce singulier ? Je vois la femme que j'aime toute la journée, mais je ne peux lui parler tranquillement sans qu'aussitôt le mari n'arrive, ou Élisa, ou ma mère.

— Je fais cependant ce que je peux pour qu'on ne te dérange pas. Tu es malheureux de cela seulement ?

— Oui, mon ami !

— Je crois, dit Jonquières, que si vous étiez seuls toute la journée, tu n'en serais pas moins malheureux.

— Moi, dit Julien.

— Tu demanderais autre chose ; il est bien rare que l'amour vous laisse l'esprit tranquille.

— Quel mari cette pauvre femme a rencontré ! s'écria Julien.

— Tu vas souhaiter peut-être qu'elle soit mariée à un homme de bonnes manières, aimable et spirituel.

— Tu te moques de moi, Charles. Mais il m'est permis de plaindre Louise d'être liée pour la vie à un homme qui l'humilie journellement et qui ne la comprend pas.

— Il est bien rare, dit Jonquières, qu'au bout de dix ans, une femme trouve que son mari la comprenne.

— Enfin, tu as été témoin de la manière dont l'avoué traite sa femme, avec quel sans-façon il lui répond, et les moindres occasions qu'il saisit pour l'humilier.

— Cela se comprend; par cette goguenardise, le mari croit montrer sa supériorité. J'ai connu beaucoup de maris ainsi bâtis; leurs femmes leur servent de compères sans s'en douter; ce sont comme les paillasses des arracheurs de dents, qui reçoivent à un moment donné les soufflets du maître, pour bien faire comprendre à la foule l'autorité de celui-ci.

— Pauvre Louise! dit Julien. Je la plains, et c'est moi qui suis à plaindre, car je l'aime et elle ne m'aime pas.

— Elle ne t'aime pas! dit Jonquières. Serait-elle venue chez ta mère si elle n'avait pas au moins un commencement d'amour?

— Je ne sais rien démêler à sa conduite; elle me fuit le plus qu'elle peut; quelquefois, quand nous allons promener, elle prend le bras de son mari, qui ne s'en soucie guère; elle me refuse les plus légères marques d'amitié... Enfin, le croirais-tu, elle me fait l'éloge des qualités de ce Creton.

— Elle lutte, dit Charles.

— Oh! c'est indigne! Quand je l'entends parler ainsi de son mari, je me sens révolté, j'ai honte d'aimer une femme qui a des sentiments si vulgaires, car je n'apporte aucune rancune vis-à-vis du mari. Il m'est indifférent, je n'ai pas de haine contre lui, ni d'amitié; si je rencontrais dans la vie un être pareil et qu'on me demandât mon opinion, je répondrais: C'est un homme borné, qui vit et qui respire comme un animal grossier, et qui n'a même pas, au fond, la tendresse de mon chien Tom... J'aime mieux mon Tom...

Jonquières se mit à rire.

— Est-ce que tu le peins de la sorte aux yeux de sa femme?

— J'ai essayé, mais elle ne me laisse pas continuer; elle dit qu'elle s'est trouvée longtemps heureuse...

— Ah! longtemps n'est pas toujours.

— C'est ce que je lui ai répondu; mais alors elle parle d'abnégation, de dévouement, de vie paisible, d'intérieur tranquille, et ces sortes de raisons me cassent les bras, je ne sais plus que dire. Nous restons sans nous parler, emportant chacun de notre côté des impressions douloureuses... Pourquoi le hasard ne nous fait-il pas rencontrer, au début de la vie, des femmes telles que celle-ci, dont on serait fier, qu'on serait si heureux d'aimer; au contraire, nous nous jetons dans les bras de coquines qui savent développer notre passion au plus haut point, et qui nous laissent retomber brutalement dans un bourbier où l'on reste pris de nausées, en se demandant : Est-ce là l'amour? Quelquefois nous sortons de ce bourbier avec beaucoup d'efforts, et toute la vie se passe à douter de l'amour, à le craindre... Au contraire, des jeunes filles pures, chastes, à peine entrent-elles dans la vie, on leur attache au pied un boulet, un mari tel que ce Creton, qui, s'il n'est pas usé, est imbécile... Ah! on n'est jamais heureux sur cette terre!...

— Il faut être excessivement curieux, dit Charles, pour être heureux; mais dans ce moment-ci tu parles comme un homme désespéré, et il est bien possible que demain tu sois pris d'une gaieté folle et que tu trouves la vie un cadeau inappréciable.

Julien secoua la tête.

— Qu'est-ce qu'il te faut pour te rendre fou de bonheur? un seul coup d'œil de la femme que tu aimes, et ce coup d'œil viendra.

— Le crois-tu, Charles?

— Certainement, je vois dans la conduite de Louise des combats, des soubresauts d'opinions qui n'ont que toi pour objet. Qu'elle te le montre ou qu'elle te le cache, qu'elle soit réservée ou émue, il n'y a que toi dans la nature, toi et toujours toi. Elle fait l'éloge de son mari, mais c'est pour t'éprouver. Lui reconnût-elle quelques qualités, à ce mari, qu'à l'intérieur, sur les plateaux de cette petite balance que chaque femme a dans le cœur, elle mettrait d'un côté les pièces de six liards du mari, et de l'autre les monceaux de trésors, de bijoux et de pierreries, qui sortent par la bouche d'un jeune amant. Va, à l'heure qu'il est, M. Creton du Coche est bien bas, et il ne pèse pas lourd, comme on dit.

— Ah! que tu me fais de bien, mon ami, dit Julien; depuis ce matin, je n'ai fait que regarder mes pistolets.

— Que les amoureux sont difficiles à mener. Mais, comme tes matinées sont mauvaises en général, que tu n'as rien à faire ici, en ma qualité de médecin, je t'ordonne beaucoup d'exercice, et nous allons nous remettre à la chasse tous les jours. Est-ce convenu?

— Je ferai ce que tu voudras, mon ami; mais tu me permettras de te parler d'elle?

— Un médecin, dit Jonquières, doit flatter les manies de ses malades.

X

Delirium archeologicum tremens.

Un matin l'avoué courait les champs, suivi de Jacques, qui s'ingéniait à lui fournir chaque jour de nouvelles promenades. Tous deux arrivèrent près d'un monument délabré qu'on appelle dans le pays le château des Templiers.

La course avait été longue et l'avoué se reposait sur le gazon, lorsqu'il aperçut un petit homme vêtu de noir, cravaté de blanc et porteur d'un immense parapluie fermé, dont il se servait comme d'une pique pour gravir la montagne. Sous ces habits noirs, larges, on pressentait un savant, et sans avoir de vastes connaissances physiognomoniques, l'avoué flaira quelque être extraordinaire. Le petit homme s'arrêtait de temps en temps, regardait le château des Templiers et brandissait son parapluie avec des airs de satisfaction. Il n'aperçut pas, dans sa préoccupation, l'avoué et Jacques, qui étaient étendus sur le gazon, le premier sur le dos, le second sur le ventre.

L'archéologue se flaire de loin à la façon dont il regarde un monument. Il semble qu'il lui appartient, qu'il a été construit exprès pour sa satisfaction personnelle, et que les ruines sont destinées à être commentées par lui. L'archéologue n'est pas seulement curieux à être étudié en public; il se pose devant un édifice d'une certaine façon théâtrale; il sait qu'on le regarde et que les curieux disent de lui : Voilà un savant. Dans ces circonstances, l'archéologue n'est pas sérieux et manque de naïveté; il est sur un théâtre; il fait l'homme important. Mais il faut surprendre l'admirateur des monuments quand il se croit seul et quand il se laisse aller à ses sensations intimes; son œil ne s'illumine pas, comme on pourrait le croire, l'enthousiasme ne se peint pas sur ses traits, car l'archéologue n'aime pas l'architecture pour l'architecture, il l'aime pour l'honneur qu'elle lui rapportera devant une société savante. Un monument, pour un archéologue, représente un mémoire in-quarto de deux à trois feuilles, qu'il lira à un moment donné en séance publique. Les beautés du monument ne le séduisent guère; s'il les étudie, c'est pour en faire une analyse pénible dans une langue particulière et scientifique.

L'homme à l'habit noir s'avança vers un grand mur qui restait encore entier et mesura le mur avec son parapluie comme il l'eût fait avec un mètre, puis il tira de sa poche un petit carnet et y inscrivit quelques notes.

— Jacques, dit M. Creton du Coche, qu'est-ce que fait donc ce monsieur?

Jacques, qui commençait à sommeiller, leva la tête et dit :

— Pardi! c'est monsieur Bonneau avec son parapluie.

— Le savant monsieur Bonneau qui demeure à Vorges?

— Lui-même, monsieur.

— Je vais lui parler.

— Ne vous en avisez pas, monsieur : quand on le rencontre avec son parapluie, c'est un signe qu'il ne veut pas être dérangé... il travaille, et alors il est bien pire que Cadet Bossu.

M. Bonneau était un de ces bourgeois qui furent attaqués, quelque temps avant 1830, d'une maladie tout à fait nouvelle, connue sous le nom de *delirium archeologicum tremens*. Il est permis d'appeler cette manie une maladie, car il en souffrait violemment et versait plus de larmes sur la démolition de la moindre vieille baraque que s'il eût perdu un membre. L'avocat Grégoire répétait souvent avec complaisance que M. Bonneau était attaqué de la pierre. La mode était alors aux cathédrales. M. Bonneau, riche rentier de Vorges, et qui ne savait à quoi occuper son temps, se jeta avec fureur dans les bras de l'archéologie. Il entreprit, dans sa petite sphère, une besogne qui demandait plus de démarches que d'intelligence; ce fut de mesurer tous les monuments de sa province. Très-jeune, M. Bonneau avait eu l'esprit tourné vers ce genre d'observations; il ne montait pas un escalier sans compter le nombre des marches du rez-de-chaussée au grenier. Les personnes auxquelles il allait rendre visite et qui le recevaient au bas de l'escalier n'étaient pas peu surprises de s'entendre dire :

— Permettez-moi, je vous prie, de monter jusqu'au haut de votre maison, j'aurai l'honneur de vous présenter ensuite mes hommages.

— Mais, monsieur...

— Vous devez avoir au moins soixante marches dans vos deux étages. Oh! je m'y connais, j'ai regardé attentivement la façade, je me trompe bien rarement, soixante marches tout au plus; je serais bien étonné s'il y avait moins de cinquante-cinq marches.

On n'avait pas le temps de répondre que M. Bonneau était déjà monté au grenier, ne s'inquiétant pas si la personne l'attendait ou non.

— Cinquante-huit marches, s'écriait-il en entrant dans

le salon d'un air triomphant ; j'en étais sûr, et encore vous avez un pas de porte, ce qui fait cinquante-neuf marches.

Avec cet esprit d'exactitude, M. Bonneau savait combien il lui fallait de ses petites enjambées pour mesurer la longueur d'une rue, et nécessairement combien d'enjambées nécessitait le tour de la ville. Tout cela était noté avec grand soin sur un petit carnet ; ce ne fut que plus tard qu'il appliqua son intelligence pleine d'exactitude à la mesure des monuments du département. Mais, dédaignant les anciennes mesures et ne se souciant pas des nouvelles, il avait inventé un moyen terme qui aurait pu troubler les habitudes de l'Académie des inscriptions et belles-lettres. Tout était soumis à son parapluie. Pour lui, un monument avait tant de parapluies de longueur, tant de largeur ; il ne comptait que par parapluie, n'étant jamais sorti sans ce meuble prudent. Le caractère distinctif de M. Bonneau était le parapluie, en hiver, au printemps, en été, en automne, qu'il fit grand soleil ou grande pluie, neige ou grêle. On ne se rappelait jamais l'avoir rencontré sans son parapluie, et il se l'était tellement assimilé dans les gestes, dans les mouvements, qu'on aurait juré qu'il était venu au monde avec un parapluie, et que mieux eût valu priver un boiteux de ses béquilles que lui de son parapluie.

La société académique rémoise avait admis cette singulière mesure, et chaque membre savait à quoi s'en tenir quand M. Bonneau annonçait qu'il avait relevé la hauteur, la largeur, la longueur, la profondeur d'un monument, et que le tout représentait tant de parapluies. La parfaite conscience de M. Bonneau dans ces sortes de travaux était tellement connue, que l'académie préférait cette mesure au métrage souvent équivoque d'un architecte, qui, n'apportant pas toujours l'application voulue, peut commettre des erreurs déroutantes pour la science.

Jacques expliqua du mieux qu'il le put à M. Creton du Coche la haute estime que les gens sérieux du pays professaient pour M. Bonneau; et l'avoué attendit avec impatience que l'archéologue reparût, car il était occupé à relever la façade de derrière du château des Templiers, et on l'avait perdu de vue; mais bientôt on put le voir manœuvrant avec beaucoup d'agilité son parapluie, le faisant pirouetter sur lui-même du manche à la queue, en arpentant avec rapidité le côté nord du monument. L'avoué n'avait pas assez d'admiration pour ce petit homme en habit noir qui escaladait des murs, s'accrochait dans les interstices des pierres et courait certainement des dangers pour donner des calculs plus qu'approximatifs de l'élévation du monument.

Quand il fut arrivé au premier étage, M. Bonneau recommença ses calculs sur les quatre côtés du monument, pour vérifier la justesse de ses mesures, que des contreforts inclinés avaient peut-être empêché d'inscrire dans toute leur intégrité. Ayant contrôlé sur son carnet ses opérations, il descendit du vieux château avec le même sang-froid, se servant de son parapluie comme appui.

— C'est au savant M. Bonneau que j'ai l'honneur de parler? s'écria l'avoué.

— A lui-même, monsieur, dit l'archéologue, qui regarda en clignotant la décoration barométrique que portait à sa cravate M. Creton du Coche.

L'avoué déclina son nom, sa profession, son séjour au château de la comtesse de Vorges, et dit qu'il ne paraîtrait sans doute pas impoli en se présentant lui-même; mais qu'heureux d'avoir rencontré l'archéologue, il n'avait pu modérer son vif désir de faire sa connaissance.

Il se joua alors entre les deux savants une comédie qui n'avait que Jacques pour spectateur : M. Creton du Coche, heureux d'être mis en rapport pour la première fois avec un homme célèbre dont tout le pays parlait, avait le plus vif plaisir de déployer ses connaissances météorologiques; il voulut prouver que lui aussi s'occupait de matières hors de la portée du vulgaire; mais M. Bonneau ne savait pas écouter, à peine s'écoutait-il lui-même. Il ne voyait dans la vie que des monuments à mesurer avec son parapluie, et il était incapable de suivre une discussion étrangère à ce sujet. Il n'y avait pas de place dans son cerveau pour les idées des autres, et tout homme qui ne s'adonnait pas à l'archéologie lui paraissait un être d'une nature inférieure. Son amour-propre extrême lui faisait croire qu'il avait inventé l'art de mesurer les monuments.

— Croiriez-vous, monsieur, dit-il à l'avoué, qu'avant mes opérations, les habitants de Reims ne connaissaient pas l'étendue de leur collégiale?... A la dernière séance du congrès académique, je m'avisai d'appliquer mon parapluie contre le monument, et j'obtins immédiatement la longueur du monument. C'était un résultat précieux. J'entre au congrès et je demande à un de ses membres combien avait de pieds la collégiale en longueur; il ne s'en doutait pas... On prononçait un discours sur un sujet d'agriculture d'une faible importance; je me dis que si je laisse entamer la discussion sur cette matière, ma découverte peut être remise à une nouvelle séance; alors j'écris sur un petit papier : Y a-t-il un des membres présents qui puisse répondre de la longueur certaine de la collégiale? Mon petit papier circule autour de l'assemblée, et me revient sans réponse. Monsieur, les habitants de la ville eux-mêmes l'ignoraient.

— Il en est de même, dit M. Creton, de Molinchart où...

— Permettez, monsieur; aussitôt le discours sur l'agriculture terminé, je monte à la tribune; je fais part de ma découverte, et elle est immédiatement transcrite sur le registre de la Société, à mon nom, bien entendu, afin que ce fait ne soit pas perdu pour l'avenir.

— A Molinchart, dit l'avoué, nous sommes dans les mêmes conditions relativement à...

— Oh! je n'ai pas fini, monsieur, il faut que je vous montre tout ce que j'ai fait pour le département. Je ne perds pas de temps, mais ma vie est réellement trop occupée; je ne pense qu'aux intérêts artistiques du pays... Vous connaissez maintenant Vorges, monsieur, puisque vous y êtes depuis quelque temps; eh bien! vous allez voir ce que j'ai fait pour Vorges : d'abord, j'ai créé dans ma maison un musée tel qu'il n'y en a pas de pareil dans le département... J'ai des fragments des monuments des Romains ; une partie de ma cour est pavée en briques romaines ramassées une à une, quelquefois à vingt lieues de distance l'une de l'autre. J'ai dans ma cuisine des couteaux, vous jugeriez qu'ils ont été fabriqués hier ; eh bien ! monsieur, ce sont des couteaux trouvés dans des tombes du pays, et je me suis fait signer des certificats par les autorités locales, constatant que mes couteaux de cuisine proviennent de l'invasion des Gaules... C'est en m'entourant d'objets d'une autre époque, en les faisant servir à mes besoins journaliers, en vivant avec eux en perpétuelle contemplation, que j'ai puisé ce vif amour des monuments qui m'a conduit à de si importantes découvertes.

Chemin faisant, M. Creton du Coche essaya à diverses reprises d'interrompre le plaidoyer de l'archéologue ; mais il ne put placer un mot sur ses études favorites ; d'ailleurs, Jacques lui faisait signe de se taire, et, après avoir essuyé le feu du tailleur aux Cosaques, l'avoué commençait à prendre garde d'irriter les savants. On arrivait dans le village : M. Bonneau ayant invité son écouteur à venir voir sa maison, Jacques disparut.

La maison de l'archéologue était excessivement curieuse par la prodigieuse quantité d'antiquailles qui servaient de manteau aux murailles. Le petit mur était protégé par des tessons de pots romains remplaçant les culs de bouteilles que cimentent les maçons pour empêcher l'escalade des voleurs. La porte avait deux battants ou plutôt n'en avait qu'un provenant d'une armoire de la Renaissance à figures sculptées, tandis que l'autre battant était formé d'un fragment de grille en fer tellement dénaturé, qu'il eût été impossible d'en reconnaître l'origine si, par une conscience de collectionneur, M. Bonneau n'eût accroché à chacun des objets de son musée des écriteaux explicatifs indiquant la date et le lieu où ils avaient été trouvés. Des cornes de cerf, des ossements de morts, un ancien serpent de cathédrale, des chapiteaux cassés, des statuettes gothiques sans têtes et sans mains, des serrures délabrées, des morceaux de bahuts, des armes rouillées, des pierres sculptées où il n'y avait plus de sculpture, de vieilles chaînes de fer : tout était scellé dans du plâtre contre la muraille, et portait une petite inscription en gros caractères sur des morceaux de bois. Le *delirium archeologicum tremens* éclatait sur la façade de la maison et laissait dans l'esprit une impression triste, semblable à celle qu'on emporte de la visite d'un hôpital. Une espèce de tourelle avait été transportée à grands frais dans un coin de la cour ; et chacune des pierres numérotées fut replacée soigneusement comme elle l'avait été dans le principe. La manie de la restauration, le culte du passé, la fièvre du bric-à-brac avaient empli cette habitation de tapisseries trouées, de meubles boiteux, de pots éguculés et de mauvais tableaux éraillés.

M. Creton du Coche prit pour de l'admiration ce qui n'était chez lui qu'un sentiment pénible, en voyant entassés dans l'intérieur de la maison tant d'objets disparates, et qui n'offraient d'autre curiosité que de loger des monceaux de poussière depuis des siècles. Une petite salle mystérieuse ne recevait presque pas de jour, à cause des vitraux fêlés et plombés qui avaient été ajustés avec beaucoup de peine aux fenêtres. M. Bonneau recommanda le silence à son hôte, et disparut un moment, le laissant en proie à une certaine inquiétude respectueuse qui l'avait pris en entrant dans la maison.

— Je m'en vais vous faire voir, lui avait dit l'archéologue, un morceau précieux que beaucoup de musées royaux m'envieraient.

Pendant que M. Bonneau était sorti, l'avoué se recueillit et repassa dans sa mémoire les différentes observations climatériques qu'il avait faites; il les mit en ordre, pour ainsi dire, les groupa, afin, quand il aurait vu la collection, d'en donner une idée à l'archéologue. Jusque-là il n'avait pu placer que des demi-phrases; mais il espérait pouvoir, à son tour, donner cours à ses idées. M. Bonneau reparut tenant en main une vieille lampe à mèche qui n'était pas inutile dans cette salle obscure; alors M. Creton put remarquer dans un coin un grand coffre de bois portant cet écriteau : *Coffre égyptien de l'époque de la seconde dynastie.* Ce coffre vulgaire pouvait avoir été construit par un emballeur moderne ; tous les jours les voitures de roulage en transportent qui ont des formes aussi intéressantes; mais la foi qui a fui notre époque inquiète et sceptique semble s'être réfugiée dans l'esprit des archéologues. M. Bonneau ouvrit avec soin le grand coffre : dans ce coffre était renfermé un coffret, dans le coffret une boîte. Il fallait un objet d'une immense importance historique ou d'une grande valeur, pour nécessiter cet appareil de clés, de serrures ; aussi M. Creton ouvrait de grands yeux.

— Voyez et admirez ! s'écria M. Bonneau, en montrant du doigt une chose informe qui gisait au fond de la troisième boîte.

Tout disposé qu'il était à une violente admiration, l'avoué ne sut d'abord que penser, et il était embarrassé de faire éclater son enthousiasme pour un objet inconnu.

— Comment trouvez-vous ce morceau? s'écria M. Bonneau.

C'était la première fois qu'il adressait une question à l'avoué, et celui-ci ne savait qu'y répondre. Seulement il tendit la main dans la direction du coffre, en manifestant, sans parler, le désir de palper la chose mystérieuse.

— Permettez, dit l'archéologue, je ne laisse toucher à personne ce fragment précieux.

Alors il le prit avec précaution, l'approcha de la lampe et le tourna dans tous les sens comme pour en faire admirer les délicatesses. C'était un lourd morceau de fer d'une forme grossière et qui ressemblait aux *boulons* de fer que les marchands passent le soir dans des trous pour assujettir leurs volets. La rouille s'était arrêtée avec complaisance sur ce morceau de fer où elle trouvait sa pâture. L'avoué, qui craignait de mécontenter l'archéologue, fit une grimace de complaisance qui n'avait pas de signification positive et qui pouvait au besoin simuler une admiration sans bornes.

— C'est un morceau de l'éperon de Charlemagne, s'écria M. Bonneau.

M. Creton du Coche s'inclina et fit entendre un cri prolongé destiné à remplacer le langage, quand les mots ne suffisent plus à rendre les sentiments violents qui agitent l'enthousiaste. Puis, peu à peu, reprenant ses sens, il s'écria :

— Diable !

— N'est-ce pas ? s'écria M. Bonneau.

— Ah ! bigre, dit l'avoué.

M. Bonneau faisait toujours tourner son *boulon* de fer autour de la lampe.

— Oh ! dit M. Creton.

— Ah ! ah ! reprit avec un son de voix enchanté l'archéologue.

Ces conversations entre les amis des arts, les collectionneurs et tous les admirateurs de profession, n'ont quelque valeur que par les différentes inflexions qui colorent chaque interjection. Elles ne peuvent guère être comprises que notées ; mais ce dictionnaire admiratif a un défaut ; il est restreint, et les collectionneurs ont le tort de laisser trop longtemps le même objet devant les yeux, car alors les exclamations, qui n'existent tout au plus qu'au nombre d'une douzaine, sont usées avec trop de facilité. Il en arriva ainsi à l'avoué, qui, malgré son respect pour ce monument d'une autre époque, trouva qu'un quart d'heure de contemplation était peut-être un peu fatigant.

— Je vois, dit M. Bonneau, que vous comprenez bien.

— C'est délicieux, s'écria l'avoué, se forçant pour donner une bonne mesure de son intelligence.

— Je ne montre pas l'éperon de Charlemagne au premier venu, dit M. Bonneau.

— Je le crois bien, répondit l'avoué.

— Un joyau, n'est-il pas vrai? s'écria M. Bonneau.

— Curieux! curieux! curieux! reprit l'avoué, qui prenait au fond l'archéologue en pitié.

— Voilà un bijou, dit M. Bonneau en lançant un léger regard méprisant sur le thermomètre de la cravate de M. Creton, qui ferait une jolie épingle de fantaisie.

— Oui, certainement...

— Il est malheureusement un peu lourd, dit M. Bonneau; sans quoi je le porterais il y a longtemps.

Pendant que le collectionneur refermait avec soin ses différentes boîtes, M. Creton pensa que l'air de la campagne et surtout la tension d'esprit qu'il avait apportée à comprendre M. Bonneau lui avaient donné un grand appétit. Il se leva, brossa son chapeau de sa manche et prépara sa sortie. Mais le collectionneur lui prit la main.

— Asseyez-vous, je vous prie : vous me faites l'effet d'un homme de tact, je veux vous faire entendre le mémoire que je prépare pour le congrès de Château-Thierry..

M. Creton s'assit avec résignation, éprouvant une certaine terreur au mot de mémoire; mais il ne voulut pas blesser l'archéologue qui lui montrait tant de confiance.

— Il s'agit, dit M. Bonneau, d'une affaire très-importante pour notre cité, et dont on me saura à peine gré. Les paysans passent devant ma porte, et ils ne se doutent pas que je veille à leurs intérêts, et que cette lampe, souvent allumée la nuit à des heures avancées, annonce un penseur qui sacrifie son sommeil à des questions d'une haute portée historique. Et d'abord je vais vous lire la correspondance nombreuse, dont voici le dossier copié en double, heureusement, car l'incurie des administrations est telle, que, de la mairie de Vorges, de la sous-préfecture de Molinchart, du ministère de l'intérieur, on n'a pas encore daigné me répondre. Voici la lettre au ministre, celle qui est la plus explicative, et pour laquelle j'attendais une nomination de membre correspondant des monuments historiques.

M. Bonneau, qui portait les investigations de son esprit dans les choses les plus minimes, s'était réveillé un matin avec l'idée que le mot de Vorges avait un *S* de trop à la fin de son nom. Cet *S* le blessait, l'irritait, était devenu sa bête noire ; il courut d'abord le pays en annonçant partout sa découverte, à savoir que Vorges devait s'écrire sans *S* ; mais les fermiers et les propriétaires de l'endroit ne comprenaient pas l'intérêt d'une lettre de moins dans un nom. N'étant pas secondé par ses concitoyens, M. Bonneau fit à chacun des membres du conseil municipal en particulier des visites qui ne furent pas plus heureuses. Le budget de l'année, la question des chemins vicinaux étaient la grande affaire du conseil municipal.

En voyant ce volumineux dossier et un énorme cahier qui représentait le fameux mémoire, l'avoué sentit sa faim redoubler, et il essaya, avant que la lecture ne fût commencée, de faire entendre qu'on l'attendait au château ; mais M. Bonneau avait trouvé un auditeur, et il ne l'aurait pas plus lâché qu'une araignée une mouche. Ne sachant comment décider les habitants de Vorges à supprimer l'*S* du nom de la ville, M. Bonneau en écrivit au préfet du département ; mais les bureaux restèrent muets devant cette pétition. Alors l'archéologue irrité en référa au ministre de l'intérieur ; il disait que sa réclamation était fondée sur les motifs les plus graves, et qu'il espérait fournir les documents les plus précis et les plus irréfragables.

Sans doute certains historiens avaient écrit Vorges avec un *S* ; mais c'étaient des personnes étrangères à la localité et qui copiaient l'*S* de leurs prédécesseurs, sans vérifier si l'orthographe du nom était exacte. « Les véritables savants, monsieur le ministre, écrivait M. Bonneau, désirent faire disparaître cet S de notre commune. C'est pour nous un devoir que de ne pas laisser altérer le nom d'une petite ville dont il est question dans les *Commentaires de César*. Monsieur le ministre rendrait à Vorge un véritable service, en ordonnant qu'à l'avenir, dans les actes administratifs, le mot *Vorge* sera orthographié conformément aux chartes historiques où il est parlé de Vorge. Si on laissait se propager cette erreur plus longtemps, les habitants s'habitueraient à cet S, ne voudraient plus s'en séparer, et consacreraient une orthographe contraire à la vérité. Le premier S qui ment effrontément à l'histoire apparaît dans la minute d'un notaire de Vorge ; cette faute provient évidemment d'un clerc ignorant. Là encore cet S, source de l'erreur moderne, est-il contestable ; on ne sait que penser. Est-ce un caprice de la plume qui s'est arrondie tout à coup après la formation de l'e? J'ai étudié longuement cette minute à la loupe, monsieur le ministre, et j'ose affirmer qu'aucun expert ne se prononcerait sur cet S douteux. Il est très-désirable, monsieur le ministre, que vous vouliez bien appuyer de votre haute autorité mes humbles efforts. Vorge avec un S est un mensonge impudent. Que l'administration supérieure arrête cet S, et l'archéologie ne pourra qu'applaudir à la protection que monsieur le ministre accorde aux efforts de quelques savants modestes de la province. »

Cet S troubla la tête de M. Creton du Coche par sa fréquente répétition. Il se remuait sur son fauteuil, croisait et décroisait les jambes avec des marques d'impatience ; mais M. Bonneau ne le lâchait pas et relisait sa volumineuse brochure en lui signalant de temps en temps certains passages à effet. Le malheureux avoué ne pouvait même sauter une page du mémoire, car M. Bonneau ne le quittait pas de l'œil et cherchait à surprendre sur la figure du lecteur quelques marques de satisfaction. Enfin, après trois grandes heures de lecture assidue, M. Creton parvint à s'échapper; mais il passa une mauvaise nuit, ayant des cauchemars où des *S* nombreux, semblables à des sangsues, s'avançaient en grouillant vers lui et lui suçaient le sang.

XI

La Comédie sous la table.

Quelque temps après la distribution des prix, madame Chappe, la nouvelle institutrice, rendit visite aux principaux personnages de Molinchart. Ayant longtemps séjourné à Paris, elle en avait pris les manières polies, la conversation pleine de caresse, et elle pouvait, d'un instant à l'autre, changer adroitement de caractère. Elle n'alla pas seulement chez les personnes qui avaient des filles à élever, elle se présenta dans les maisons les plus considérables et les plus influentes.

Sentant surtout de quel poids était la religion dans l'éducation, elle en affecta les semblants, et ne tarda pas à entrer en relations avec les personnes pieuses qui avaient des rapports directs ou indirects avec le clergé.

Entre autres dont elle tenta de se faire des protectrices, mademoiselle Ursule Creton ne fut pas oubliée. La vieille fille était quinteuse à l'excès, et la dévotion outrée ne la menait pas à chérir son prochain; au contraire, elle oubliait les qualités des gens qu'elle fréquentait pour tomber sur leurs défauts les plus minimes, des moindres défauts elle faisait une montagne; mais madame Chappe savait combien ces natures hargneuses sont faciles à séduire et le parti qu'on en peut tirer.

Elle alla exprès à l'église les jours où elle savait que mademoiselle Creton s'y trouvait; elle lui offrait son bras, portait son parapluie, et avait à son service des trésors de flatteries énormes que la vieille fille avalait avec la voracité d'un poisson. La paroisse Notre-Dame, disait l'institutrice, devait être fière de compter dans son sein une demoiselle si respectable par ses vertus. Madame Chappe savait admirer le chapeau vert doublé de jaune de mademoiselle Creton; elle poussait l'audace jusqu'à parler de la beauté de la vieille fille, dont, disait-elle, les traces étaient visibles encore.

Ursule Creton n'avait jamais entendu parler de sa beauté ; sa figure était si refrognée, si jaune et si ridée, que le miroir si trompeur ne rendit jamais de reflet satisfaisant.

La première fois qu'elle entendit ce langage, la vieille fille devint confuse et son sang eut encore assez de force pour colorer légèrement ses joues ; elle sourit à la seconde fois, et il ne fallut pas que la maîtresse de pension le répétât quatre fois pour que la vieille fille crût avoir été une beauté accomplie.

Tout ce que faisait *mam'selle* Ursule était parfait, car madame Chappe attrapa immédiatement cette prononciation de *mam'selle*, qui prenait dans sa bouche une nuance de bonhomie et de familiarité. La maison de mam'selle était la mieux située de la ville; il n'y avait que mam'selle pour avoir d'aussi jolis petits Jésus en cire ; qui est-ce qui oserait porter la bannière après mam'selle ? mam'selle avait de jour en jour une mine plus florissante ; enfin l'*Amour* à mam'selle était le plus beau de tous les Amours.

L'*Amour* était le vilain chien gras dont le ventre caressait le plancher quand il essayait de marcher. Il eut sans doute conscience des compliments de la maîtresse de pension, qui les lui faisait passer sur un morceau de sucre, car il quitta pour elle seule le grognement enrhumé qui se prolongeait tout le temps que durait une visite. Madame Chappe avait été dans une grande partie des familles de Molinchart, et partout, disait-elle, on faisait l'éloge de mam'selle, on l'honorait, on la glorifiait. La vieille fille put se regarder dès lors comme une sainte Ursule, avec les avantages de la virginité et sans les souffrances du martyre. Madame Chappe avait appris à Paris quelques secrets de cuisine inconnus à la province, elle savait confectionner certaines délicatesses sucrées qu'elle portait à la vieille fille; les compliments acharnés de la maîtresse de pension, ses chatteries, en firent une amie indispensable désormais à la vie de mademoiselle Ursule Creton.

Le bruit de cette liaison, du reste, se répandit dans la ville.. Jusqu'alors personne n'avait pu s'emparer du cœur de la vieille fille ; on en conclut que madame Chappe avait un caractère d'une douceur évangélique, et que bien certainement elle était confite en pratiques religieuses, pour que la porteuse de la bannière voulût bien l'admettre dans sa familiarité. Ursule Creton, que l'âge commençait à gagner, se fût peut-être démise de ses fonctions à la confrérie de la Vierge en faveur de madame Chappe, si la profession de celle-ci ne l'eût empêchée d'accepter des honneurs qui pouvaient la détourner de l'enseignement.

Ayant solidement bâti les fondements de sa réputation, madame Chappe songea à doubler au moins le nombre de ses élèves ; elle pensa qu'un voyage aux alentours, chez les fermiers, pouvait être d'une grande utilité, et elle vint un jour chez mademoiselle Creton, les larmes aux yeux, feignant une violente douleur d'une séparation de quatre jours ; en même temps elle lui demandait quelques conseils sur les personnes à voir, car la vieille fille connaissait les environs aussi bien que la ville. Madame Chappe espérait encore tirer quelques mots de recommandation pour de hautes familles.

— Je m'en vais commencer par Landouzy, dit l'institutrice ; de là je pense aller à Vorges.

En entendant ce nom, mademoiselle Creton sauta sur sa chaise, et sa figure se tira comme par mille ressorts invisibles ; son nez se pinça, son menton s'allongea ; madame Chappe fut effrayée du changement subit qui s'était opéré sur la physionomie de la vieille fille.

— A Vorges ! vous allez à Vorges ! s'écria-t-elle.

— Qu'avez-vous donc, mam'selle ? est-ce que vous vous sentez mal ?

— Non, non, dit mademoiselle Creton ; ah ! vous allez à Vorges !

— Je compte présenter mes respects à madame la comtesse en passant.

— Ah ! la comtesse, celle qui reçoit chez elle M. et madame Creton.

— Ne sont-ce pas vos parents ? demanda la maîtresse de pension, qui, depuis son arrivée, n'avait pas encore entendu la vieille fille parler de son frère.

— Ce sont mes parents, comme vous dites, madame, mais je les renie... Ah ! vous allez à Vorges, au château, eh bien ! j'en suis fort aise, vous pouvez me rendre un grand service.

— Vraiment, mam'selle ; que je suis heureuse ! moi qui me jetterais dans le feu pour vous...

— Écoutez : j'avais un frère, car je n'appelle plus M. Creton mon frère ; il s'est rendu indigne de mon amitié en épousant je ne sais quelle femme de rien, sans fortune et sans tournure, une espèce de bohémienne, ma parole ; elle en a la couleur, et elle a eu l'art d'ensorceler M. Creton, qui, avant de l'avoir vue, ne songeait pas au mariage, vivait en paix auprès de moi ; je voulais lui laisser mes économies... Qu'il y compte maintenant ! je laisserai plutôt tout à des étrangers ; je m'arrangerai de telle sorte qu'il n'aura rien, et je n'oublierai pas, dit la vieille fille en regardant la maîtresse de pension, les personnes qui m'ont été dévouées !

— Bonne mam'selle ! s'écria madame Chappe. Je déteste déjà ce M. Creton. Il ne sait pas le trésor qu'il a perdu en vous quittant, vous, un ange de douceur.

— Comment il se fait que cette femme a attiré chez elle un jeune mirliflor qui est le fils de cette comtesse, je l'ignore. Ce que je sais, c'est que M. Creton et sa femme mènent maintenant un train au-dessus de leur fortune ; ils reçoivent comme des princes, ils ont table garnie à tous venants, ils donnent des fêtes. On dirait qu'ils ne savent pas ce que coûte l'argent.

— Ce sont des dépensiers, dit madame Chappe. Comme vous voyez juste, mam'selle.

— Tout Molinchart en parle ; chacun me plaint d'avoir un frère prodigue qui, quand il sera sur la paille, retombera chez moi avec sa coquette de femme, ce que je suis bien décidée à empêcher par n'importe quels moyens. D'ailleurs, est-ce la place à un avoué d'aller chez la noblesse? Les révolutions ont tout changé. Jamais, de mon temps, on n'eût vu le fils d'un ouvrier viser plus haut que lui, car M. Creton a beau dire, il est fils de Marianne Létannée, femme de Jean Creton, notre père, charpentier de son état, qui avait amassé à la sueur de son front de bons écus, et qui a fait la sottise de vouloir que son fils entrât dans la magistrature. Ah ! si notre chère mère Marianne pouvait revenir dans ce monde, elle croirait être éborgnée en voyant son fils fréquenter des marquis. Il faut laisser les nobles entre eux et les vilains entre eux. C'est le seul moyen que les affaires marchent bien. Comment voulez-vous que M. Creton soutienne le train de ces nobles de Vorges ? Tout avoué qu'il est, ce n'est pas avec les affaires qu'il fait qu'il nourrira des chevaux et qu'il entretiendra des carrosses pour lutter avec les équipages des gens de Vorges. Non, ce n'est pas possible, et il y aura une fin… Comprenez-vous que voilà plus de trois semaines que monsieur et madame vivent à la campagne chez des gens au-dessus de leur condition… Nécessairement, il faudra qu'ils leur rendent la pareille, et il en sautera, de l'argent, par les fenêtres.

— Dieu ! que vous avez de bon sens, mam'selle, dit madame Chappe.

— Je me demande ce qu'ils font là-bas et dans quel but ils y restent si longtemps; comprenez-vous bien, madame Chappe, que j'aie encore la faiblesse de m'inquiéter d'eux, les ingrats qui ne sont seulement pas venus me rendre une visite avant de partir?

— Est-il possible !

— Il y a là-dessous un mystère ; cette petite femme, madame Creton, est une fine mouche, une intrigante. Elle m'a toujours déplu. Je disais à mon frère : Prends garde, réfléchis bien avant de te marier à une femme plus jeune que toi et qui n'a rien pour elle. Mais les hommes sont tous de même. Il s'est marié malgré moi ; malgré ma froideur, madame Creton venait me caresser de temps en temps et faire l'innocente ; mais ce sont des mensonges d'héritiers auxquels je ne me laisse pas prendre... On en voulait à ma succession. Quand je la voyais entrer, je me disais : Allons, en voilà une qui vient voir si je sortirai bientôt de chez moi les pieds en avant... Ils n'auront rien, madame Chappe, ils n'auront rien, soyez-en sûre.

La maîtresse de pension feignit une grande bonté en essayant d'atténuer les torts d'une jeune femme qui pouvait n'être que légère ; mais elle le faisait de telle sorte qu'elle poussait de plus en plus la vieille fille dans la voie des ressentiments.

Chargée de la mission d'étudier la conduite de M. et de madame Creton à Vorges, madame Chappe partit l'esprit plein de pensées nouvelles. La succession de mademoiselle Creton se dessinait dans un lointain doré ; avec quelque adresse et un grand esprit de conduite, il était facile de s'emparer complétement de l'esprit de la vieille fille. Le principal était fait : déjà les deux seuls héritiers étaient écartés par leurs propres fautes ; il ne s'agissait plus que d'empêcher une réconciliation entre le frère et la sœur. De ce côté, madame Chappe était un peu tranquille, les haines des vieilles gens étant égales à leur entêtement ; mais mademoiselle Ursule Creton pouvait changer d'avis, et oublier la maîtresse de pension, car elle n'avait jeté que quelques paroles en l'air relativement à une donation, et les vieilles filles sont aussi capricieuses que les jolies femmes. Il était nécessaire, avant tout, de se faire faire un legs par testament, ou plutôt une donation de la main à la main serait une affaire plus sérieuse. Madame Chappe roulait cette idée dans son esprit en ne sachant comment entamer cette question délicate de la donation. Elle espérait la déguiser sous la forme d'un prêt sans conditions. Tout le long du chemin se passa à ruminer ces projets dont la réussite faisait sortir madame Chappe de l'enseignement qu'elle haïssait, mais dont il fallait se servir.

La maîtresse de pension était à quatre heures à Landouzy, séparé seulement d'une demi-lieue de Vorges ; elle entra dans un hôtel, non pour se reposer, mais pour y passer une heure, car elle voulait arriver au château à l'heure précise du dîner, afin d'être certaine d'être invitée à rester au moins jusqu'au lendemain. Madame Chappe avait remarqué, à la distribution des prix, la comtesse de Vorges, et elle était à peu près certaine que la grande dame ne s'enthousiasmerait pas d'elle facilement. Une grande bienveillance était répandue sur la physionomie de la comtesse ; mais madame Chappe connaissait assez le monde pour savoir combien ces natures sympathiques à la sincérité deviennent tout à coup défiantes et réservées vis-à-vis des personnes rusées. La maîtresse de pension se savait l'esprit louche ; malgré tout son art, il lui était difficile de faire passer la franchise sur sa figure ; elle s'était assez étudiée devant son miroir à se donner l'air ouvert, les traits calmes, l'œil honnête, mais la rusée comédienne ne put y parvenir.

Pour étudier M. et madame Creton, le séjour au château était indispensable, et la première des conditions était de plaire à la maîtresse de la maison. Il en arriva ainsi que madame Chappe l'avait pensé ; elle sonnait au château à six heures précises ; un domestique lui dit que la comtesse était à dîner, et que si elle voulait attendre, on préviendrait madame de Vorges immédiatement après.

— Je viens seulement embrasser ma chère Élisa, dit madame Chappe feignant une grande familiarité pour la petite fille qu'elle n'avait vue qu'une fois.

Le domestique se laissa prendre à ces paroles et introduisit madame Chappe dans la salle à manger au moment même où on allait se mettre à table. La maîtresse de pension courut à l'enfant, l'embrassa à deux ou trois reprises avant de saluer la comtesse, qui ne la reconnaissait pas.

— Pardonnez-moi, madame, de ne pas vous avoir présenté mes respects, mais je ne connais que mes élèves... Vous ne me remettez pas... J'ai pourtant eu l'honneur de vous voir à notre distribution des prix... Je n'ai pas voulu passer par ici sans voir cette chère petite Élisa.

La comtesse engagea à dîner madame Chappe, qui se fit prier; elle avait déjeuné fort tard, elle était si fatiguée, disait-elle, qu'à peine pourrait-elle manger un morceau.

La maîtresse de pension, assise entre Louise et la comtesse, n'aperçut d'abord rien de remarquable; le jeune comte feignait d'être gai, son cousin parlait beaucoup afin d'empêcher M. Creton du Coche de prendre la parole, et les gentillesses d'Élisa, placée près de sa mère, occupaient tous les convives. La mélancolie de Louise avait laissé place au sourire doux de la femme qui se sent aimée ; mais madame Chappe, la voyant pour la première fois, ne pouvait y attacher aucune importance. La maîtresse de pension joua parfaitement son rôle, qui était double, celui de s'assurer le retour à la pension d'Élisa et celui d'étudier les convives ; mais ayant pris pied dans la maison, elle chercha plutôt à se poser en institutrice, laissant au hasard le soin de lui apprendre ce qu'elle avait à savoir. Elle parla longuement de son institution, des nombreux élèves dont elle était sûre et de la direction qu'elle voulait donner au pensionnat, de sorte que la comtesse ne vit dans madame Chappe qu'une maîtresse de pension intelligente, qui courait un peu après les élèves, il est vrai, mais qui paraissait s'occuper de sa mission avec conscience.

Madame Chappe avait été frappée en entrant de la beauté de Louise, elle le fut plus encore de la douceur de sa voix : elle parlait peu, elle ne cherchait pas à produire d'effet, et cependant on se sentait pris d'une vive sympathie pour elle en l'entendant. M. Creton du Coche se faisait connaître aussi rapidement par un *oui* ou un *non* jetés dans la conversation; après avoir écouté le mari et la femme, madame Chappe se dit que la vieille fille lui avait fait un portrait bien noir de son frère et de sa belle-sœur, et cela lui inspira une certaine défiance contre Ursule Creton; car Louise paraissait d'une nature si douce et si aimante, qu'il avait fallu de mauvais procédés de la part de la célibataire pour éloigner d'elle sa belle-sœur. L'avoué n'inspirait aucune curiosité à la maîtresse de pension, qui, d'un coup d'œil, le jugea ce qu'il était. Quant aux relations entre la comtesse et Louise, elles étaient toutes naturelles; deux femmes au cœur simple et bon s'étaient rencontrées et comprises, d'où une liaison passagère qui avait pris le caractère d'une amitié durable. Il n'était pas besoin d'une grande diplomatie pour connaître cette intimité : ainsi le pensa madame Chappe, qui vit tomber en peu de temps, une à une, les nombreuses récriminations de la vieille fille, qui voyait son frère sur la paille, pour être lié avec des grands de la terre.

La maîtresse de pension put faire ces réflexions pendant que M. Creton racontait pour la sixième fois les merveilles du musée Bonneau, lorsque tout à coup elle fut troublée dans ses observations par un léger frottement de pied qui avait touché le sien; d'abord elle retira naturellement son pied, croyant que Louise l'avait touché par hasard; mais son second mouvement fut de le laisser à la même place. Le pied étranger, qui avait conscience d'un corps étranger, ne bougea pas et, au contraire, s'établit commodément côte à côte de celui de la maîtresse de pension. Les émotions des personnes artificieuses ne paraissent guère sur leur figure, mais se donnent carrière au dedans; la haine, la joie, la tromperie, la colère, qui nous ont été données pour paraître à la surface, sont des passions d'autant plus dangereuses qu'elles sont *rentrées*. C'est ce qui explique comment les hypocrites jouissent rarement d'une physionomie claire et saine ; la tension qu'ils apportent à empêcher leurs passions d'apparaître au grand jour, fait que les sensations jouant au dedans agissent contre la nature et affectent trop vivement des organes qui ne sont destinés qu'à conduire des impressions et non à les ressentir.

La maîtresse de pension, sans laisser rien paraître dans ses traits, s'assura de la position du pied qui était à l'inverse du sien, le talon frottant les doigts et les doigts le talon. En face d'elle était le comte ; lui seul pouvait diriger son pied dans ce sens, mais dans quel but ? Si madame Chappe avait eu quelque coquetterie dans l'esprit, elle eût cru à une avance de la part du jeune homme. Elle se laissa prendre une seconde à cette idée, qui lui rappelait sa jeunesse, et la rejeta aussitôt. Puis elle voulut s'assurer qu'il n'y avait pas seulement hasard, car il pouvait exister trois motifs qui retenaient le pied : le premier était un manque de sensation, une ignorance complète d'un corps étranger ; le second motif était une malhonnêteté, l'acte d'un homme qui ne se gêne pas et qui reste où il se trouve, sans s'inquiéter s'il est désagréable ; mais il semblait plus probable que le pied étranger pouvait se tromper au point de croire qu'il touchait un coussin, un pied de table ou de chaise.

La maîtresse de pension retira doucement son pied, sans le placer toutefois hors d'atteinte, et elle attendit ainsi dans l'inquiétude le pied de l'étranger, qui ne tarda pas à la suivre dans sa retraite. Il se joue ainsi entre amants des comédies charmantes et muettes qui ont tout l'attrait du mystère et de la chose défendue. Ce sont de muettes conversations et des baisers sans fin en face d'un public qui ne voit rien. Pendant ces caresses interminables et ces dialogues éloquents, il est permis de paraître froid ou de causer de choses indifférentes. Il est bien difficile au premier observateur de se rendre compte de ce qui se dit sous la table.

Madame Chappe regarda le comte, qui paraissait tellement naturel dans ses moindres actes, qu'elle crut un moment s'être trompée ; mais la forme du pied, sa taille, quoique petit, indiquaient nécessairement un pied d'homme, et sa position ne permettait pas de croire qu'il appartînt à M. Creton du Coche, placé à l'autre extrémité de la table, ni à Jonquières, séparé de la maîtresse de pension par la comtesse et Louise. Madame Chappe, résolue à connaître la vérité, joua de son pied plus délicatement qu'une marquise de sa pantoufle ; elle apporta dans cet art difficile des finesses que n'eussent pas trouvées les grandes coquettes du Théâtre-Français. Il se passa alors sous la table un petit drame amoureux, complet, qui pouvait s'appeler la séduction, commençant à la déclaration et finissant par un abandon complet.

A peu près certaine que ce manége secret venait du comte et qu'il s'adressait à Louise, madame Chappe chercha à se rendre compte si ce commerce secret durait depuis longtemps, ou si Julien entamait pour la première fois une déclaration. Là était le point difficile ; mais la maîtresse de pension montra, dans le combat qu'elle livra, qu'elle avait été savante dans l'art de ces savantes coquetteries. Son pied eut l'air d'abord de fuir devant l'ennemi, mais il était rattrapé bien vite, et l'ennemi en profita pour lui arracher une sorte de baiser. Madame Chappe écoutait les jolis propos de l'étranger et tout d'un coup reprenait la fuite : c'est là que la maîtresse de pension put juger du degré d'intimité qui existait entre Louise et Julien, car le pied du comte se plaignait de toutes ces fuites, s'en étonnait. Il parut clairement à madame Chappe que ces entretiens ne dataient pas de son arrivée : aussi abandonna-t-elle son pied qui reçut mille caresses, qui couraient depuis le talon jusqu'à l'extrémité des doigts. Julien n'était plus le même à la fin de ce combat muet ; ses yeux brillaient, quoiqu'il affectât de les baisser, pour qu'on ne remarquât pas leur trouble ; l'amour se lisait sur sa figure. Le comte était rayonnant de jeunesse,

Satisfaite de sa découverte, madame Chappe ne pensa plus qu'à se dégager ; afin que la fraude ne fût pas découverte, de son pied libre, elle alla caqueter auprès de celui de Louise, et manœuvra avec une telle adresse, qu'elle amena celle-ci à la remplacer auprès du comte. Car elle craignait que Julien ne parlât à la femme de l'avoué de l'état d'extase dans lequel l'avait plongé la possession de son joli pied ; maintenant le pied de Louise n'eût-il été frôlé qu'une seconde, que ce fait suffisait pour expliquer le bonheur dont Julien ne devait pas manquer de parler.

Avec de tels indices, la maîtresse de pension put suivre comme un spectateur du parterre la comédie qui se jouait presque sous elle seule ; les doutes de l'institutrice étaient envolés. M. Creton du Coche, quand il n'eût pas été aveuglé par son état de mari, était trop occupé et trop peu jaloux pour se douter de l'attachement de sa femme. C'était peut-être encore de l'amitié qui existait entre Julien et Louise, mais une amitié bien fragile. Ayant adopté ce moyen de conversation mystérieux si plein de charmes, ils agissaient dans le jour même comme deux personnes gaies et polies. Leur amour passait quelquefois dans un mot, dans un regard, mais rapide comme l'éclair. A l'exception de Jonquières, madame Chappe seule jouissait de ces éclairs ; elle les constatait, les enregistrait, et ne pouvait cependant se dissimuler qu'il se passait un grand combat entre la tête et le cœur de Louise. Si quelquefois elle se laissait aller à un allanguissement plein de délices, la tristesse venait immédiatement succéder à cet état. La maîtresse de pension tenta de se couler dans les bonnes grâces de la jeune femme ; elle espérait ainsi forcer les confidences, et au besoin souffler sur la flamme de cet amour naissant que la raison pouvait éteindre. Le lendemain de sa découverte, elle rencontra Louise, qui s'était levée de bonne heure et qui se promenait dans le jardin. Madame Chappe entra en conversation et passa en revue toutes les personnes de la maison avec lesquelles elle avait dîné ; elle eut des éloges pour chacune d'elles, et les poussa même jusqu'à l'exagération, dans l'espérance de faire croire qu'elle avait des trésors de bonté. Son but était d'arriver à faire le portrait du comte, qu'elle accabla de toutes les qualités qui peuvent plaire aux femmes ; mais Louise, tout en répondant poliment à ces paroles, ne laissa pas échapper un mot qui amenât madame Chappe sur le terrain de l'intimité. La maîtresse de pension ne se tint pas pour battue ; elle était bien certaine qu'au bout de quinze jours elle arriverait à être la confidente de la passion de Louise; mais elle ne pouvait rester longtemps au château, quoique la comtesse de Vorges l'eût engagée à y passer quelques jours.

Le hasard fit qu'elle rencontra dans la même journée Julien qui se promenait seul avec ses pensées. D'abord le comte parut contrarié d'être dérangé et de ne pouvoir tracer avec sa canne sur le sable des lignes qui lui rappelaient peut-être le souvenir de Louise; vis-à-vis de Julien, la maîtresse de pension se servit des mêmes moyens qu'elle avait employés le matin avec la femme de l'avoué, et le comte se laissa prendre aux paroles artificieuses de madame Chappe. Elle paraissait si enthousiaste de la beauté de Louise, elle détaillait ses qualités avec tant de feu, elle la jugeait si digne d'être aimée, elle faisait un portrait si ridicule de M. Creton du Coche, elle plaignait Louise avec tant de compassion, que Julien se sentit pris d'une vive estime pour une femme qui savait comprendre les charmes de celle qu'il aimait, et lui avoua sa passion. Une femme est une si douce confidente, qu'une vieille qui écoute un jeune homme avec complaisance arrive à se rajeunir à ses yeux.

Julien se mourait de trouver un cœur dans lequel il pût décharger le poids de ses secrets : la nature, l'isolement de la campagne lui faisaient paraître encore plus lourd son amour. Il ne se sentait pas la force de le porter à lui seul; quelquefois il était pris de l'idée de tout avouer à sa mère et de lui dire : *J'aime*, avec un tel accent que la comtesse le consolerait au lieu de chercher à briser sa passion : mais il sentait que la comtesse ne pouvait entendre cette confidence, et il courait après son cousin, à qui il aurait voulu parler de Louise toute la journée. Il y avait chez Jonquières un fonds de bon sens et de scepticisme qui désolait Julien, et il comprenait lui-même qu'il était fatigant d'entretenir son ami de mille détails toujours semblables à ceux de la veille.

Aussi madame Chappe recueillit-elle les bénéfices du trouble où se trouvait Julien ; pour mieux jouer son rôle, elle feignit d'abord de donner des conseils au comte, et lui fit un tableau un peu chargé des souffrances qui l'attendaient; mais le comte, ainsi que tous les amoureux, entrait armé de sa passion, et tous les obstacles, loin de l'arrêter, ne faisaient que redoubler son amour. S'il lui restait un fonds de mélancolie, c'est que bientôt l'avoué et sa femme allaient s'en retourner à Molinchart ; désormais il était reçu dans la maison, mais il ne lui était pas permis, par égard pour la réputation de la jeune femme, d'aller la voir aussi souvent qu'il voudrait. Et encore comment la verrait-il et comment pourrait-il lui parler, en présence de son mari, de sa femme de chambre? Madame Chappe témoigna une vive pitié pour ces jeunes gens si malheureux, dit-elle ; et elle aborda alors les questions positives.

— Cette jeune dame m'intéresse beaucoup, dit-elle; si elle voulait, je ne demanderais pas mieux que de lui être utile. Elle pourrait venir voir de temps en temps notre chère Élisa à la pension, et vous, monsieur, vous arriveriez également ces jours-là.

— Oh! s'écria Julien, il n'y a que les femmes pour vous témoigner une aussi grande sympathie... Comment saurais-je m'acquitter jamais de ce service?...

— N'est-ce pas tout naturel? dit madame Chappe. Et même, si vous avez besoin de lui écrire, il vous sera facile d'écrire à mon adresse sous enveloppe; je pourrai plus qu'une autre lui faire passer vos lettres.

Julien eût embrassé la maîtresse de pension dans le moment.

— Louise ne consentira pas, dit-il. Je serais perdu si elle savait que j'ai parlé de mon amour.

— De votre amour, vous en avez le droit, dit la maîtresse de pension, mais du sien, vous ne m'en avez pas dit un mot.

— C'est ce que j'ignore si elle m'aime réellement. Un jour détruit l'autre; je ne sais jamais si je la retrouverai le lendemain telle que je l'ai vue la veille.

— Elle vous aime, dit madame Chappe, j'en suis sûre... Laissez-moi faire; je saurai l'amener à vous avouer son amour : une femme peut beaucoup dans les combats intérieurs tels que ceux auxquels est en proie madame Creton.

Le comte était tellement amoureux qu'il en perdait la connaissance des choses extérieures. La maîtresse de pension, qui, à tout autre moment, lui eût semblé d'une physionomie dangereuse, lui parut un ange de bonté. Avant de partir, madame Chappe fit ses compliments à la comtesse, et dit qu'elle était on ne peut plus heureuse d'avoir rencontré la femme de l'avoué; sans doute, ajouta-t-elle, madame Creton viendra quelquefois rendre visite à notre chère Élisa.

Louise, qui ne soupçonnait pas les desseins de la maîtresse de pension, accepta la mission de surveiller la petite fille et d'en donner plus souvent des nouvelles à la comtesse. Madame Chappe avait tellement montré d'adresse pendant sa courte visite, qu'il n'y eut qu'une voix sur son compte quand elle fut partie : elle avait séduit tout le monde.

Quelques jours après, M. Creton du Coche annonça son départ prochain, car il devait aller avec M. Bonneau faire une tournée archéologique qui le mettrait en rapport avec les personnages les plus savants de la province, et au bout d'un mois, ses excursions archéologiques seraient assez complètes pour former un gros dossier qu'il voulait faire passer au savant Larochelle, de Paris. Quand arriva le jour de la séparation, Louise était la plus affectée; elle avait échappé à l'amour du comte, mais elle laissait à Vorges une grande partie de son bonheur, et tout en permettant à Julien de venir lui rendre visite à Molinchart, elle s'en allait le cœur triste et désolé.

XII

Le Cirque Loyal.

Il n'y avait pas deux jours que Louise était partie, que Julien se mourait d'ennui; l'hiver eût remplacé l'automne en une nuit, que la campagne ne lui eût pas paru plus désolée. Sa mère, sa sœur, son cousin même le blessaient par leur présence : il aurait voulu une solitude complète, et, dès le lendemain, la solitude lui pesait plus que la société. Il était devenu inquiet et irritable à l'excès, tantôt se promenant sans but, puis quittant brusquement la promenade pour rentrer dans sa chambre, où il marchait à grands pas, se jetait sur un fauteuil, reprenait du mouvement et tombait sur son lit sans pouvoir trouver de repos à son agitation intérieure.

Quand il avait ordonné de seller son cheval, il le faisait desseller aussitôt, et cela avec une telle brutalité dans la voix, que Jacques obéissait immédiatement, craignant une fureur dont il ne se rendait pas compte, mais qui se lisait clairement sur la figure de son maître. Deux minutes après, Julien sentait qu'il avait le caractère aigri, et tâchait d'adoucir, par des paroles douces, la dureté de ses ordres. Ou bien il prenait le chemin de Molinchart et revenait tristement, car la raison l'avait arrêté en route et lui démontrait qu'il n'était pas convenable de reparaître si vite chez l'avoué. S'il eût cru que madame Chappe fût de retour à la ville, le comte serait aussitôt parti; mais la maîtresse de pension faisait une tournée de quinze jours dans les environs, et il était inutile de songer à la revoir pour le moment.

Tant que Louise avait été à Vorges, le comte ne songea pas qu'elle devait partir un jour ; aussi son cœur fut-il pris d'un vide immense après le départ de la jeune femme de l'avoué. Le séjour d'un mois de Louise avait démontré à Julien la force de son attachement; il n'avait pas mieux demandé que de colorer du nom d'amitié la passion qu'il ressentait; mais maintenant qu'il pouvait sonder à fond le creux de son amour, il se repentait d'avoir provoqué la visite de M. Creton du Coche. Ses regrets étaient beaucoup plus vifs que par le passé, son chagrin plus cuisant que si Louise était restée à Molinchart.

Par moments, le comte aurait donné sa fortune pour se débarrasser de cet amour qui l'enveloppait comme une flamme; il songeait à cette précieuse liberté que peu d'hommes savent conserver dans la vie et qui les maintient dans une humeur égale. Le comte sentait sa maladie et les désordres qu'elle apportait; il ne s'appartenait plus; il lui était impossible de songer à un autre pays qu'à la ville où demeurait celle qu'il aimait. Tout lui rappelait Louise; elle s'était assise sous tel arbre, elle s'était promenée sur ce gazon; à table elle avait cette place; elle avait dormi dans cette chambre : cependant il lui en coûtait beaucoup de rester au château, où chaque objet lui retraçait l'image de Louise.

Une nuit qu'il sentait devoir se passer plus agitée que de coutume, car de jour en jour ses tourments augmentaient, le comte n'y tint plus et se leva comme deux heures du matin sonnaient. Ayant ouvert la porte de l'écurie avec précaution, de peur que la comtesse ne l'entendît, il sauta sur son cheval et s'enfuit à travers la campagne, sans s'inquiéter des mouvements désordonnés du cheval, peu habitué à une pareille course, et qui semblait comprendre par son ardeur les inquiétudes de son cavalier. Le comte arriva à la principale porte de Molinchart, et jura contre le guichetier qui, en entendant frapper à une heure indue, se croyait le jouet d'un rêve. Une pièce de monnaie que fit passer le comte par les barreaux de la porte donna quelque empressement au concierge, qui cessa immédiatement de parlementer aussitôt qu'il eut reconnu, au poids de la pièce, que le cavalier qui attendait ne pouvait être qu'un personnage riche et distingué.

Une petite ville de province est complétement morte la nuit ; le silence y est immense. Dans la famille des êtres vivants, à peine y rencontre-t-on un chat qui fuit comme une flèche, mécontent d'être troublé dans sa solitude. Il n'y a pas de sentinelles, et la ville est sous la garde du sommeil. Le comte fut d'autant plus frappé de ce calme, qu'il venait de traverser une lieue de campagne, où le vent fait parler les arbres, où la nature affecte, la nuit, des formes humaines colossales. Julien, malgré l'ardeur qui le poussait, arrêta son cheval et le força d'aller au pas le plus lent, car le galop d'un cheval, la nuit, dans une petite ville endormie, semble le tapage d'une cavalerie ennemie qui surprend un camp, et Julien craignait le scandale que produirait chez les provinciaux, le lendemain, l'arrivée à cheval d'un étranger.

Il réfléchit et enfila une petite ruelle qui donne sur les remparts, là où les cordiers ont l'habitude de tisser leurs cordes. Ayant avisé deux poteaux qui servent au métier des ouvriers, il y attacha son cheval par la bride, et lui ayant flatté le museau pour lui faire comprendre qu'il eût à rester tranquille, il suivit un chemin détourné qui sert d'enceinte à la ville et arriva à la place du Marché sans avoir été remarqué d'âme qui vive. Là était la maison de M. Creton du Coche, une maison à deux étages, tranquille comme toutes les maisons voisines. Au premier étage il y avait une fenêtre où se mariaient des rideaux de mousseline rose et blanche ; la pleine lune, qui tombait sur la place, permettait de les distinguer. Le comte, abrité sous l'auvent d'un bijoutier, resta une partie de la nuit en contemplation devant les rideaux, appliquant sa pensée avec une telle force qu'il lui semblait qu'elle devait traverser l'espace, les murs de la maison, et aller réveiller Louise.

Ceux qui aiment réellement ne doutent pas du courant magnétique qui fait que la pensée de l'un se transmet à l'autre avec plus de rapidité que la correspondance par la voie électrique. En ce moment un gros nuage passait sur la lune et une nuit complète enveloppait les maisons. Julien entendit le grincement d'une espagnolette qui le fit tressaillir des pieds à la tête ; le bruit venait de la maison de l'avoué, et le comte crut qu'il deviendrait fou de bonheur, tant il avait été ému du grincement de la fenêtre ; mais peu après se fit entendre un *hum! hum!* sonore, un toussement masculin dont il ne pouvait méconnaître le son et qui provenait du gosier de M. Creton du Coche. Sans doute l'avoué interrogeait les nuages, suivant sa manie, car à la campagne il avait pris l'habitude de se lever à toutes les heures de la nuit et de consulter ses instruments astronomiques.

En entendant ce bruit, l'idée du *mari* traversa le cœur de l'amoureux comme une flèche aiguë : c'est dans ces moments que l'idée d'un crime se présente avec son amertume consolante.

Pendant un quart d'heure, le comte resta immobile et cloué sous l'auvent de la boutique, en proie à de cruelles pensées ; il n'entendait plus rien et ne pouvait distinguer ce qui se passait à la fenêtre d'en face. Tout d'un coup il tressaillit, car la lune apparut sous un nuage noir opaque qui la couvrait, et donna une clarté trouble qui, heureusement, ne permettait pas encore de reconnaître les formes des objets. Julien était dans une vive inquiétude, car il présuma que l'avoué attendait le retour de la lune pour se livrer à ses observations, et il ne pouvait manquer d'être découvert. Que dire dans cette singulière situation de vagabondage où l'avait entraîné l'amour ? Comment expliquer sa présence, la nuit, dans une petite ville où il n'avait rien à faire ?

Le comte chercha à fuir en suivant la ligne de maisons

qui donnent sur la grande place ; mais, dans son trouble, il se heurta contre un grand bâtiment rond, en planches, qui sortait tout à coup de l'alignement; il poussa un cri. En même temps la lune se montra dans son plein, et répandit une vive clarté. En entendant un cri, M. Creton du Coche avait dirigé sa lunette dans la direction, et il ne put s'empêcher d'y répondre par un autre cri de surprise.

— Est-ce bien vous, mon cher comte? lui dit-il par la fenêtre.

Le comte mit un doigt sur ses lèvres pour faire comprendre à l'avoué qu'il s'agissait d'un secret.

Julien et M. Creton du Coche semblaient aussi étonnés l'un que l'autre; le jeune homme, stupéfait d'avoir été remarqué à cause d'un obstacle qu'il ne soupçonnait pas, le grand bâtiment rond qui n'existait pas un mois auparavant et qui rompait brusquement la ligne droite des maisons; l'avoué, à sa fenêtre, renversé par le mystère dans lequel semblait s'envelopper le comte. Julien prit tout à coup un parti et s'avança sous la fenêtre de M. Creton.

— Demain, lui dit-il, à la Tête-Noire, je vous prie; il s'agit d'une affaire très-grave.

L'avoué fit un signe de tête.

— Surtout, ne parlez de rien, dit Julien; je me sauve.

Avant d'avoir entendu la réponse, il disparut du côté du grand bâtiment qui lui avait été si fatal. Après l'avoir suivi des yeux, M. Creton ferma sa fenêtre. Julien fut obligé de faire le tour du bâtiment en planches afin d'aller chercher son cheval qu'il avait laissé sur les remparts; ce fut alors seulement qu'il s'aperçut qu'un cirque nomade avait dressé sa tente sur la place de Molinchart : et comme il faisait assez clair pour lire une grande affiche jaune qui était collée près de la porte d'entrée, il reconnut que ce cirque était celui de la famille Loyal qui parcourait les provinces. Le nom de *mademoiselle Carolina* était en immenses caractères et prenait à lui seul un grand tiers de l'affiche.

Le comte sourit un moment, reprit un air gai, et s'en alla détacher son cheval sans employer les mêmes précautions qu'en arrivant. Quoiqu'il ne fût que quatre heures du matin, et que son arrivée dans Molinchart fût aussi intempestive à cette heure qu'au commencement de la nuit, il semblait prendre plaisir à réveiller la ville. Il traversa les rues au trot, et frappa à la porte de l'hôtel de la Tête-Noire avec une telle force qu'il dut troubler le sommeil des habitants de la place du Marché. Julien, s'étant jeté sur son lit, aurait dormi avec la plus grande tranquillité jusqu'à midi si l'avoué ne fût arrivé à l'heure dite.

— Que faisiez-vous donc, mon cher comte, cette nuit, à deux heures du matin ?

Julien ouvrit la fenêtre qui donne sur la place, et montra le cirque à l'avoué. M. Creton fit une grimace qui indiquait qu'il ne comprenait rien à l'affaire.

— Faut-il tout vous dire? demanda le comte.

— Oui, dit l'avoué.

— Serez-vous indulgent?

— Certainement, mon cher comte.

— Eh bien! je suis amoureux...

— Je m'en doutais, dit M. Creton...

— Amoureux fou.

— Comme ça vous prend, dit l'avoué; vous paraissiez si tranquille à la campagne.

— Mais je ne savais pas qu'il y avait un cirque à Molinchart; j'ai vu l'annonce dans le journal, et je retrouve une écuyère que j'ai adorée à Paris.

— Une écuyère! s'écria l'avoué, plus étonné que s'il avait reçu un coup de cravache dans la figure.

— La Carolina, monsieur du Coche, une créature qui m'a déjà fait faire bien des folies... Ah! je suis bien faible!

— Comme tous les hommes, dit l'avoué avec philosophie.

— J'ai souffert le martyre avec cette créature, il y a deux ans; je l'avais presque oubliée, eh bien! rien que son nom m'a remué violemment, à tel point que je ne pourrai plus vivre à Vorges.

— Mais, dit l'avoué, comment se fait-il que vous vous trouviez sur la place à deux heures du matin?

— Parce qu'on m'a dit qu'elle demeurait chez M. Jajeot l'épicier.

— Je comprends, dit l'avoué.

— Elle est mariée, dit-on, à un des écuyers, et je ne sais ce qui me passait dans la tête, j'espérais la voir à sa fenêtre. Je ne voudrais pas provoquer la jalousie du mari.

— Attendez un peu, dit M. Creton... je vous serai utile. De mon étude, vous pourrez communiquer avec les fenêtres du derrière de l'épicier; et pendant que l'écuyer sera à son cirque dans la journée, vous ferez la cour à votre belle. Cela me rappellera mon jeune temps.

Julien, en ce moment, se sentit pris de pitié pour le mari et il eut honte de la comédie qu'il jouait; mais ce sentiment passa vite. Il était entré dans une voie de mensonges qu'il ne pouvait plus quitter qu'en s'en tirant par d'autres mensonges.

— J'ai dressé une espèce de plan, dit-il, et je vais vous le soumettre. Vous me paraissez un homme de bon conseil en ces matières.

— Voyons, dit l'avoué.

— Je crois qu'il ne serait pas imprudent de prendre des leçons de voltige et de me lier avec tous ces écuyers, afin de connaître la véritable situation de Carolina; peut-être n'est-elle pas mariée, comme on le dit; il est à présumer qu'elle vit avec un des écuyers de la troupe, ainsi que cela se pratique entre comédiens.

— Bravo! s'écria M. Creton du Coche, cela commence à m'intéresser vivement; mais prenez garde, ces gens qui fréquentent les chevaux doivent être d'une brutalité...

— Je ne crains rien; d'ailleurs, ne suis-pas en droit de me plaindre? j'ai aimé la Carolina le premier, c'est cet écuyer qui est dans son tort.

— Vous êtes bien heureux si vous parvenez à vos fins, mon cher comte; une écuyère doit être une créature à part; je regrette maintenant de ne pas avoir aimé d'écuyère. Tenez, quand elles passent au galop sur leurs chevaux, cette musique, cette ceinture de gaze, tout cela me fait de l'effet.

— Ah! ah! monsieur Creton, je ne veux pas vous parler plus longtemps d'écuyère, vous vous enflammez trop vivement.

— J'ai eu mon temps comme le vôtre, et j'en ai connu qui étaient aussi aventureuses que votre écuyère.

Là-dessus le comte fut obligé de subir le récit des aventures de jeunesse de l'avoué, que celui-ci racontait avec complaisance, ne se doutant guère qu'on ne l'écoutait pas, car le comte se trouvait dans une fausse position, et réfléchissait au moyen d'en sortir. La Carolina du Cirque n'était pas la Carolina qu'il avait tant aimée jadis, mais il était nécessaire de paraître la connaître, pour que l'avoué ne devinât pas qu'il avait été dupe la nuit précédente. Jusque-là l'aventure avait bien tourné, et M. Creton était venu sans l'ombre d'un soupçon.

— Nous irons au Cirque ce soir, dit l'avoué; vous ne m'écoutez plus, vous songez à l'objet de vos pensées; malgré vos amours, j'espère que vous viendrez dîner à la maison?

— Comme il vous plaira, dit le comte; mais d'ici à ce soir à peine aurai-je eu le temps de dresser mes batteries; je ne voudrais pas me faire remarquer de la Carolina pendant ses exercices; il est bon que je la voie pendant la journée.

— Vous avez tout le temps, cher comte.

— Il est possible que la Carolina ne veuille pas me reconnaître dès l'abord, si elle aime réellement son écuyer!

— Bah! dit l'avoué, elle vous reviendra.

— Alors, permettez-moi de vous quitter; je m'en vais rôder du côté du Cirque.

— A cinq heures précises, s'il vous plaît, dit l'avoué

qui s'en alla l'esprit joyeux de cette intrigue, et qui entra chez l'épicier Jajeot, avec lequel il causa quelques instants.

— Et ma femme, dit-elle à la bonne, où est-elle?

— Monsieur, elle s'habille.

— Comment, le déjeuner n'est pas encore prêt?... Dites-lui donc de descendre bien vite.

L'avoué se promenait à grands pas dans la chambre en souriant comme s'il eût pensé à une bonne fortune personnelle. Puis il se mit à rire aux éclats d'une idée qui venait de lui traverser le cerveau, et quand Louise entra, il changea immédiatement de physionomie et prit un air grave.

— Vous êtes bien longue aujourd'hui à votre toilette, madame, lui dit-il.

— J'ai passé, dit Louise, une nuit sans sommeil.

— Ah! dit l'avoué, il paraît que personne ne dormait... moi non plus, je ne dormais pas; j'ai ouvert ma fenêtre vers trois heures du matin, il y avait encore dans la rue un troisième personnage qui ne dormait pas, qui veillait même en face de notre maison, une personne que vous connaissez bien.

Louise pâlit légèrement, car l'idée du comte de Vorges se présenta à son esprit.

— Je ne vous comprends pas, monsieur.

— Savez-vous qu'il est fort heureux que cette personne n'ait été remarquée que par moi? Les mauvaises langues en eussent fait immédiatement un amoureux.

— Mon Dieu, monsieur, vous étiez si pressé de déjeuner tout à l'heure...

— C'était un amoureux, en effet, dit M. Creton jouant le drame. Le comte Julien de Vorges est dangereux, madame...

Louise n'osait plus lever les yeux et feignait de découper de la viande avec beaucoup de mal.

— Bien d'autres à ma place, continua l'avoué, le prieraient de ne plus continuer ses visites ; moi, je l'ai invité à dîner ce soir.

Et il termina sa petite comédie par un énorme éclat de rire qui troubla Louise autant que si son mari était entré dans une violente colère. Il n'y avait pas à en douter, M. Creton savait tout; Julien avait commis la nuit quelque imprudence ; mais comment expliquer cet éclat de rire qui couronnait le récit de l'avoué? En une minute Louise passa par tous les degrés de trouble et de tourmente, elle n'osait placer un mot, et sentait que son silence la condamnait.

— Ne vas-tu pas croire que le comte fait le pied de grue la nuit pour toi? dit l'avoué.

— Vos plaisanteries sont au moins déplacées, monsieur, dit Louise, et si vous n'avez pas d'autres discours à me tenir...

— Allons, te voilà blessée! Écoute, ma femme, ce que ce fou de Julien faisait la nuit dernière sur la place. Il a une passion violente pour la Carolina.

— La Carolina! s'écria Louise, à qui Julien avait en effet raconté les souffrances de son premier amour.

— Elle est ici, dit l'avoué.

— Cette femme! dit Louise, qui sentit un nuage lui passer sur les yeux.

— La Carolina, continua l'avoué, est écuyère dans la troupe des Loyal, qui est arrivée pendant notre absence.

En un clin d'œil, les serpents de la jalousie mordirent le cœur de Louise, qui fut plus émue qu'elle ne l'avait été en entendant son mari raconter l'arrivée de Julien.

— Ah! dit-elle le plus froidement possible; mais sa voix était changée. On eût dit des cordes de violon mouillées par des larmes et ne résonnant plus sous l'archet.

L'avoué ne fit aucune attention à ce singulier timbre de voix.

— Oui, le comte était en contemplation cette nuit devant les fenêtres de sa belle, en véritable amoureux des temps passés. La Carolina demeure chez Jajeot l'épicier; j'avais promis à Julien de lui prêter mon étude pour se mettre en observation et pouvoir faire la conversation tranquillement avec sa belle.

— Vraiment, monsieur, dit Louise, plus je vis avec vous, moins je vous comprends. Est-il convenable qu'un homme de votre âge favorise une intrigue dans sa maison?

— N'aie pas peur, j'ai parlé tout à l'heure à Jajeot; la Carolina ne demeure pas chez lui, on avait trompé Julien. Comme l'épicier loge souvent des comédiens, on crut que, naturellement, les écuyers choisiraient sa maison, qui est près du cirque... Je suis curieux de voir cette Carolina; mais nous la verrons ce soir...

— Comment, dit Louise, vous pensez m'emmener au cirque?

— Non, dit l'avoué, tu dérangerais tout, et cela ne serait pas raisonnable. Il y aura peut-être une surprise si Julien ne la voit pas dans la journée; elle peut le reconnaître, le regarder pendant qu'elle fait ses exercices, et nécessairement, tu ne peux pas être présente à cette reconnaissance.

— Je ne tiens pas, dit Louise avec un dédain affecté, à voir cette fille.

— Elle doit être fort belle; ce cher Julien a bon goût, et ne se serait pas amouraché d'une souillon. C'est une passion, une vraie passion; car après trois ans on ne pense plus guère à ces sortes de créatures. Eh bien! il paraît qu'en voyant son nom dans le journal, il n'a pas pu tenir à Vorges, il est arrivé cette nuit à cheval pour revoir plus vite cette Carolina... Dans ce moment, il est à sa recherche... Ah! j'oubliais le plus important : Julien m'a recommandé le secret le plus absolu; ainsi, à dîner, ne fais pas la moindre allusion à cette Carolina. Il en parlera sans doute le premier; mais je serais désolé qu'il sût que je t'ai confié cette intrigue.

Pendant ce temps, Julien était allé au cirque à l'heure

même de la répétition. Toute la troupe était réunie : le comte remarqua la Carolina, une grande fille blonde d'une physionomie singulière, en ce sens que des sourcils épais et plus foncés que ses cheveux se rejoignaient et formaient au-dessus de ses yeux gris des espèces d'ailes d'oiseau. Il n'y avait avec elle, parmi le personnel féminin, qu'une grosse femme, madame Formose, d'un embonpoint majestueux, qui paraissait être la directrice de la troupe et la mère d'une petite fille de dix ans, en ce moment occupée à faire la voltige sur un vieux cheval maigre. Les hommes, en majorité, étaient occupés les uns à tasser le sol du cirque, les autres à reclouer les toiles que le grand vent de la montagne enlevait régulièrement chaque nuit.

— Que désirez-vous? dit avec un accent d'écurie madame Formose, étonnée de voir entrer un *bourgeois* pendant la répétition.

— Je monte un peu à cheval, madame, et je désirerais prendre des leçons d'un de vos écuyers, si vous le trouvez bon.

Madame Formose, que l'idée d'un gain rendait plus humaine, montra de son fouet la Carolina.

— Voilà, dit-elle, notre meilleure écuyère, une élève de Franconi; si elle consent à vous donner des leçons, je ne demande pas mieux.

Le comte s'avança vers l'écuyère et lui demanda si elle serait assez aimable pour compléter son éducation de cavalier.

— Ça dépend, dit la grande fille en toisant le comte des pieds à la tête; si vous avez de mauvais principes, je n'ai pas de patience, et il me sera impossible de vous redresser. Tenez, dit-elle en lui montrant la rosse qui portait l'enfant, essayez un tour de cirque sur cet animal-là, je vous rendrai réponse immédiatement.

— Pas sur ce cheval; si vous permettez, dit le comte, j'ai le mien à l'hôtel, à deux pas, et je vais le chercher.

— Pour un provincial, il n'est pas mal, dit la Carolina

à madame Formose; mais je vous avertis que s'il ne se tient pas bien, je le renvoie à Cruker.

Cruker était le clown de la troupe; ayant moins de travail que les autres écuyers, il donnait des leçons d'équitation pendant les séjours de la troupe en province. Peu après, Julien entra dans le cirque, monté sur son cheval; le soin avec lequel était tenue la bête, sa pureté de race, donnèrent aussitôt aux écuyers une bonne idée du talent d'équitation du comte.

— Faites-lui faire un tour au galop, dit la Carolina.

Julien pressa légèrement les flancs de son cheval et parcourut trois fois le cirque avec une extrême rapidité.

— Je n'ai pas grand'chose à vous enseigner, monsieur, dit la Carolina; vous avez dû recevoir des leçons d'un bon maître.

— J'ai pris des leçons de Baucher.

— Cela se voit bien; on ne monte pas de la sorte en province.

— Je voudrais, dit Julien, apprendre un peu de voltige.

— Ceci n'est plus de l'équitation, dit la Carolina; mais je ne demande pas mieux.

Le comte tira un portefeuille de sa poche, en sortit un billet de banque et l'offrit à la Carolina.

— Mademoiselle, lui dit-il, je désirerais prendre deux leçons par semaine, pendant un mois.

— Très-bien, monsieur; le reste regarde madame Formose.

Julien, ayant donné son billet de banque à la directrice du cirque, revint vers la Carolina.

— Permettez-moi, mademoiselle, de vous offrir cette cravache, dont je n'aurai plus besoin après vos leçons.

Et il lui remit dans les mains une élégante cravache, dont la pomme avait été ciselée exprès pour lui par Feuchères, un artiste qui dépensa beaucoup de talent dans ces objets de fantaisie.

— Vous êtes trop bon, monsieur, dit la Carolina, vous

ne savez pas si vous serez content de mes leçons : je suis excessivement capricieuse.

— J'adore les femmes capricieuses, dit Julien.

— Nous pouvons commencer à vous dérouiller les jambes sur ce tremplin; mais il vaudrait mieux vous servir de nos chevaux, car ils ne bougent pas, étant habitués, au lieu que votre jument peut s'effaroucher.

— Bah! dit Julien, elle me connaît et elle ne s'étonnera de rien.

Ayant placé son cheval près du tremplin et après l'avoir caressé légèrement, le comte prit son élan en s'appuyant des mains sur le dos de la jument et sautant par-dessus avec une grande agilité.

— Eh bien, Cruker, qu'est-ce que tu dis de ça? demanda madame Formose en s'adressant à son clown, qui était resté immobile après avoir ri avec les écuyers des débuts du bourgeois. Il y avait, en effet, quelque étonnement à voir un jeune homme, serré dans ses habits, parfaitement ganté, sauter avec toute la dextérité d'un écuyer rompu à ce genre d'exercices.

— Avouez, monsieur, dit la Carolina, que vous avez travaillé en public!

— Ce que j'ai fait n'est pas difficile; seulement, j'ai appris assez de gymnastique pour ne pas être embarrassé par un saut de tremplin.

— Alors, que puis-je vous montrer? dit la Carolina. Vous ne désirez pas sans doute monter à cheval la tête en bas, les pieds en l'air; quand vous passerez dans des cerceaux, vous n'en serez guère plus avancé.

— Il y a beaucoup d'exercices que j'ignore, dit le comte, j'ai besoin d'assouplir mes membres, et je pense que vous serez assez bonne pour me diriger dans ces études.

Ayant pris sa première leçon, Julien s'en retourna par les promenades en attendant l'heure du dîner, car il n'osait se présenter immédiatement chez l'avoué. Chemin faisant, il rencontra M. Bonneau, orné de son parapluie, qui prenait la mesure de la cathédrale.

— C'est monsieur Bonneau, s'écria le comte. Par quel hasard êtes-vous à Molinchart?

— Je dîne chez M. Creton du Coche, et je ne perds pas mon temps, comme vous voyez.

Le comte fit une légère grimace en apprenant qu'il aurait l'archéologue pour compagnon de table, mais il pensa qu'il y gagnerait, car il pourrait parler à Louise pendant les discussions des deux savants. Aussi se montra-t-il d'une grande complaisance pour M. Bonneau, et il subit avec un rare courage ses interminables discours sur sa manie favorite.

— Voyez cette belle cathédrale, s'écriait M. Bonneau, il y a une fissure à cette tour qui prend du haut et descend jusqu'en bas... la voyez-vous?

— Non, dit Julien en s'appliquant et en clignant des yeux.

— Vous ne la voyez pas? Cela n'a rien d'étonnant, elle n'existe pas.

— Alors.

— Permettez, monsieur le comte, en montant ce matin en haut de la cathédrale, j'ai fait envoler une nuée de corbeaux... ils ont posé leur nid dans un trou du mur, en commençant par gratter le ciment et à déchausser une pierre; puis un jour une pierre est tombée sur un toit, c'étaient les corbeaux qui faisaient leur nid et qui préparaient la ruine de la tour. Ce trou a un quart de parapluie de profondeur; oui, monsieur, un quart de ceci, s'écria l'archéologue en dressant en l'air le fameux parapluie. Les curieux passent devant ce trou et ne voient rien, quand le monument périclite; tirez une ligne droite dans votre imagination, monsieur le comte, du haut de cette tour au bas de la montagne, une longueur à peu près de trois mille parapluies; vous trouverez juste au bas de la montagne un grand trou d'où on extrait tous les jours du sable... Les architectes sont des ignorants, monsieur le comte. Tous les jours un peu de sable enlevé; et tous les jours le remue-ménage de ces corbeaux amènent une fissure au dedans, d'abord cachée, puis imperceptible; puis visible, enfin le monument craque, et c'est ainsi que nous avons des pleurs à répandre sur le sort des chefs-d'œuvre de pierre du moyen âge... Regardez, voici les corbeaux qui rentrent dans leur nid, continuer leur œuvre de destruction... Ah! monsieur le comte, si j'étais seulement conseiller municipal de Molinchart, j'accorderais vingt francs par tête de corbeau qu'on prendrait dans les tours de la cathédrale, et sans être cruel, je les écraserais avec ce parapluie...

Si le comte n'eût fait remarquer à l'archéologue qu'il était l'heure de dîner, M. Bonneau eût continué à verser des larmes sur les monuments déchiquetés par les corbeaux, la bande noire, qu'il traitait avec plus de colère que les écrivains de la fin de la restauration n'en ont dépensé contre les Auvergnats acheteurs de vieux châteaux.

Tout en saluant la femme de l'avoué, Julien fut surpris de la froideur avec laquelle elle le recevait. Il s'attendait à cette douce familiarité qui régnait à la campagne; et tout préoccupé il chercha les causes qui avaient refroidi Louise.

— Qu'avez-vous? lui dit-il pendant que l'avoué causait avec M. Bonneau. Mais Louise ne répondit pas et sortit comme si elle n'avait pas entendu Julien.

Le comte se forgea toutes les raisons qui pouvaient avoir changé la conduite de la femme de l'avoué, et il ne se rendait pas compte de la seule bonne. Louise, froissée de la passion de Julien qui se réveillait pour la Carolina, ignorait que l'écuyère n'avait de commun que le nom avec l'ancienne maîtresse du comte, et tout en traitant Julien avec le dépit d'un amour blessé, elle affectait de paraître aussi calme et aussi indifférente que si elle l'eût vu pour la première fois. Si Julien n'eût pas été autant amoureux, il aurait remarqué ces nuances délicates qui faisaient que Louise gardait ses sourires et ses inflexions de voix les plus douces pour M. Bonneau. Le moyen, quoique grossier, échappa complétement au comte, qui maudissait intérieurement la coquetterie des femmes, en comparant ses relations des quinze jours précédents avec Louise à ses manières polies et glacées d'aujourd'hui. Il essaya de glisser son pied auprès de celui de la femme de l'avoué, mais elle le retira brusquement, et, à l'air de contrariété peint sur sa figure, Julien n'osa plus recommencer ses avances. Un moment, il s'efforça d'être gai et de se mêler à la conversation de M. Bonneau et de l'avoué ; mais il n'entendait pas ce qu'ils disaient et ne comprenait rien à leurs paroles. Quand Julien regardait Louise, elle abaissait aussitôt les yeux ; ne pouvant obtenir pas même de réponse du regard, le comte fut froissé violemment. L'idée d'une vengeance cruelle se présenta à son esprit, et il essaya de faire souffrir la femme de l'avoué autant qu'il souffrait lui-même.

— Viendrez-vous avec nous au cirque ? dit-il à M. Bonneau.

L'archéologue répondit que ces plaisirs grossiers convenaient peu à un homme qui avait voué sa vie aux recherches scientifiques.

— M. Creton du Coche y va bien, dit le comte.

— M. Creton n'a pas à remplir une mission aussi importante que la mienne...

Quoique cette phrase fit dresser l'oreille à l'avoué, il se contint, car il avait accepté le patronage de M. Bonneau et devait, sur sa recommandation, être nommé membre de la société racinienne, qui se fondait alors à Château-Thierry.

Julien prolongeait le plus qu'il pouvait les dernières politesses de la conversation, espérant qu'en le voyant partir Louise changerait de conduite et lui rendrait dans un coup d'œil les joies qu'il se promettait dans cette entrevue ; mais la femme de l'avoué resta froide et indifférente et recommanda à ces messieurs « de beaucoup s'amuser. » Cette phrase banale était enveloppée de nuances vocales épigrammatiques qui déchirèrent le cœur du comte ; il sortit accablé de tristesse, et profita du court trajet qui sépare la maison de l'avoué de l'endroit où était plantée la tente du cirque, pour ne pas dire un mot. La salle était brillamment éclairée, et les rares spectateurs qui se tenaient sur les gradins dévoraient des yeux un spectacle sur lequel ils n'étaient pas blasés.

Julien regardait sans voir ; il regardait en dedans de lui deux portraits de la même femme : l'une aimante et l'autre froide ; l'une qui lui avait donné son amitié, l'autre qui la lui retirait ; il cherchait la cause de cette froideur subite, et ne l'expliquait que par le retour de Louise, qui, en revenant à Molinchart, avait puisé dans l'air de la ville un nouveau sentiment des devoirs de ménage.

Il se fit tout à coup un grand tumulte parmi les spectateurs du cirque, qui goûtaient une scène comique imprévue. Une bande de gamins avait crevé la toile avec un couteau et s'était introduite économiquement dans le cirque en passant sous les gradins. Le complot avait été découvert par une dame qui, ayant cru remarquer sous son banc des mouvements extraordinaires, poussa des cris d'effroi. A ces cris était accouru le clown Cruker, qui mit un terme à l'invasion en s'emparant d'une demi-douzaine de ces galopins. Il les traîna plus morts que vifs dans le cirque en leur donnant le mouvement à grands coups de fouet. Ces gamins, parcourant l'arène avec les signes de la terreur la plus violente, mettaient en gaieté les spectateurs, qui retrouvaient, dans les envahisseurs du cirque, la population la plus dangereuse pour les sonnettes de la ville.

Sur les gradins des secondes, une mère reconnut son fils et poussa des cris de désespoir en tendant les bras vers le clown, qui apportait dans cet exercice la froideur d'un donneur de knout, car il se sentait soutenu par les spectateurs.

L'avoué s'amusait trop à ce spectacle pour remarquer l'état de Julien ; bientôt d'ailleurs cet intermède improvisé fut terminé, et madame Formose, en costume de bayadère, vint changer le cours des émotions de la foule. Sa poitrine énorme était tassée dans un maillot couleur de chair, tout à fait provoquant pour les amateurs des beautés importantes. Une jupe en gaze ne servait qu'à allumer la curiosité des yeux, qui, partant d'un large pied solidement assis sur la selle, pouvaient se promener impunément bien au delà de la naissance du genou. Elle dansait sur un air d'opéra connu, arrangé expressément pour les chevaux; et malgré ses formes positives, lançait encore la jambe dans l'espace avec une certaine agilité. Madame Formose avait le calme souverain des femmes qui ont été belles, et qui ne se sentent pas vieillir en présence de l'embonpoint, car la maigreur qui vient avec les années est certainement, de ces deux tempéraments si distincts, celui qui éloigne le plus les adorateurs des femmes.

M. Creton du Coche était émerveillé de la grosse madame Formose; on eût dit qu'il fermait les yeux pour échapper à ce spectacle provoquant; mais, au contraire, il les faisait petits pour mieux voir.

— Une belle créature! s'écria-t-il en regardant Julien, qui n'aurait pu dire si l'écuyère qui venait de faire les exercices était grasse ou maigre.

— Oui, dit le comte sans prendre garde à sa réponse.

— Quel âge lui donnez-vous à peu près? demanda l'avoué.

— Je ne saurais trop vous dire.

— Elle doit aller dans les trente-cinq.

— Qui? demanda Julien.

— Madame Formose, qui vient de danser.

— Elle a donc dansé? dit le comte.

— Vous ne l'avez pas vue, s'écria l'avoué; mais à quoi pensez-vous?

— Madame Formose a cinquante ans.

— Cinquante ans, reprit M. Creton du Coche blessé dans ses admirations. Voyons, cher comte; à quoi pensez-vous? Vous avez ce soir une si singulière physionomie que je crois que nous ne nous entendons pas... Ah! c'est que mademoiselle Carolina tarde bien à paraître.

— Bah! la Carolina! s'écria Julien.

— Vous ne l'aimez déjà plus? dit l'avoué.

— Au contraire, monsieur Creton, dit Julien qui se rappela seulement alors le thème de son roman, je l'adore, je l'ai vue à la répétition; elle est belle. Vous allez la voir tout à l'heure.

— Parce que vous avez une passion pour mademoiselle Carolina, dit l'avoué, ce n'est pas une raison pour dénigrer les autres femmes. Avouez que cette madame Formose a dû être bien belle?

— Oui, il y a trente-deux ans.

— Non, vous n'êtes pas juste, mon cher comte; eh bien! je vous attends à votre passion, quand elle viendra; je vous avertis que j'épluche ses défauts.

— Cela vous est permis, dit Julien.

Pendant cette conversation, les exercices des écuyers continuaient. Enfin la Carolina parut, et il se fit un certain silence dans le cirque. Beauté fière, blonde et singulière, l'écuyère, quoique habillée en amazone, forçait l'attention par ses yeux impérieux et ses sourcils épais plantés résolûment sur la racine du nez. Devant cette salle aux trois quarts vide, on pouvait supposer qu'elle faisait une moue dédaigneuse, mais c'était son air habituel; et cependant cette moue était un charme puissant quand elle disparaissait pour faire place à un sourire. Il semblait qu'un léger brouillard s'enfuyait pour être remplacé par un rayon du soleil. Quand elle passa devant le comte, elle lui envoya un regard pour lui seul, un de ces regards qui font la puissance des femmes au théâtre. Il faut être banquier épais, homme de bourse, faiseur d'affaires, pour boire avec délices ces regards intimes des actrices, qui rendent bien au delà les sommes qu'on dépense pour elles, dans un simple coup d'œil.

— C'est à moi ce regard, se dit avec orgueil l'homme

d'argent qui, dans sa stalle d'orchestre, étalant son ventre luxurieux comme celui d'un mandarin, croit que le spectacle se joue pour lui seul, que les mots spirituels ont été inventés à son intention, et qui a la bonne foi d'imaginer que, des deux mille spectateurs qui sont dans la salle, lui seul occupe l'imagination de l'actrice. Cependant, dans cette même soirée où l'actrice a envoyé un regard à son banquier, elle en a une demi-douzaine dans le coin de l'œil qu'elle adresse à d'autres hommes d'argent, à son journaliste, à son auteur, et, pour couronner, à celui qui la bat.

Mais la Carolina n'avait pas été élevée à ces manières des théâtres parisiens; les écuries sont moins corruptrices que les coulisses; l'art de dresser un cheval n'amène pas aux câlineries de théâtre; les exercices violents tiennent le corps moins en délicatesse que les couplets de vaudeville égrillards; une écuyère ne ressemble guère à une forte amoureuse de la Gaîté. La Carolina souriait au comte de Vorges parce que, dans cette population, il était le seul digne de la comprendre, et elle le fit si ouvertement que M. Creton du Coche s'en aperçut.

— Cette femme-là vous aime encore, lui dit-il, mais elle a l'œil cruel.

— Vous trouvez?

— Certainement, c'est une maîtresse femme, elle n'a pas le sourire gracieux de madame Formose.

Pendant que la Carolina faisait exécuter à son cheval mille caprices en apparence, mais qui étaient le résultat d'études très-pénibles, M. Creton du Coche bâillait, ne soupçonnant pas ce qu'avait d'intéressant, pour un amateur, l'art avec lequel l'écuyère dirigeait son cheval et lui faisait exécuter les changements de pied. Quand elle eut terminé, la Carolina sauta lestement à bas de son cheval, et salua l'assemblée de telle sorte qu'elle parut ne s'adresser qu'au comte seulement, car elle s'était placée presque en face de lui. Dans d'autres circonstances, Julien eût été enchanté de ces marques publiques que l'écuyère lui donnait; il eût arrangé cette comédie avec la Carolina qu'elle n'eût pas mieux réussi aux yeux de M. Creton du Coche ; mais qu'avait-il besoin d'endormir les soupçons du mari, maintenant que Louise semblait lui avoir repris son amitié ?

Retiré à l'hôtel de la Tête-Noire, le comte se trouva seul et plus abandonné qu'à la campagne. Il n'avait même plus son confident Jonquières ; cependant, ne voulant pas partir de Molinchart sans avoir eu un entretien avec Louise, et craignant d'alarmer sa mère, que sa fuite avait dû surprendre, il écrivit à son cousin de venir le rejoindre, et il le chargeait de prévenir la comtesse qu'une partie de chasse le retiendrait quelque temps au dehors.

XIII

M. Bonneau perd son parapluie.

Quand M. Creton revint chez lui, il fut tout étonné de trouver sa femme veillant au coin du feu.

— M. Bonneau, lui dit-elle, est resté assez tard à causer. J'ai présumé que le cirque allait fermer, alors je vous ai attendu.

Louise n'attendait guère son mari, elle attendait des nouvelles ; mais contre son habitude, l'avoué se montra fort réservé, et dit qu'il était fatigué et qu'il allait se coucher. Le mari avait l'imagination pleine du souvenir de madame Formose, et il craignait de dissiper son enthousiasme en paroles. Louise alluma une bougie, se leva pour sortir, et demanda, comme par une simple curiosité de femme, des détails sur la représentation des écuyers.

— Demain, demain, dit le mari impatienté et trouvant sa femme singulièrement changée, car, d'ordinaire, elle ne prêtait pas grande attention à ses discours, tandis que lui aurait désiré qu'on s'intéressât vivement à ses récits ; au contraire, aujourd'hui il ne voulait rien dire, et sa femme se montrait très-avide de nouvelles. Pour la première fois de sa vie, Louise regretta de ne pouvoir faire parler son mari ; elle avait espéré qu'une conversation amènerait des détails sur la Carolina, cette femme dont elle était jalouse, et M. Creton du Coche restait muet, comme si Julien lui eût recommandé le plus profond silence. Cette idée germa dans l'esprit de Louise, qui passa la nuit à s'en labourer le cœur.

Les amoureux se lancent souvent à fond de train sur une idée sans se demander si elle est fausse ou juste, et font jaillir de cette idée plus d'arguments que n'en saurait tirer un avocat. Louise avait agencé dans son esprit les faits suivants : Le comte a retrouvé son ancienne maîtresse dont il croyait le souvenir éteint, et son amour l'a pris d'une telle force qu'il est accouru la nuit après avoir lu le nom de Carolina dans un journal. Il m'a aimée un moment de bonne foi, ou plutôt il a cru m'aimer, mais l'ancien amour qui sommeillait a crevé le léger amour qui ne faisait que de naître et s'est rallumé plus fort que par le passé. Louise se disait que, par un reste de générosité, le comte avait empêché M. Creton d'en parler, afin de ne pas paraître abandonner si vite celle à qui, huit jours auparavant, il tenait des discours passionnés. Elle expliquait ainsi la conduite de Julien, qui, pendant le dîner, lui avait montré quelque amitié, mais qui donnait encore ces marques d'affection légère afin de ne pas paraître rompre brutalement.

Si l'idée du devoir se représentait à l'esprit de la jeune femme, heureuse de ne pas s'être abandonnée à l'amour du comte, Louise se repentait presque à cette heure de n'avoir pas à se repentir. Peut-être Julien se fût-il montré plus fidèle, peut-être le souvenir de la Carolina eût-il été abandonné à jamais. Qui sait si la froideur dont elle avait accablé le comte ne l'avait pas poussé, par dépit, à se jeter dans les bras de l'écuyère! Par moments, Louise tressaillait dans son lit, prise d'une fièvre jalouse ; elle voyait ensemble Julien et Carolina ; elle les entendait s'aimer,

Cette idée, qui s'était logée dans son cerveau, la faisait souffrir par tout le corps comme un mal de dents. Elle se leva, fit deux ou trois fois le tour de sa chambre, et s'arrêta tout à coup devant sa glace, non par simple curiosité coquette, mais pour se rendre compte du changement que son mal intérieur avait apporté dans sa physionomie.

Alors seulement Louise s'aperçut que ses beaux cheveux noirs étaient dénoués et flottaient sur ses épaules ; dans le bourdonnement d'idées qui passaient dans sa tête, elle avait jeté bas son petit bonnet, son peigne, elle avait enfoncé ses ongles sur son front comme un poëte à la recherche d'une rime impossible.

— Louise! cria M. Creton du Coche en frappant à la porte, ouvre-moi.

La femme de l'avoué, honteuse d'avoir été presque surprise dans cet état, souffla la bougie et vint se mettre au lit sans répondre.

— Louise! cria l'avoué, ouvre-moi donc.

Après un moment de silence, il reprit :

— Tu ne dors pas, je t'entends marcher par la chambre depuis plus d'un quart d'heure.

La femme de l'avoué s'était blottie sous les couvertures, espérant échapper à la voix de son mari.

— Que diable! dit-il, Louise, réponds-moi.

— Laissez-moi, monsieur, dit-elle, je suis souffrante.

— As-tu besoin de quelque chose? demanda l'avoué.

— Non, monsieur, je n'ai besoin que de repos.

Là-dessus, M. Creton du Coche redescendit l'escalier, un peu rafraîchi par la nuit des idées qui étaient venues l'assaillir à la suite de la représentation du cirque!...

Depuis quelques années M. Creton faisait lit à part ; et cette tentative fit frémir Louise, qui craignait de la voir renouveler.

Si le lendemain M. Creton avait pu voir le lit de sa femme, il eût peut-être compris quelle nuit agitée Louise avait passée. Malgré la mobilité des plis des draps et des couvertures, un lit révèle les sentiments de ceux qui l'habitent. Les oreillers étaient entassés les uns sur les autres et indiquaient que Louise avait fait tous ses efforts pour se tenir la tête droite et chasser le sang qui affluait au cerveau. Les draps, débordés de tous les côtés, montraient assez l'inquiétude de la femme de l'avoué, qui s'était retournée plus qu'un malade, sans trouver une position convenable. En se levant, Louise eut honte de son insomnie fiévreuse et jeta sur les draps en désordre son couvre-pied, son édredon et sa robe de chambre, afin de cacher les troubles de la nuit. Elle s'étendit sur un divan, et resta longuement dans cette position horizontale, ne pensant plus, abattue, ne dormant pas, mais ayant un vague sentiment de ses souffrances nocturnes. Elle ne songea pas à se regarder dans la glace ; à ce moment seulement elle eût pu constater les traces que la passion laisse en quelques heures.

Comme elle était dans cet état d'abattement, elle entendit un coup de sonnette qu'elle écouta avec attention, sans se rendre compte d'abord du motif qui faisait que le timbre lui restait toujours vibrant dans l'oreille. Peu après le coup de sonnette, des pas se firent entendre sur les dalles du corridor ; aussitôt Louise se leva et courut à sa porte pour s'assurer que le petit verrou était soigneusement tiré. L'irritation névralgique donne à l'ouïe un sentiment d'une telle délicatesse de perception, que Louise avait reconnu le pas de Julien. C'était lui, en effet, qui, profitant de dix heures sonnées, avait cru le moment venu de se présenter.

Son arrivée à Molinchart était connue, et, en se levant, il reçut une assignation qui lui enjoignait de comparaître devant le tribunal dans la huitaine suivante, à la requête de l'épicier Jajeot. Julien avait oublié complétement son procès, et il lut l'assignation avec plus de joie que n'en fait naître d'ordinaire le papier timbré ; car cette affaire lui permettait d'entrer presque à toute heure chez M. Creton du Coche, son avoué. Celui-ci était sorti; Julien n'osait demander à parler à sa femme; il suivit tristement la femme de chambre qui le conduisait à l'étude, au moment où Faglain était occupé à manger des pommes de terre en robe de chambre, qu'il avait fait cuire dans le fourneau du poêle. Le maître clerc, surpris, donna un coup de poing à son repas, qui était étalé sur une feuille de journal, et la joie que lui donnait la vue d'un client lui fit oublier les délices qu'il attendait de son plat de pommes de terre. Faglain, malgré toute l'intelligence dont l'avait doué son patron, parut comprendre difficilement l'affaire; car Julien, préoccupé du souvenir de Louise, s'expliquait mal.

Il ressortit de ce commencement d'instruction, que Faglain en conférerait avec l'avocat Grégoire, aussitôt qu'il aurait terminé un travail important dont il se vanta d'être chargé, et Julien s'en retourna, descendant lentement chaque marche d'escalier en espérant que le hasard lui ferait rencontrer la femme de l'avoué; mais Louise épiait les moindres mouvements de la maison, et se donnait de garde de sortir de sa chambre. Cependant, quand elle entendit fermer la porte de la rue, elle se précipita à la fenêtre, et, à travers une fente de rideau, étroite comme le trou d'une aiguille, elle put suivre des yeux le comte, qui traversait la place. Si Louise n'avait donné trop d'importance à ses réflexions, peut-être eût-elle remarqué la démarche mal assurée de Julien, qui avait l'air, suivant un mot populaire, d'une âme en peine.

La petite maison de l'avoué, avec sa façade en pierres de taille, lui paraissait plus odieuse qu'une forteresse, puisque, avec son extérieur si simple et si paisible, elle l'empêchait de pénétrer auprès de celle qu'il aimait. Il revint à l'auberge et se mit à la fenêtre, ne s'inquiétant guère du va-et-vient des passants. Il n'avait d'yeux que pour une fenêtre aux rideaux roses et blancs, et il ne se doutait pas qu'en ce moment la femme de l'avoué suivait ses moindres mouvements. Louise remarqua combien Julien était affecté et semblait en proie à la mélancolie, mais elle ne se rendait pas compte des motifs de cette mélancolie ; et l'eût-elle comprise, que l'événement qui suivit l'aurait rejetée de plus en plus dans les tourments de la jalousie.

La Carolina vint à passer sur la place ; elle aperçut Julien et lui fit un petit signe de tête, auquel le comte répondit de la main. Pour échapper à l'ennui qui le minait, Julien, pensant que l'écuyère allait à la répétition, descendit en toute hâte et la rejoignit avant qu'elle n'eût tourné l'angle de la place. La Carolina, familière avec Julien, lui tendit la main et tous deux s'éloignèrent dans la direction du cirque. La femme de l'avoué, qui avait tout vu, put croire que l'écuyère avait fait signe au comte de venir la trouver, et les petites lueurs d'espérance qui tremblotaient encore dans son esprit s'éteignirent et ne laissèrent qu'un noir désolant dans la vie de Louise. C'en était donc fait ; le comte avouait hautement sa maîtresse, il s'affichait publiquement avec elle dans la ville. Il fallait un amour bien puissant pour qu'avec son éducation, sa noblesse, Julien osât se montrer en public, dans Molinchart, en compagnie d'une écuyère. En ce moment Louise regretta de n'avoir pas d'enfants, afin de se retrancher dans l'amour maternel et de s'y abriter contre les orages de la passion : à un autre homme que son mari, elle eût pu tout avouer, lui dire ses combats intérieurs, ses souffrances ; mais il n'existait même pas assez d'amitié entre les deux époux pour que la femme pût se confier à son mari. M. Creton du Coche n'aurait rien compris à des tourments auxquels il était incapable d'apporter un remède.

Louise passa le reste de l'après-midi dans sa chambre, inquiète et tourmentée, ne trouvant de repos sur aucun meuble, se levant, s'asseyant, allant à la fenêtre, essayant de travailler ; mais l'ouvrage lui tombait des mains, et elle restait morne, les yeux grands ouverts, qui regardaient l'espace sans rien voir. Si sa femme de chambre ne l'eût pas appelée, elle aurait pu rester longtemps inoccupée, sans pensées et sans action. Il lui semblait que son cerveau était vide, et que cependant mille douleurs couraient comme de petits animaux aux pattes froides dans la boîte intérieure. Ses membres étaient brisés comme par une longue course. Alors, Louise se révolta contre elle-même et résolut de lutter contre sa passion avec plus d'énergie pour la défense que celle-ci n'en avait mise à s'emparer d'elle. Elle se regarda dans son miroir, trouva dans chacun de ses traits la griffe de souvenirs cruels, et se composa un visage avec autant d'art qu'une actrice met du rouge. Le sourire vint remplacer l'amertume sur ses lèvres; et elle essaya un rire gracieux qui contrastait avec le ruban brun qui entourait ses paupières. Ses cheveux étaient en désordre, elle les redressa et y planta une rose qu'elle arracha violemment de la tige d'un pot de fleurs. Elle remplaça son peignoir sans taille, qui annonçait un certain affaissement, par une robe de couleur vive, et elle voulut que l'apparence trompât ceux qui ne l'étudieraient pas trop à fond.

A peine eût-elle donné quelques ordres à sa femme de chambre que Julien entra. Une vive rougeur colora les joues de Louise, qui parut aussi indignée que surprise. Le comte avait la tête pleine de questions; mais la manière froide dont il fut reçu fit que ses paroles lui restèrent dans le gosier. Tous deux restaient depuis cinq minutes dans cette situation embarrassante, lorsque Julien tira une lettre qu'il avait écrite et la remit à Louise.

— Comment, monsieur, lui dit-elle, vous osez encore!...
Elle déchira la lettre.

— Je sais, dit-elle, ce que vous m'écrivez; il est inutile...
En ce moment on frappait à la porte de la rue.

— C'est mon mari, dit-elle. Veuillez, monsieur, je vous prie, ne plus me forcer à vous recevoir...

M. Creton du Coche entra avec une lettre à la main, l'air un peu effarouché.

— Ah! mon cher comte, dit-il, quel accident! M. Bonneau a perdu son parapluie... Tu n'as pas vu le parapluie, ma femme?

— Je ne suis pas descendue de ma chambre de la journée.

— Alors il faut appeler la bonne... Julie, cria M. Creton du Coche, Julie!

La femme de chambre entra.

— Avez-vous trouvé le parapluie de M. Bonneau?

— Je n'ai pas vu de parapluie, dit-elle.

— Demandez à Faglain, cherchez, il faut absolument que ce parapluie se retrouve. Pensez, mon cher comte, combien M. Bonneau y tient; j'étais sur la place, je vois accourir à la porte un messager couvert de poussière; c'était un paysan de Vorges que M. Bonneau m'envoyait avec cette lettre que je n'ai pas eu le temps de lire; j'ai seulement vu dès les premières lignes que M. Bonneau était dans l'affliction de la perte de son parapluie.

— C'est que le messager attend, dit Julie en rentrant; il dit qu'il y a une réponse.

— Voyons, dit M. Creton du Coche, je peux vous lire cette lettre, elle montrera le prix qu'attache M. Bonneau à ce parapluie.

» Mon cher monsieur Creton du Coche, écrivait l'archéologue, si, par hasard, quand vous recevrez ces simples lignes, il pleuvait, veillez dans votre maison avec le plus grand soin à ce que personne n'en sorte avec un parapluie. Je suis certain d'avoir laissé le mien chez vous, et vous savez quelle perte immense la science aurait à regretter. Il est vert-de-mer, d'une bonne longueur, le manche divisé en mesures égales. Une des baleines a percé la toile, par suite d'un accident archéologique; c'est une pierre qui s'est détachée dernièrement d'un édifice et qui a porté à faux sur la baleine... Hier encore, je mesurais la cathédrale de Molinchart, et j'en ai la preuve par la consignation sur mon carnet des précieuses mesures que j'ai obtenues ; mais vous comprendrez combien la Société académique rémoise serait privée tout d'un coup par la disparition de ce parapluie, qui sert de base à la constatation précise de la grandeur de nos monuments.

» M. le comte de Vorges pourra vous certifier qu'il m'a rencontré avec mon parapluie, que je l'ai accompagné chez vous, où vous vouliez bien me recevoir à dîner, et que, par conséquent, je l'ai laissé certainement dans votre demeure. Prenez bien garde que la bonne ne s'en serve ; j'ai remarqué que ces meubles s'empruntent avec une déplorable facilité et ne se rendent jamais. S'il sortait de chez vous, malheureusement, il passerait de mains en mains, et je ne me sentirais plus le courage de recommencer le travail de toute ma vie... Vous comprenez que je n'ai dans l'esprit qu'une idée approximative de la longueur de mon parapluie, et que je ne trouverais jamais à le remplacer avec certitude.

» Je m'en servais le moins que je pouvais pour m'appuyer, car j'aurais craint de l'affaisser et de rendre ses mesures variables ; il était terminé par une tige de fer longue d'un pouce et fort épaisse, afin que le frottement des cailloux n'eût aucune action sur ce métal. Je sais bien qu'il était presque deux tiers de ma taille et qu'il m'allait à peu près à la hauteur des fausses côtes ; mais l'à peu près n'est pas une mesure archéologique. Si j'achetais un autre parapluie et que je continuasse mes opérations, je serais obligé d'indiquer que le monument mesuré renferme tant de nouveaux parapluies. Les académiciens de Reims dresseront l'oreille et me demanderont compte de ce nouveau parapluie, quels sont ses rapports positifs avec l'ancien ; c'est ce que je ne saurais définir avec précision. Tout ce que j'ai mesuré jusqu'à présent deviendrait donc inutile... J'ai dû le poser en entrant dans l'angle formé par la cheminée, je ne puis me rappeler si c'était à gauche ou à droite. Ordinairement, j'en couvre le pommeau de mon chapeau pour être plus assuré de l'emporter en me couvrant... Madame Creton, avec laquelle je suis resté après notre discussion scientifique, pourra peut-être vous donner quelques renseignements plus positifs, car je ne comprends pas comment j'ai pu l'oublier, ce serait la première fois de ma vie. C'est surtout à vous, mon cher monsieur Creton, que je confie la tâche de veiller à ce que le parapluie se retrouve, vous qui appréciez la valeur de mes recherches. Si malheureusement le parapluie était égaré, je crois que je renoncerais pour la vie à l'archéologie.

» Votre tout dévoué et désolé serviteur,

» BONNEAU. »

— Effectivement, dit M. Creton, je comprends l'inquiétude de M. Bonneau.

— Je n'ai pas remarqué, dit Louise, si M. Bonneau était entré avec le parapluie.

— Ah! s'écria M. Creton du Coche, j'avais oublié le *post-scriptum*. Et il lut :

« Tout ce que j'ai écrit ci-dessus est inutile. Réjouissez-vous, mon cher monsieur Creton, je viens de retrouver mon parapluie. »

La femme de chambre entra.

— Le messager, dit-elle, attend la réponse.

Malgré sa mélancolie, le comte ne put s'empêcher de sourire.

— Comment, dit M. Creton, il retrouve son parapluie avant d'envoyer sa lettre, et il fait partir, malgré cela, un messager! Dites-lui qu'il fasse part à M. Bonneau de la joie que je partage à la nouvelle du parapluie si heureusement retrouvé.

En ce moment un garçon d'hôtel vint prévenir le comte de Vorges que son cousin venait d'arriver et l'attendait.

— Priez-le de venir ici, dit M. Creton du Coche.

— Je vous remercie, dit Julien, heureux de trouver une occasion de sortir après la rupture de Louise.

Il la salua froidement et n'accepta pas une nouvelle invitation à dîner que lui fit l'avoué. Tant qu'il était resté en présence de Louise, Julien avait combattu pour ne rien laisser paraître de ses émotions, mais elles prirent le dessus aussitôt qu'il eut fermé la porte d'entrée. Il lui semblait qu'il fermait cette porte pour la dernière fois, et que son cœur restait emprisonné dans une maison où il ne pouvait plus entrer. Jonquières comprit la situation en revoyant son ami, car Julien, en lui donnant la main et en la pressant fortement, fit passer dans cette étreinte toutes ses souffrances accumulées.

— Elle ne veut plus me voir! s'écria Julien.

Jonquières essaya de divers palliatifs, de divers calmants moraux, qui, dans les grandes douleurs, n'ont guère plus d'action que dans les grandes maladies; mais Julien secouait tristement la tête.

— C'est une coquette, dit Jonquières, qui essaya d'un moyen brutal, et le mieux que tu pourrais faire serait de revenir avec moi à Vorges; sois certain que tu n'y serais pas de huit jours, qu'elle te rappellerait.

— Je ne le crois pas, dit Julien; en supposant qu'elle ait le désir de me revoir, elle ne voudrait pas se compromettre en me faisant des avances, en m'invitant directement.

— Bah! dit Jonquières, elle trouverait un moyen, elle te ferait écrire par son mari; tu ne connais guère les femmes. Elles trouvent mille biais là où un homme amoureux n'en verrait pas un.

— Malheureusement, dit Julien, je ne la crois point coquette, car il pourrait en arriver ainsi que tu dis, et j'aurais l'espérance de la revoir; mais il se passe en elle quelque chose qui m'échappe depuis que je suis revenu à Molinchart. Quand elle est partie, elle me laissait croire à une amitié sans bornes, qui n'était pas certainement de l'amour, mais qui me donnait à espérer pour l'avenir;

elle me permettait presque de lui parler de mon amour ; si elle n'y répondait pas, du moins ne s'en fâchait-elle pas. Aujourd'hui, c'est une personne froide, réservée, qui me traite comme si je l'avais insultée. Elle ne veut pas m'entendre ; je lui écris, elle déchire ma lettre en ma présence. Que faire, mon ami ?

— Il faut attendre quelques jours, dit Jonquières ; le procès que tu m'as dit commencer bientôt nous occupera un peu et nous donne le droit de voir M. Creton ; ne te désespère pas, ne faiblis pas, va dans la maison comme de coutume. Un de ces matins, qui sait ! tu vas trouver la glace fondue ; ce ne sont que des nuages, et tu retrouveras une femme douce, aimante, telle que je l'ai vue à la campagne. Il n'y a pas besoin d'être savante en coquetterie pour jouer la petite comédie que tu prends au sérieux ; les femmes apportent ces facultés en naissant. Quoi de plus ennuyeux qu'une femme qui aime trop, qui aime toujours, qui a l'humeur égale et qui vous fatigue de ses caresses ! La meilleure des femmes le sent bien, et de temps en temps elle pense qu'il est utile à ses intérêts de paraître dédaigneuse des soins que lui rend un homme. Elle se fait prier longtemps, et ce n'est qu'après des luttes infinies qu'elle accorde une promesse, un rien. On travaille à te rendre heureux.

— Heureux ! s'écria Julien.

— Voudrais-tu qu'elle s'abandonnât, qu'elle vînt te trouver en disant : Je vous aime, me voilà. Au bout de huit jours tu fuirais ce bonheur comme un enfer.

— Que je suis heureux de t'avoir, dit Julien ; je ne sais si tu dis vrai, mais tu as trouvé le moyen de me rendre quelque espoir... J'étais dans des idées absurdes, folles... Croirais-tu que je pensais à devenir amoureux de la Carolina, cette fille qui me donne des leçons ? Si tu n'étais pas venu, j'allais tomber aux genoux de cette créature en lui disant : « J'aime, sauvez-moi ! » Je ne l'aime pas, je ne l'aurais jamais aimée, mais j'aurais fermé les yeux, j'aurais essayé de penser à Louise en parlant à la Carolina.

— Peut-être finirais-tu, dit Jonquières, par t'amouracher de l'écuyère, et ce n'est pas ce que tu ferais de plus maladroit ; vois, mon ami, où t'a déjà entraîné ta passion pour une femme mariée. Je te l'ai dit au début. Si tu avais pu connaître cette écuyère dans le principe!... Une écuyère n'engage à rien ; tu l'aurais aimée pendant la saison théâtrale, trois mois tout au plus ; tu aurais eu quelque chagrin à son départ, et puis ce beau caprice se serait envolé un matin comme il était venu. Mais, j'y pense, tu as sous la main une terrible machine de guerre ; tu voulais devenir amoureux de la Carolina par vengeance ; pourquoi ne feindrais-tu pas pour elle une passion subite et tout à fait publique? Il faut que toute la ville le sache, qu'on vous voie passer ensemble dans les rues à cheval. Jette-lui des bouquets en plein cirque ; cela ne se sera jamais vu à Molinchart, on en parlera, Louise finira par le connaître. Si elle t'aime réellement, elle reviendra.

— Tout cela est en bon train par la faute de M. Creton, dit Julien.

Alors il raconta à Jonquières son escapade de nuit, comment il avait été surpris par l'avoué, et la fausse passion qu'il avait été obligé d'inventer pour la fausse Carolina.

— Le mari le sait? demanda Jonquières. Et tu lui as recommandé le silence? Ah! combien ces amoureux sont ignorants des choses de la vie! Comprends donc que son premier soin a été de raconter l'aventure à sa femme. C'est là seulement ce qui peut expliquer la froideur de ta Louise : elle est jalouse, et souffre plus que toi.

— Si c'était possible, dit Julien ; mais, non. Elle aurait bien compris que son mari me surprenant la nuit devant ses fenêtres, j'avais été obligé de tomber dans une série de mensonges. D'ailleurs, le premier était si visiblement faux, qu'un mari seul a pu s'y laisser prendre ; la Carolina ne demeure pas chez l'épicier Jajeot, et j'ai tremblé, dans le premier moment, du peu de réalité de mon invention.

— Une femme qui aime, dit Jonquières, devient quelquefois aussi crédule qu'un mari. Elle a une foi robuste en toutes choses, de cette foi de Pierre l'Ermite prêchant la croisade ; mais, par la même raison, aussitôt qu'elle entre en défiance, elle y apporte la délicatesse d'un chat qui dort, dont le moindre bruit fait ouvrir les yeux. Dès le début, tu l'as mise en défiance ; elle n'a pas raisonné, j'en suis certain, et s'est cramponnée au récit de M. Creton comme si elle s'était attaché une pierre au cou.

— Je souhaite que tu aies raison, dit le comte. Tu dois avoir raison, car je me sens à moitié guéri... Et comment ma mère a-t-elle pris mon départ?

— Je soupçonnais bien un coup de tête, dit Jonquières, et j'ai dit que, t'étant levé très-matin, tu n'avais pu lui dire adieu, mais que tu m'avais prévenu la veille.

— J'ai un ami précieux, dit Julien en serrant cordialement les mains de son cousin, et j'ai rencontré une femme qui m'a été bien dévouée, madame Chappe.

— Je ne l'aime pas beaucoup, dit Jonquières ; elle a une de ces figures sur lesquelles on lit au moins autant de mal que de bien.

— Avoue que tu en es jaloux.

— Jaloux de madame Chappe! s'écria Jonquières.

— Je l'avais prise pour confidente à la campagne, craignant de te fatiguer sans cesse de mes récits... Ah! si elle avait été à Molinchart, je n'aurais pas tant souffert depuis deux jours.

— Une femme, certainement, est meilleure conseillère qu'un homme en ces matières, dit Jonquières ; mais je me serais confié difficilement à madame Chappe.

— Elle avait tout deviné, je ne pouvais guère nier : elle me sera d'un grand service. Pense qu'au premier refroidissement de Louise, j'aurais couru chez elle, et je lui aurais dit : J'ai feint une passion pour la Carolina, détrompez Louise.

— Est-ce qu'elle est acceptée comme intermédiaire de côté et d'autre?

— Non, Louise n'en sait rien.

— La situation me semble difficile, dit Jonquières ; elle ne sera pas contente de savoir son secret partagé. Prends garde à la province, mon cher Julien; tu as vécu quelque temps à Paris, où personne n'a le temps de s'inquiéter de son voisin, mais tu ne sais pas ce que c'est que la province. Si tu rencontres cinquante personnes sur la promenade, ce sont cinquante chimistes qui t'analysent des pieds à la tête, qui commencent par l'extérieur pour arriver à l'intérieur. D'abord, ce seront tes habits qui subiront l'examen, puis tes manières, ta figure, ta voix, ta démarche; jusque-là, rien de plus naturel. Mais les chimistes ne s'arrêteront pas là; ils voudront savoir à quoi tu penses.

— Oh! s'écria Julien, je les en défie!

— Ils le sauront.

— Un de mes amis, dit Jonquières, avait tellement peur de la province, qu'il avait inventé une grimace provinciale; aussitôt qu'il passait la porte d'une petite ville, il prenait sa grimace comme s'il avait mis un faux nez afin de se dévisager. Il n'y avait pas trois jours qu'il était en province, qu'on avait reconnu le mystère qu'il répandait sur sa figure. Pour être sûr de madame Chappe, il faudrait qu'elle fût une effrontée coquine.

— Comment! s'écria Julien.

— Certainement, tu la tiendrais par l'argent; alors elle serait peut-être muette.

— Mais, mon ami, c'est une maîtresse de pension.

— Je crains les maîtresses de pension qui ont des museaux pareils. Donne-lui de l'argent.

— C'est excessivement délicat, dit Julien.

— Je ne laisserais pas dix mille francs dans ma redingote, si madame Chappe la brossait, dit Jonquières.

XIV

Catilinaires de province.

Les tribunaux sont d'une grande ressource pour les provinciaux, qui trouvent dans les débats d'un procès le même intérêt que le peuple de Paris apporte à la représentation d'un mélodrame. Aussi, dans les villes qui ne comportent qu'une justice de paix, existe-t-il un public fidèle et assidu à écouter les harangues du commissaire de police. Quand il fut décidé que le tribunal allait juger l'affaire du chevreuil, le bruit s'en répandit dans Molinchart, et la foule ne manqua pas de se porter à l'audience. Le nom du comte de Vorges, la curiosité qui s'attachait à ses moindres actes, la publicité qu'il avait donnée à sa liaison avec la Carolina, attirèrent les dames de la ville.

Le célèbre maître Quantin plaidait pour l'épicier Jajeot, et on s'attendait à un morceau curieux d'éloquence de cet avocat, cité immédiatement après les sept merveilles du pays. Toutes les fois qu'un avocat de Paris était venu plaider à Molinchart en opposition à maître Quantin, l'avocat du clocher passait pour avoir triomphé de son adversaire. Il arrivait quelquefois que maître Quantin était écrasé sous un déluge de finesse et d'épigrammes parisiennes, auxquelles il n'avait à opposer qu'un petit dénigrement bourgeois ; mais ses concitoyens le voyaient toujours vainqueur, qu'il gagnât sa cause ou qu'il la perdît.

L'orateur Quantin gouvernait la ville ; on citait ses mots, ses opinions, et quand il passait dans la ville, portant la tête haute, chacun se courbait à moitié, heureux de recevoir en échange un petit signe de tête. Le comte de Vorges avait eu la malheureuse idée, pour satisfaire aux désirs de M. Creton du Coche, de choisir pour avocat maître Grégoire : parmi six avocats de la ville, il était difficile de plus mal s'adresser. Maître Grégoire, par ses grosses plaisanteries et un usage immodéré des calembours, s'était peu à peu aliéné le cœur de la magistrature, et il fallait qu'une cause fût bien bonne pour qu'elle triomphât de la plaidoirie de son défenseur.

Julien et Jonquières traversèrent la foule qui encombrait la cour du palais de justice, sans se douter que l'opinion publique leur était défavorable; ils ne connaissaient que M. Creton du Coche, l'avocat Grégoire, quelques personnes qui fréquentaient la maison de l'avoué, et ils croyaient n'avoir à se défendre que d'une simple accusation de dégâts dans la boutique de l'épicier Jajeot; mais le tribunal avait jugé l'affaire plus importante, et grâce aux intrigues de l'avocat Quantin, qui, par son salon, disposait d'une grande influence en ville, la petite salle du tribunal civil avait été abandonnée pour la grande salle des assises. Le banc des jurés était rempli des dames les plus élégantes de la ville, qui firent des frais considérables de toilette pour cette solennité.

En entrant dans la salle et en se voyant lorgné comme un criminel audacieux, Julien se repentit d'avoir laissé aller l'affaire jusqu'au bout; l'aspect des magistrats lui parut de mauvais augure. Trois juges, auxquels il n'eût pas pris garde s'il les avait rencontrés dans la rue, lui semblèrent terrifiants dans leurs robes noires. Jonquières plaisantait sur la mine des juges et ne se laissait pas démonter par l'habit; le président avait donné l'ordre aux huissiers de service de ne laisser entrer que dix personnes à la fois, et les curieux, qui s'étouffaient à la porte, montraient le vif intérêt que la ville prenait à ce procès.

L'avocat Quantin entra par la petite porte qui mène à la chambre des délibérations du jury dans les affaires de cours d'assises. Le bonnet en arrière, la bouche dédaigneuse, les larges manches flottant au vent, qui semblaient bouffies d'orgueil, d'immenses dossiers sous le bras, un certain remuement qu'il donnait à son corps, produisirent sur l'assemblée l'effet accoutumé, ce que le peuple appelle le *flafla*. Il traversa le public la tête haute, avec l'air d'un triomphateur, envoya des sourires aux dames qu'il connaissait, et montra aussitôt la familiarité qu'il entretenait avec les juges en montant les degrés du tribunal et en allant causer avec le président.

De temps en temps il jetait un coup d'œil moqueur dans la salle, et riait sans doute de certaines observations piquantes qu'il communiquait aux juges. Ou bien il envoyait de petits saluts amicaux à des dames qui le payaient en doux sourires. Ou bien encore il se mettait le poing sur la hanche et se livrait à un balancement de la jambe gauche, qui montrait le peu de cas qu'il faisait du public.

— Comment appelez-vous cet avocat? demanda Julien à M. Creton.

— C'est maître Quantin, notre adversaire.

— Je crois qu'il me regarde un peu trop, dit le comte.

En effet, depuis cinq minutes, maître Quantin clignait des yeux et cherchait dans la foule ses adversaires. Quoiqu'il connût parfaitement de vue le comte, maître Quantin affectait de ne jamais l'avoir rencontré, et, se l'étant fait désigner par le président du tribunal, il le regardait avec une insistance provoquante, qui est un des moyens généralement employés parmi les avocats.

L'épicier Jajeot, assis sur le banc des témoins, était transformé au moral autant qu'au physique. Il avait fait une toilette particulière pour son procès, et la confiance qu'il avait dans la parole de maître Quantin faisait qu'il relevait la tête, suivant chaque mouvement de son avocat et brûlant d'impatience d'entendre l'huissier donner le signal de l'ouverture de l'audience. M. Janotet, le juge suppléant, n'avait eu garde d'emmener son fils Toto ; mais il se trouvait dans une terrible situation qui l'empêchait d'oser regarder quelqu'un de l'assemblée.

M. Janotet, victime à diverses reprises des goguenardises de l'avocat Quantin, avait fini par lui témoigner une vive admiration qui tenait beaucoup de la crainte, et il ne savait quelle contenance tenir vis-à-vis de Julien, avec lequel il avait dîné chez M. Creton du Coche. Il baissait la tête afin de n'être pas obligé de saluer M. Creton, car en province les relations sont si peu étendues, qu'elles s'enchaînent facilement.

Or, le juge suppléant avait eu vent des machinations qui se tramaient contre Julien, et, comme M. Creton du Coche était lié avec le comte, il entrait pour ainsi dire dans le nombre des partisans et par contre des adversaires de maître Quantin. Tous ceux qui au tribunal paraissaient s'intéresser en faveur de Julien devenaient les ennemis de l'avocat Quantin, et pouvaient s'attirer son ressentiment, car il était connu comme une langue qui ne pardonnait jamais.

La foule commençait à s'impatienter d'autant plus légitimement que le tribunal était rassemblé depuis longtemps, que les avocats étaient présents ainsi que les demandeurs; mais, après avoir causé avec l'avocat Quantin, le président et les juges s'étaient retirés dans une petite pièce voisine qui leur sert à s'habiller.

— Le tribunal! messieurs! chapeau bas! s'écria l'huissier.

Alors apparurent lentement le président et les juges, chacun d'eux avec une physionomie particulièrement grave que les magistrats imaginent plus convenable à l'expression de la loi.

Quand le silence fut rétabli :

— Maître Quantin, dit le président, vous avez la parole.

Le célèbre avocat se leva, salua le tribunal et commença sur un ton qui surprit le public. Maître Quantin semblait réciter une églogue : il voyait un jeune chevreuil dans les bois, se jouant près d'une fontaine cristalline auprès de sa mère; tout d'un coup on entendait au loin les sons du cor. Le chevreuil dressait la tête, et sa mère inquiète le regardait avec des yeux attendris; puis, les aboiements des chiens résonnaient dans la forêt, et à cet accent cruel le chevreuil frissonnait.

— Nous n'avions pas de chiens, s'écria l'avocat Grégoire.

— Monsieur le président, reprit maître Quantin, si maître Grégoire m'interrompt au début de ma plaidoirie pour me contredire inutilement, je n'ai plus qu'à me retirer.

Il y eut dans la foule des mouvements en faveur de maître Quantin qui dictèrent au président une admonestation sévère au malencontreux contradicteur.

— Maître Grégoire, vous avez un système déplorable de défense que vous n'employez pas aujourd'hui pour la première fois; je vous engage à respecter le discours de votre honorable confrère et à l'imiter quand il écoute plaider un adversaire; autrement le tribunal, qui veut bien pour cette fois n'employer que la réprimande, se verrait obligé d'user de moyens plus rigoureux.

— C'est pourtant Quantin qui m'a appris à interrompre, disait l'avocat Grégoire à Jonquières qui était derrière lui; mais à lui tout est permis.

Remis du trouble que lui avait causé en apparence l'interruption de son adversaire, maître Quantin reprit sa description champêtre de la forêt, les ébats des deux chevreuils et l'angoisse que leur causait l'approche d'un ennemi dangereux. Tout ce début à la manière de Théocrite fut vivement goûté par le public, étonné d'un faux semblant de poésie champêtre qui sortait d'un crâne couvert d'un bonnet noir. Les sons du cor se rapprochent, les aboiements des chiens deviennent plus distincts, le jeune chevreuil effarouché perd tout sentiment maternel au point de fuir seul. Ici, l'avocat Quantin fit jouer les cordes de son gosier afin de donner à ses paroles un son éraillé, mélancolique; il poussa la comédie jusqu'à se passer un mouchoir sur les yeux en parlant du chagrin de la mère du chevreuil, qui fuyait haletante et s'arrêtant dans sa marche, malgré le danger, pour voir si son fils la suivait.

En entendant cette narration, quelques dames versèrent des larmes, et l'avocat se rajusta, satisfait de son affaire. Puis, tout d'un coup, maître Quantin passe la main dans sa chevelure, donne un tour furieux à ses boucles paisibles, et s'écrie : « Des cavaliers s'avancent au galop de leurs chevaux, ils ont soif de butin ; ce sont des chasseurs, et, faut-il le dire, messieurs, ce sont de jeunes hommes. »

En parlant ainsi, maître Quantin se retournait vers le comte et Jonquières, et il semblait vouloir les désigner à la vengeance du public. Julien, se voyant l'objet des regards de toute une salle, fit un effort sur lui-même et releva la tête. Il rencontra alors les yeux de maître Quantin qui ne le quittaient pas.

— Mais c'est insupportable, dit-il à l'avocat Grégoire.

— Laissez-le aller, dit celui-ci, pendant que maître Quantin faisait une tirade sur les jeunes hommes qui ont des parents, des mères, des sœurs, et qui chassent sans pitié les petits des animaux. Il assaisonnait ces réflexions de citations sur la férocité, toujours en regardant fixement Julien.

— Pardon, monsieur le président, dit le comte en se levant.

— Vous n'avez pas la parole, monsieur.

— L'avocat n'a pas le droit...

— Huissier, faites faire silence à monsieur, car, s'il continuait, nous nous verrions avec peine obligé de le faire expulser de l'audience.

— Monsieur le président ! s'écria l'avocat Grégoire.

— Maître Grégoire, nous vous avertissons pour la dernière fois de ne pas troubler la majesté de l'audience.

Julien haussa les épaules.

— Il est interdit aux personnes présentes dans la salle, dit le président, de faire le moindre signe ou geste d'adhésion ou de blâme.

L'avocat Quantin s'était laissé tomber sur son banc comme brisé par l'émotion et plein de pitié pour la conduite scandaleuse de ses adversaires. Il levait les bras au ciel, regardait les juges et semblait leur dire : « Pardonnez à ces malheureux ! » Il se releva.

« Il est difficile, dit-il, messieurs, de reprendre le fil à l'endroit où il s'est cassé. Je veux bien croire que des personnes qui ne connaissent pas à fond les lois de la société, puisqu'elles semblent passer leur temps dans les bois, occupées à des exercices sanguinaires ; je veux bien croire que ces personnes ne m'ont pas interrompu à dessein ; autrement, je me mettrais sous la protection du tribunal, qui ne m'a jamais fait défaut, et, fort de la bienveillance du magistrat éclairé qui préside à ces débats, j'espère que ma parole sera libre et que je puis parler sans craindre des menaces qui, quoique parties de l'œil, semblent s'attaquer aux paroles qui dorment encore dans ma poitrine, et qui sortiront, soyez-en convaincus, messieurs, malgré l'irritation qu'elles pourront causer. »

Aussitôt après cette belle phrase, l'avocat Quantin dépeignit les moissons ravagées, les champs nouvellement ensemencés piétinés, les légumes, espoir des pauvres jardiniers, foulés sous les pieds des chevaux, les barrières renversées, la course éperdue du chevreuil à travers bois et prairies, et dans le lointain le bruit des chevaux, le son du cuivre et l'aboiement des *molosses*.

Depuis que l'avocat Grégoire avait nié que ses clients eussent des chiens, maître Quantin les avait remplacés par d'affreux *molosses*. L'avocat suivait le chevreuil à la piste et traçait un plan fabuleux de son parcours ; il lui faisait traverser des enclos, des vergers, de jeunes plantations dont il ne restait plus de vestiges après son passage. Selon lui, le dégât dans la campagne avait dû être d'une centaine de mille francs ; de Julien et de Jonquières, il faisait une avant-garde de Cosaques déprédateurs. Au pied de la montagne, maître Quantin s'arrêta : il avait tellement couru avec le chevreuil que la sueur lui en était venue au front.

« Qu'est-ce que ce clocher qui s'élance dans les airs ? s'écria-t-il quand il se fut remis de ses fatigues. C'est le clocher d'un chef-lieu, d'une ville libre ; entendez-vous, messieurs, d'une ville libre. Nous ne sommes plus au temps où la noblesse et le clergé taillaient à corvée et à merci les serfs de la province. Chaque citoyen aujourd'hui est inviolable, sa demeure est sacrée, sa femme et ses enfants sont sous la protection de l'État. Le chevreuil gravit la montagne; il a vu le clocher au loin, et il a flairé qu'il y avait là une ville libre, comme un asile. Mais les chasseurs ne respectent ni domiciles de citoyens, ni leurs champs, ni la famille, ni la tranquillité domestique.

» Allez leur parler de l'affranchissement des communes, ils en souriront. « Ce sont jeux de princes, » a dit La Fontaine. Un digne commerçant de notre cité était tranquillement dans son magasin, occupé à classer ses denrées coloniales : tout à coup le chevreuil égaré, poursuivi, haletant, saute par-dessus son comptoir, brise mille objets précieux et délicats, tirés à prix d'or des premiers magasins de Paris. Mon Dieu! nous ne songeons pas à accuser le chevreuil, cette pauvre bête dont la condamnation était signée avant le procès, et qui allait payer de sa tête le fruit des plaisirs de nos jeunes gentilshommes. »

Là-dessus, l'avocat Quantin, qui avait montré les champs, les plantations, les vergers, les enclos ravagés par les chasseurs, fit un tableau terrible des dégâts du chevreuil dans la boutique. Les poupées, les animaux, les polichinelles, les petits violons, les ménages, les soldats de plomb voltigeaient comme emportés par une trombe, et sur leurs corps tombaient des grêles de bonbons, de dragées, de sucreries de toute sorte. Après la grêle venait une pluie de parfait-amour, de liqueur des braves, de ratafia qui formait des flots gras et épais dans la boutique. La foudre tombant dans le magasin de l'épicier Jajeot n'eût pas produit des désastres comparables à ceux qu'énumérait l'avocat Quantin. Il avait surtout une façon de prononcer le mot *jouet,* qu'il appelait *joa,* qui répandait encore plus de tristesse sur son récit.

« De véritables gentilshommes de l'ancienne race, disait-il, auraient offert le double du prix des *joas* qu'ils avaient fricassés. Point. La noblesse moderne, messieurs, semble avoir hérité des vices de ses aïeux, sans en avoir les qualités. Compterez-vous pour rien, messieurs, le trouble qui s'est emparé de l'esprit de M. Jajeot en voyant ses *joas* livrés aux piétinements d'une foule cruelle? Et cependant, il ne réclame rien pour le bouleversement de ses sens, qui ont occasionné des visites de médecin. J'ai ici une consultation de notre célèbre docteur Dufour, à la date du 12 juillet, le lendemain de l'événement. On y lit : Langue épaisse et blanchâtre par suite d'émotion, pouls à pulsations trop rapprochées. Garder la chambre un jour et se préserver de toute émotion, pendant que le malade prendra à petites gorgées une demi-once d'huile de ricin.

» Voici mon client, messieurs, vous le connaissez tous; il est là derrière moi, à l'audience. Jajeot, levez-vous. Il n'a jamais été malade de sa vie, messieurs; il a une vie tranquille. Son commerce lui suffit et lui donne à vivre. De bonne foi, croyez-vous, messieurs, que M. Jajeot ait pris de l'huile de ricin par simple distraction? Je vous le demande, ce corps gras et huileux, d'une couleur repoussante, d'une odeur nauséabonde, n'est pas destiné à entrer dans l'économie d'un homme plein de santé.

» Il a fallu un violent bouleversement pour que le docteur l'ait ordonné; il y a donc eu incapacité de travail d'un jour, les intérêts de mon client en ont souffert. Ce fait est à joindre aux nombreux *joas* cassés, dont la perte ne peut se réparer que par des dommages intérêts. Nous demandons à messieurs de la cour mille francs de dommages-intérêts, et, confiants dans leur justice, nous attendons avec tranquillité leur décision, certains qu'ils ne laisseront pas notre ville troublée par des étrangers. »

Maître Quantin, pendant cette dernière phrase, fit voler au vent ses longues manches qui semblaient gonflées d'orages, et, ayant lancé un dernier coup d'œil provocateur au comte de Vorges, il s'assit sur son banc pendant qu'un murmure enthousiaste éclatait parmi les assistants.

— Messieurs... s'écria maître Grégoire.

— Pardon, monsieur, dit le président, nous fermons l'audience pendant cinq minutes, afin de permettre à maître Quantin de se reposer des fatigues de son beau discours.

— L'affaire tourne mal contre nous, dit Grégoire à Julien : le président a qualifié de beau le discours de maître Quantin ; il est presque inutile de plaider, je vais parler pour ne rien dire.

— Comment, monsieur, dit Julien, vous abandonnez l'affaire? Oubliez-vous que ce M. Quantin nous a insultés à plusieurs reprises, et que je lui répondrai en public, plutôt que de nous laisser traiter, mon cousin et moi, comme il l'a fait ?

— Mais je ne demande pas mieux, dit l'avocat Grégoire ; seulement, préparez-vous à payer de forts dommages-intérêts.

— Que m'importent les dommages-intérêts? s'écria le comte ; ayez soin seulement d'expliquer au tribunal la note exagérée que l'épicier voulait nous faire payer.

— Je suis allé dans sa boutique, dit Jonquières, et il a été fort embarrassé de me montrer ces dégâts dont on fait tant de bruit.

— Je suis à peu près certain, dit M. Creton du Coche, d'avoir vu le lendemain mon voisin Jajeot dans sa boutique comme de coutume. Il n'aurait donc pas pris médecine... Au surplus, on peut le demander à Faglain, qui sait tout ce qui se passe, car sa fenêtre donne dans la cour de l'épicier.

Faglain, qui était dans l'enceinte, et qui n'avait pas assez de ses deux oreilles pour suivre les débats, accourut à un signe.

— Savez-vous, Faglain, lui demanda l'avoué, si réellement M. Jajeot a été malade le lendemain de l'affaire du chevreuil ?

— Du tout, dit Faglain; mais il est malin : il a envoyé

chercher son médecin et s'est fait faire une ordonnance dont il ne s'est pas servi. Je suis allé chez lui par curiosité pour voir le remue-ménage, et je l'ai trouvé en train de déjeuner à neuf heures du matin. Il était gai comme un homme qui se débarrasse forcément d'un tas de vieilleries.

— Bon! dit maître Grégoire.

— Et vous en déposeriez...

— Comme il vous plaira, dit Faglain.

— Messieurs, dit l'huissier, silence, les débats sont ouverts.

L'avocat Grégoire se leva et dit :

— Messieurs, j'avoue que le plaidoyer de mon adversaire est fort beau, comme l'a dit l'honorable président qui gouverne ces débats avec tant d'impartialité; de plus, je le trouve fort touchant. L'histoire de *cette* chevreuil mère et de son fils m'a beaucoup ému; mais personne n'a vu la mère du chevreuil, pas plus maître Quantin que mon féroce client, M. Julien de Vorges, ce chasseur impitoyable. La mère du chevreuil aura sans doute été dévorée par ce fameux chien invisible qui a germé dans l'imagination de maître Quantin. Parmi les personnes qui font partie du corps de la magistrature, il y en a plus de la moitié qui se livrent à la chasse de la perdrix, du lièvre, que sais-je? j'en vois même un sur les bancs du tribunal.

— Maître Grégoire, pas de personnalités.

— Pardon, monsieur le président, je voulais dire qu'on n'est pas un assassin pour rentrer dans la ville avec un carnier contenant trois perdrix, un lièvre, comme il est arrivé avant-hier à un de nos honorables magistrats.

— Pour la seconde fois, maître Grégoire, je vous avertis que, si vous entrez dans des considérations étrangères au sujet, je vous retire la parole. Ici, au palais, les magistrats ne sont plus des hommes.

— La chasse a été en honneur chez tous les peuples, dit maître Grégoire, qui abusa un moment de ses connaissances historiques, qu'il avait puisées le matin dans l'*Encyclopédie des gens du monde*.

— De grâce, monsieur Grégoire... dit Julien qui s'impatientait de ces prolégomènes.

— Il est fort heureux que ces messieurs fussent à cheval, mon honorable adversaire aurait pu faire passer dans l'assemblée le galop de ces animaux (et l'avocat Grégoire sauta sur un banc en imitant le *trantran* des chevaux); je comprends que le chevreuil ait été effarouché des sons du cor (ici maître Grégoire sonna une petite fanfare), et ce qui a dû le plus lui faire perdre la tête a été les furieux aboiements de ce chien, de ce molosse qui n'existait pas.

Pendant que l'avocat Grégoire s'ingéniait à rendre les aboiements d'un gros chien, maître Quantin se leva, furieux des plaisanteries de son adversaire.

— Messieurs... dit-il.

— Permettez, maître Quantin, dit le président; je comprends votre indignation de voir transformer le banc de la défense en une sorte de parade, mais je saurai veiller à ce que l'art des Démosthènes et des Cicéron ne soit pas remplacé par de basses facéties indignes d'un homme qui porte la toge. Maître Grégoire, le tribunal vous somme de vous renfermer dans une plaidoirie plus décente et plus convenable : nous ne sommes pas à la foire, rappelez-vous-le, et songez à prendre modèle sur le discours plein de convenance de votre adversaire.

Depuis dix ans, maître Grégoire plaidait de la sorte, et il était de bronze contre ces avertissements du tribunal.

— Il suffit, monsieur le président; je me renferme désormais dans une discussion prudente des faits, mais je n'ai pas reçu, en naissant, le don de la période, dont a été doué maître Quantin; je sais que ses phrases ont toujours le nombre, et je ne peux m'empêcher de l'admirer en regrettant de ne pas posséder ces brillantes facultés. J'en reviens donc à l'infortuné chevreuil séparé de sa mère.

« J'ignorais réellement qu'il eût causé autant de dégâts

dans la campagne ; tel que l'a peint maître Quantin, c'est un véritable ouragan qui sème la désolation dans les champs. Les habitants de nos faubourgs, messieurs, ont dû pousser bien des cris de rage en trouvant leurs moissons ravagées pour le simple plaisir de M. le comte Julien de Vorges et de son cousin et ami, M. Jonquières, et je m'étonne que jusqu'alors ils n'aient pas porté plainte, et qu'ils n'aient pas demandé des dommages-intérêts considérables. Les paysans ne sont cependant pas endurants quand on touche à leurs propriétés; plus d'une fois, à la justice de paix, j'ai défendu des soldats, des enfants, des ouvriers qui avaient eu le malheur de vouloir s'approprier quelques fruits pendants au dehors de la haie, et qui furent d'abord roués de coups par nos paysans, quittes plus tard à être poursuivis de nouveau par eux devant la justice.

» En y réfléchissant, messieurs, je juge que ces enclos, ces plantations, ces vergers, ces champs de blé ravagés, sont de la nature de la mère du chevreuil et des fameux molosses. Le cerveau de maître Quantin est fécond : il donne naissance à des animaux, à des bois, à des prés, à des champs. Maître Quantin est un créateur; il se repose à cette heure, et on ne peut guère le lui reprocher, car il a beaucoup inventé. »

— Je ne saurais supporter, monsieur le président, dit maître Quantin, qu'on m'accuse de mensonges.

— Je n'ai pas dit que vous aviez menti, reprit l'avocat Grégoire.

— Vous l'avez fait entendre, monsieur.

— Pardonnez-moi, maître Quantin.

— Maître Grégoire, dit le président, je vous invite encore une fois à quitter ce ton de sarcasme et de personnalités qui fait le plus grand tort à la cause que vous défendez.

— Mon honorable adversaire, reprit l'avocat Grégoire sans s'émouvoir, a parlé de ville libre, d'affranchissement des communes, de droits des seigneurs, de corvées, de vilains; et il a oublié de parler de serfs en nous entretenant du malheureux chevreuil... A quoi riment ces belles déclamations? Est-ce que, par hasard, M. le comte de Vorges, en chassant un chevreuil à une lieue de la ville, pouvait penser que l'animal grimperait la montagne et entrerait dans la boutique d'un épicier? Mais qui a poussé le chevreuil à s'y réfugier? Ce sont justement les citoyens de la ville, nos compatriotes.

« Les aubergistes de la Tête-Noire, du Soleil-d'Or, de l'Écu et du Griffon couraient tous après une proie certaine, et ne se demandaient pas si un comte leur envoyait un chevreuil à la broche. M. Julien de Vorges a-t-il poussé le chevreuil dans la boutique de l'épicier Jajeot? Point. Ce sont nos aubergistes, nos concitoyens, les habitants d'une ville libre, ne l'oublions pas, messieurs. J'admets qu'il y ait eu quelques dégâts dans une épicerie, nous ne demandons pas mieux que de les payer argent comptant; mais l'épicier s'est fait apothicaire... Oui, monsieur Jajeot, vous avez présenté une note d'apothicaire, votre commerce est connu; avec l'imagination qui le caractérise, maître Quantin a transformé une petite boutique noire, enfumée, qui détaille du café et de la chicorée aux habitants de la rue, en un splendide bazar parisien... Les fameux *joas*, qui semblent vraiment des prodiges de mécanisme, ces poupées à ressorts, ces polichinelles splendidement habillés, tout cela sort de la fabrication de Notre-Dame de Liesse, où, pour quelques francs, on a une grosse de petites chaises, de petits moulins et de *joas*, dit maître Grégoire en prononçant le mot *jouet* avec l'accentuation pompeuse de son adversaire. Il n'y avait pas pour dix francs d'objets cassés. »

— Oh! s'écria M. Jajeot en se levant.

— Silence! cria l'huissier.

— Quant à la maladie, continua maître Grégoire, je demanderai à la cour l'autorisation de faire comparaître M. Faglain, maître clerc, ici présent, qui pourra donner quelques détails sur l'indisposition de notre adversaire.

— Je m'y oppose, dit maître Quantin; le témoin n'a pas été présent au début de l'affaire; ma plaidoierie serait à recommencer.

— Le tribunal, dit M. le président, ne juge pas à propos d'entendre le témoin que la défense avait caché jusqu'ici.

— M. Faglain, messieurs, est maître clerc de l'étude de maître Creton du Coche; il doit être assez connu du tribunal par son assiduité aux séances judiciaires. L'habitude qu'il a des débats montre avec quelle sincérité il eût déposé : il connaît les peines sévères qui atteignent les faux témoins; il ne peut pas déposer, cela est fâcheux, mais je dirai ce qu'il aurait pu dire. Le lendemain de la visite du chevreuil à M. Jajcot, il a trouvé celui-ci parfaitement calme, à neuf heures du matin, et déjeunant d'un grand appétit. M. Jajcot n'a nullement parlé au maître clerc Faglain de ce bouleversement général qui le poussait à prendre de l'huile de ricin! De l'huile de ricin! messieurs, savez-vous ce que c'est que de l'huile de ricin? Mon adversaire l'a parfaitement qualifiée de liquide nauséabond et répugnant; on voit, par l'horreur de maître Quantin à l'endroit de cette drogue, qu'il l'emploie pour chasser les biles que lui procure un travail assidu.

— Maître Grégoire, s'écria le président, je vous rappelle encore une fois à l'ordre.

— Je comprends, messieurs, qu'un bouleversement de notre être soit très-dangereux : la colère, la frayeur amènent quelquefois des perturbations qui jettent la bile dans le sang, d'où la jaunisse, *indè jaunissa;* et si le tableau du désastre avait été aussi grand dans la boutique de M. Jajcot que maître Quantin l'a peint, M. Jajcot aurait fort bien fait de se purger dès le lendemain matin. Mais l'épicier ne s'est pas purgé, messieurs, nous en avons la preuve par le témoignage de M. Faglain. Que dit-il? Suivons-le pas à pas dans sa visite à M. Jajcot. M. Jajcot est calme à neuf heures du matin. Est-on jamais calme à neuf heures du matin quand on a pris de l'huile de ricin, qui exerce une si grande tourmente dans notre pauvre corps? On me dira : M. Jajcot avait bu la drogue de bonne heure. Mettons qu'il l'ait prise à six heures du matin : comment au bout de trois heures le calme serait-il revenu? Et, en supposant que l'effet de la médecine fût passé, il en reste des traces, messieurs, sur la physionomie. Il ne se passe pas de révolution intérieure sans que les yeux, le teint, la peau ne changent d'aspect et ne témoignent des révoltes intestinales.

— Maître Grégoire, dit le président, je vous engage à abréger ces détails révoltants ; l'assemblée elle-même vous condamne.

L'avocat, emporté par sa plaidoirie, ne s'apercevait pas que les dames de la ville se couvraient la figure, pendant que maître Quantin faisait une grimace de dégoût.

— Cependant, messieurs, dit maître Grégoire, on vient vous lire une ordonnance de médecin qui, après tout, est aussi explicite que ma plaidoirie. Chacun connaît les propriétés de l'huile de ricin, et généralement on ne s'en sert pas avant d'aller au bal.

— L'ordonnance du médecin, dit le président, est courte et n'entre pas dans des considérations hygiéniques et médicales sur lesquelles vous auriez pu glisser avec modération.

— Vous m'avez interrompu, monsieur le président, quand j'allais terminer. Ce que j'ai dit jusqu'alors ne serait pas encore assez probant si je ne vous montrais, après cette purgation, M. Jajeot se mettant à table immédiatement et mangeant d'un grand appétit. Or, messieurs, je veux bien qu'il y ait eu purgation, mais alors M. Jajeot ne serait pas ici à cette heure; il serait dans son lit, malade, peut-être même en terre, car on n'a jamais vu manger de grand appétit après une purgation. Qui ordonne purgation ordonne diète. M. Jajeot n'a pas fait diète, donc il ne s'est pas purgé. Non, monsieur Jajeot, vous ne vous êtes pas purgé.

« Et maintenant j'arrive à un autre ordre de choses :

ayant suffisamment prouvé que si M. Jajeot ne s'est pas purgé, c'est qu'il n'a pas éprouvé cette violente commotion dont nous a parlé maître Quantin ; s'il n'a pas éprouvé de violentes commotions, c'est que le désastre dans sa boutique était de peu d'importance : la purgation, la commotion, iront donc rejoindre la mère du chevreuil et les cruels molosses qui, à cette heure peut-être, loin d'une ville libre, continuent à ravager les champs, les bois, les blés, les biens de la terre.

» M. Jajeot est jusqu'ici le seul plaignant ; c'est lui qui a le plus souffert dans sa santé et dans son commerce ; mais, messieurs, j'ai derrière moi un homme honorable, connu de toute la ville, qui a supporté bien d'autres ravages, et il ne se plaint pas ; bien plus, il est devenu l'ami de mon client, à la suite de l'entrée du chevreuil dans sa maison ; aujourd'hui il l'assiste à ces débats, il le patronne pour ainsi dire. Les marmitons, les garçons d'hôtel, les bouchers, sont entrés à main armée dans sa maison, ils ont troublé le repos de sa jeune femme ; le chevreuil a cassé nombre de bouteilles dans la cave ; on a ensanglanté son domicile en tuant l'animal qui s'y était réfugié. M. Creton du Coche n'a rien dit, rien réclamé. Il a vu un simple accident dans le fait du chevreuil ; c'est lui qui devrait réclamer des dommages-intérêts, et vous nous avez forcé, à notre grand regret, de plaider contre un avide voisin, M. Jajeot, épicier, qui se dit lésé dans ses intérêts, et qui nous a apporté un mémoire que messieurs de la cour reconnaîtront exagéré, ridicule, et pour lequel nous leur demandons la justice qu'on leur reconnaît depuis longtemps. »

Si le jugement avait été rendu aussitôt après le discours de maître Grégoire, peut-être eût-il été plus favorable au comte de Vorges ; mais il restait à entendre maître Quantin, qui se leva brusquement en demandant à répondre. Le célèbre avocat avait été blessé du discours de son confrère, et la colère sortait violemment de chacun de ses gestes. Le président, qui sentait que le sentiment public avait un peu baissé à l'égard de l'épicier Jajeot, autorisa la réponse.

« Vous avez écouté, messieurs, dit l'avocat Quantin, ce plaidoyer digne d'être entendu dans une officine de pharmacien; vous avez vu quelle bassesse de moyens ne rougit pas d'employer notre adversaire; je m'en vais le réfuter victorieusement en peu de mots, sans entrer dans la voie déplorable où il lui a plu d'entraîner l'affaire. Je ne discuterai pas, messieurs, les propriétés de l'huile de ricin, cela est inutile à la cause; j'ai eu l'honneur de vous lire l'ordonnance de notre célèbre praticien, le docteur Dufour, qu'on a méchamment cherché à faire un complaisant de M. Jajeot.

» La religion de M. Dufour est connue de toute la ville; chacun sait qu'il n'irait pas signer de son nom les symptômes d'une maladie qui n'existerait pas. M. Jajeot, le lendemain du jour où le chevreuil a mis sa boutique au pillage, avait la langue épaisse et blanchâtre, son pouls offrait des pulsations précipitées, le docteur Dufour l'atteste par son ordonnance écrite de sa main; certes, cette attestation vaut bien, je l'imagine, les propos de ce M. Faglain, qu'on fait tout d'un coup intervenir dans les débats. La loi qui, aux assises, fait que chaque témoin est obligé de déclarer s'il est parent ou allié ou au service de l'accusé, peut être appliquée ici, messieurs.

» M. le comte Julien de Vorges est devenu l'ami de M. Creton du Coche, toute la ville le sait depuis longtemps; on en parle assez pour qu'il fût inutile à notre adversaire de le certifier et de rendre cette amitié aussi publique. Nous ne rechercherons pas les causes de cette amitié; la vie privée doit être murée, et quoique les harangues de maître Grégoire nous autorisent à entrer dans cette voie perfide, nous laisserons le comte de Vorges emmener M. Creton du Coche à la campagne et lui procurer toutes les distractions imaginables; mais M. Creton du Coche a un maître clerc qui dépend de lui. On ne peut pas dire que M. Faglain soit à son service, cependant il touche des appointements à l'étude en sa qualité de maître clerc ; il subit les influences de son patron, il y est obligé même par esprit de conduite. Si le patron est ami de M..le comte Julien, le maître clerc n'est-il pas entraîné à se dévouer également à l'ami de son patron? C'est ainsi que M. Faglain, quand même il aurait vu M. Jajeot à la mort, trouverait, sans s'en rendre compte lui-même, qu'il a bonne mine, qu'il n'est pas malade et qu'il ne doit pas avoir pris médecine.

» La vie est ainsi faite, messieurs, toute d'entraînements. Mais nous sommes assuré que le tribunal ne mettra pas dans la balance de Thémis les propos d'un maître clerc avec une ordonnance émanée d'un des princes de la science de notre cité. Nos adversaires, messieurs, ne sachant sur quelles raisons s'appuyer, ont tout à coup dénigré le magasin de M. Jajeot et les *joas* qui l'emplissent. Ils disent que jamais on n'a vu à la montre que des *joas* de pacotille, issus de la fabrique de Notre-Dame de Liesse. Voici des factures, messieurs, des meilleures fabriques de Paris ; en voici de l'honorable et importante maison de commission d'Eschewailles, en voici de la maison de fabrication Schann père, rue aux Ours ; en voici de la maison Dufourmentelle ; elles sont acquittées, les prix sont en regard, et je prierai messieurs les membres du tribunal de vouloir bien y jeter un coup d'œil. »

L'avocat passa les factures à l'huissier, qui les porta sur le bureau du président.

— Sont-ce là ces *joas* communs, ces *joas* à un sou, ces *joas* à dix francs la grosse? Je vous le demande, messieurs, de quel côté est la vérité? Nos adversaires ont été trop loin, nuisant à leur propre cause et se blessant comme un enfant qui touche à une arme dont il ignore le maniement.

» On comprendrait, au besoin, que nos adversaires aient marchandé, quoique ceci sente furieusement une cuisinière qui va au marché et qui se débat tant qu'elle peut pour mieux faire sauter l'anse du panier. Nos adversaires, tout nobles qu'ils sont, auraient donc pu se faire tirer l'oreille un peu pour payer.

» Mon Dieu! on peut être noble sans être généreux, cela se voit tous les jours; mais nier les dégâts au point de forcer un honnête homme de marchand à vous traîner devant les tribunaux, apporter devant la justice un titre de noblesse avec l'espoir qu'il rendra votre cause meilleure, ce sont des moyens d'ancien régime, et les juges d'aujourd'hui ne se laissent plus influencer par de vains titres. Nous n'avons rien laissé d'obscur dans l'accusation, nous avons songé à tout, à la mauvaise foi de nos adversaires, et nous voulons que chacun, en sortant de cette enceinte, puisse dire hautement : J'ai vu, j'ai touché le délit. Voici les *joas*, messieurs. »

Là-dessus, maître Quantin sortit de ses longues manches des poupées, des polichinelles, des animaux éventrés, sans tête ni queue, la bourse sortant des intestins, les robes déchirées et dans un si pitoyable état qu'on aurait pu croire que ces joujoux avaient été piétinés pour servir la bonne cause.

« Qu'en pensez-vous, messieurs? Examinez-les. Joseph, dit l'avocat à l'huissier, faites passer les *joas* à messieurs les juges. Messieurs, je vous en prie, quoique cette action semble indigne de magistrats graves, tirez un peu les fils de ces pantins : rien ne va plus. Regardez attentivement ce lapin qui battait de la caisse par un ingénieux mécanisme dépendant des roues sur lesquelles il est fixé; le tambour est crevé, une des baguettes est perdue, et le mécanisme est entièrement délabré. M. Jajeot l'avait confié à l'horloger son voisin; l'horloger a répondu que l'art n'y pouvait rien.

» Et je n'ai apporté que des échantillons des dégradations, messieurs; une majeure partie de la boutique est dans cet état. Il a été impossible de ramasser les sucreries pilées, les bocaux éventrés, les liqueurs nageant dans le magasin.

» Croyez-vous, messieurs, que mille francs soient une somme trop forte pour réparer ces désastres? Non, vous nous trouverez modestes, nous ne forçons pas les chiffres comme les défenseurs qui demandent des sommes exorbitantes afin d'en obtenir la moitié.

» C'est par des dommages-intérêts, messieurs, que vous forcerez à reconnaître la loi et les droits des citoyens des personnes qui ne respectent rien, qui troublent l'intérieur des familles, et qui croient tout effacer par de vains titres de noblesse. Ils devraient en garder la pureté avec plus de soin.

—. Je demande la parole, dit maître Grégoire aussitôt que maître Quantin fut assis.

— La cause est entendue, répondit le président du tribunal. Nous rendrons le jugement à huitaine.

— Nous sommes condamnés, dit Grégoire à Julien, qui ne l'écoutait pas, et qui fendit la foule pour s'approcher du banc où maître Quantin recevait des félicitations sur son beau morceau d'éloquence.

— Monsieur, dit Julien à l'avocat, j'ai à vous parler tout à l'heure.

— Tout de suite, monsieur, dit l'avocat, un peu effrayé du ton du jeune homme.

— Quand vous sortirez, monsieur, s'il vous plaît; je ne tiens pas à faire de scandale ici.

— Mais, monsieur, je n'ai pas le temps : j'ai affaire à la justice de paix.

— A quelle heure, monsieur, dit Julien, est-on certain de vous rencontrer chez vous?

— Je reçois mes clients de dix heures à midi.

— J'irai donc demain, monsieur, chez vous, pour une affaire importante.

L'avocat Quantin était excessivement pâle pendant que Julien lui parlait, et il ne reprit ses sens qu'en voyant le comte s'en aller froidement de la salle d'audience, donnant le bras à son cousin Jonquières et parlant à M. Creton du Coche le plus naturellement du monde.

XV
La maîtresse de pension.

Après une tournée d'une quinzaine de jours, madame Chappe revint à Molinchart, et sa première visite fut pour mademoiselle Ursule Creton, qui la reçut avec plus de démonstrations d'amitié qu'on ne l'en eût supposée capable; mais la vieille fille était tellement avide des renseignements qu'elle attendait sur sa belle-sœur, que, tous les jours, elle faisait une prière à ses Enfants Jésus de cire pour hâter l'arrivée de la maîtresse de pension. Au contraire, madame Chappe jeta un peu d'eau sur le feu de cette expansion en se montrant réservée et presque froide. Dans le premier moment de la découverte de la passion de Julien pour Louise, madame Chappe fut tellement heureuse, qu'elle en écrivit deux mots à la vieille fille; mais la réflexion lui vint pendant les quinze jours qu'elle passa à visiter ses élèves, et elle pensa qu'elle s'était trop avancée en donnant par écrit un récit de ce qu'elle avait vu.

— J'ai reçu votre lettre, lui dit la vieille fille; que c'est gentil d'avoir pensé à moi.

— Il n'y avait rien dans cette lettre de bien intéressant.

— Au contraire, ma chère dame, ce sont les premières preuves; malheureusement, vous n'en avez pas écrit assez long, et je vous attendais avec une impatience... Comme vous devez avoir à m'en raconter... Tenez, j'ai là votre petit mot dans ma boîte à ouvrage, et tous les matins, en me réveillant, je le lis... Voyons, dites-moi ce que vous avez découvert... Croyez-vous que j'avais raison quand je prêchais mon frère de ne pas se marier, surtout avec une femme pareille... J'en ai parlé à mon confesseur, qui a bien voulu m'absoudre, quoique je me trouve plus coupable que si je trompais M. Creton.

— Ce n'est pas de votre faute, mam'selle, dit la maîtresse de pension, si madame Creton est courtisée par le comte de Vorges.

— Si, dit la vieille fille. Je n'ai pas encore assez lutté; j'aurais dû me faire couper en quatre pour empêcher ce mariage... Mais je n'y puis rien, c'est fini, mon pauvre frère est déshonoré.

— Pas encore, dit la maîtresse de pension.

— Montré au doigt dans la ville.

— On le sait donc? demanda madame Chappe avec une certaine inquiétude.

— Tout le monde en parle, et si ouvertement, que M. l'avocat Quantin s'est cru obligé d'en dire un mot dans son plaidoyer, et que ce jeune muscadin l'a été, le lendemain, demander en duel.

— Le comte de Vorges? s'écria madame Chappe.

— Mais certainement; je connais beaucoup M. l'avocat Quantin; il me fait l'amitié de m'engager toujours à ses soirées; je n'y vais pas à cause de mon âge; ce n'est pas ma place. Dernièrement, il passait dans la rue; je l'appelle et je lui raconte l'affaire, car je sais qu'il est de bon conseil, et je lui montre votre lettre.

— Comment, madame, s'écria la maîtresse de pension, vous lui avez montré ma lettre?

A ce mot de *madame*, qui venait de s'échapper avec un accent particulier de la bouche de madame Chappe, la vieille fille regarda la maîtresse de pension avec une certaine défiance.

— Qu'y a-t-il? demanda-t-elle, n'ai-je pas bien fait?

Depuis que la vieille fille avait parlé de la lettre, madame Chappe semblait, en effet, embarrassée; elle n'écoutait pas assidûment les paroles de mademoiselle Creton, elle ne la regardait pas, et son attention physique et intérieure semblait portée ailleurs. La maîtresse de pension était en proie à une idée qui la préoccupait. A peine la vieille fille eut-elle prononcé *n'ai-je pas bien fait?* que madame Chappe se précipita sur la boîte à ouvrage, y trouva le petit mot de billet et le déchira avec une joie visible.

— Non, madame, vous n'avez pas bien fait.

La vieille fille fut effrayée de cet acte, et, aussitôt que le sentiment lui revint, elle regarda la maîtresse de pension avec ces yeux irrités que prennent les vieilles chattes quand un chien étranger s'approche de la chaise où elles sont assises. Mais madame Chappe supporta cette colère sourde avec la tranquillité des chiens qui se rendent compte que la chatte est trop vieille pour commencer le combat. Quoique cette action se passât subitement, sans bruit et sans parole, et qu'il y eût un silence de quelques minutes, on entendit, sous la chaise de la vieille fille, un grognement sourd de l'*Amour* tant aimé, qui sentait qu'on avait attenté à la propriété de sa maîtresse.

— Me direz-vous, madame, ce que cela signifie? s'écria la vieille fille.

— Cela signifie, s'écria madame Chappe, que vous avez abusé de cette lettre.

— Pourquoi me l'avez-vous envoyée, madame?

— Parce que, madame, je désirais vous montrer le soin que je prenais de l'honneur de votre famille, et qu'en la montrant vous m'avez compromise inutilement, ainsi que vous.

— Vous, compromise! s'écria la vieille fille, et en quoi, madame, s'il vous plaît?

— Le comte de Vorges va savoir que je vous ai écrit, et il me retirera sa confiance. Votre belle-sœur n'est pas coupable encore; le scandale causé dans la ville va faire que M. Creton du Coche le saura, que M. Julien de Vorges quittera le pays et retournera chez sa mère... Vous voyez donc, madame, que vous avez eu tort de montrer cette lettre à un avocat qui, dites-vous, en a parlé au tribunal.

Il y eut un nouveau temps de silence pendant lequel les

deux femmes ne se quittaient pas des yeux : Ursule Creton pesait les paroles de la maîtresse de pension, étudiait ses traits, et cherchait à se rendre compte des motifs qui lui avaient fait déchirer la lettre. Tout d'un coup, la figure de la vieille fille se détendit, et elle chercha à parlementer, tout en se tenant sur la défensive.

— Allons, ma chère madame Chappe, rassurez-vous, dit la vieille fille ; il n'a pas été question de votre lettre à l'audience... J'ai eu tort, je l'avoue. Quel malheur si cette affaire en restait là !... Il faut que mon frère soit puni comme il le mérite... Il faut que sa femme le trompe ouvertement, à telles enseignes que cela soit bien visible et bien établi pour chacun... Le malheureux ! qui sort de sa position, qui néglige ses parents ; mais êtes-vous bien sûre que madame Creton ne se soit pas encore laissée prendre aux belles paroles du jeune homme ?

— Madame Creton partait presque en même temps que moi de Vorges, dit la maîtresse de pension ; et, d'après ce que j'ai pu observer de cette jeune femme, elle est encore innocente à l'heure qu'il est.

— Comme cela est fâcheux, dit la vieille fille. Cependant, ce jeune homme ne quitte pas la ville ; il s'est logé sur la place, en face la maison de mon frère ; c'est scandaleux, toute la ville le voit... Heureusement, les maris n'en savent jamais rien.

— Monsieur Creton l'ignore ?

— Oui, dit la vieille fille ; d'après ce que m'a dit M. l'avocat Quantin, il n'a pas paru prendre garde à son discours.

— L'affaire, dit madame Chappe, est moins compromise sue je ne le croyais ; vous ne m'en voulez plus, mam'qelle, de ma vivacité, n'est-ce pas ? d'autant plus qu'en arrivant à Molinchart, j'ai été tracassée par une affaire qui me rend de mauvaise humeur.

— Qu'est-ce qui peut donc, ma chère madame Chappe, vous contrarier de la sorte ?

— Une misère, dit la maîtresse de pension ; je suis un

peu gênée; j'attendais des fonds d'une personne de Paris, et j'ai un payement assez important à faire pour le premier terme de mon établissement.

La vieille fille garda un silence prudent.

— Mille francs seulement me tireraient d'embarras pour le moment. Si vous saviez, mam'selle, combien il est difficile d'emprunter dans une ville où on arrive, où on n'est connue de personne!

Ursule toussa.

— J'aurais bien mieux fait, dit madame Chappe, de ne pas perdre mon temps à la campagne de la comtesse de Vorges, et de m'occuper à faire rentrer mon argent de Paris.

— Si votre pensionnat était payé, dit la vieille fille, vous trouveriez facilement de l'argent sur hypothèque.

— Oh! cela est certain, dit madame Chappe, et je n'aurais pas besoin de faire connaître mes embarras à des personnes qui se servent de vous à un moment donné, qui vous font les plus belles offres du monde, et qui, quand il s'agit de vous rendre un léger service, vous laissent noyer sans vous tendre seulement un fétu de paille.

— Mais, dit la vieille fille sèchement, vous ne m'avez rien dit sur ce que vous avez observé à la campagne; vous me montrez madame Creton comme un ange de vertu; il me semble que ce ne sont pas là de brillants résultats.

— Madame, dit la maîtresse de pension en se levant et en rangeant sa chaise, prenez-vous pour rien d'être entrée dans la confidence du jeune homme et de l'avoir amené à n'agir que par moi?

— Allons, madame Chappe, vous vous enflammez bien vite; mais vous comprenez que mille francs sont une somme énorme pour une pauvre fille comme moi, qui donne le peu qu'elle a en charités; si vous arriviez avec un résultat positif, certainement je n'hésiterais pas à vous faire trouver les mille francs, je me gênerais, s'il le fallait... je ferais encore des économies. Malheureusement, aujourd'hui, il m'est impossible de vous venir en aide, et surtout j'aurais besoin de bonnes preuves, vous m'entendez bien?

— Certainement, dit la maîtresse de pension, qui sortit honteuse de cette fausse démarche; j'aurai le plaisir de vous revoir, mademoiselle, quand j'aurai des preuves positives.

Madame Chappe sortit irritée, au moins autant contre elle-même que contre la vieille fille. Toute cette affaire avait été menée avec une légèreté sans pareille; elle se reprochait surtout sa lettre, qui avait servi de mèche à l'incendie des propos de province. Quoiqu'elle ne connût pas dans tout son détail le procès, la maîtresse de pension se disait que Julien avait dû être douloureusement affecté des insinuations de maître Quantin, et qu'en étudiant d'où pouvaient venir ces bruits, le comte pourrait remonter aisément à la source. Si Julien avait quelques soupçons sur la conduite de madame Chappe, elle venait de se compromettre trop ouvertement en rompant avec mademoiselle Creton.

Le temps qu'elle avait passé à l'amadouer était à peu près perdu; désormais la vieille fille se montrerait défiante vis-à-vis d'une femme qui estimait ses services, et qui les faisait payer avant de les avoir rendus.

Les méchants sont remplis de ces combinaisons embrouillées, très-difficiles à démêler, et qui leur tourmentent l'esprit au moins autant qu'une invention. Tout en se reprosant sa vivacité de parole, qui l'entraînait souvent au delà du but, madame Chappe arriva à sa pension, où elle apprit avec joie qu'un jeune homme élégant était venu quelquefois prendre de ses nouvelles. Elle ne douta pas, au signalement donné par la servante, que ce ne fût le comte, et demanda quand il était venu pour la dernière fois.

— Hier, madame, dit la servante.

Madame Chappe respira plus librement; Julien était encore venu la veille, donc il ne se doutait de rien.

— A-t-il dit quand il reviendrait ?

— Non, madame ; mais il a beaucoup insisté pour connaître le jour de votre retour.

— Bien ! dit madame Chappe.

— Je lui ai répondu que vous ne pouviez tarder, puisque les classes rouvrent après-demain.

— Très-bien, ma fille, dit la maîtresse de pension, certaine de revoir bientôt l'amoureux.

Ayant donné ses ordres dans la maison, madame Chappe fit une toilette plus convenable que celle du voyage, et repartit aussitôt dans la ville ; la curiosité la poussait à tel point, qu'elle voulut faire connaître son retour au comte de Vorges. Il eût été maladroit de le lui faire dire, l'intention de la maîtresse de pension étant de voir arriver Julien plutôt que de courir après lui, et elle traversa la place du Marché avec une intention marquée, s'arrêtant devant les boutiques qui font face à l'hôtel de la Tête-Noire, afin que le comte pût la remarquer s'il était chez lui ; mais une idée toute naturelle la conduisit chez M. Creton du Coche, où sa visite n'avait rien que d'ordinaire, depuis qu'elle avait rencontré sa femme à la campagne. M. Creton était absent ; mais, sur la demande de madame Chappe, elle fut introduite auprès de Louise. La maîtresse de pension fut frappée du changement qui s'était opéré dans la physionomie de la jeune femme ; elle était excessivement pâle, quoique la couleur de son teint l'empêchât de paraître aussi fatiguée qu'une femme blanche ; mais ses yeux allongés se noyaient dans des paupières entourées d'un ruban trop noir pour n'être pas maladif. Le sourire était triste et cachait de sourdes amertumes.

— Est-ce que vous avez été malade, madame ? demanda madame Chappe.

— Non, pas précisément, répondit Louise de sa voix douce.

— Il me semble que vous êtes changée depuis que je n'ai eu le plaisir de vous voir à la campagne.

— J'ai eu la fantaisie d'aller un soir au cirque, dit Louise; je ne sais, le froid m'aura prise, je suis revenue atteinte d'un violent frisson, et, depuis ce temps, j'ai peine à me remettre; mais ce ne sera rien.

Pour ne pas effaroucher la femme de l'avoué, madame Chappe tint, pendant quelque temps, la conversation banale, parlant de la température sur une montagne, du danger de s'exposer aux fraîcheurs du soir, questionnant Louise sur la santé de son mari. Puis, elle aborda la grande question en prenant un petit détour.

— Y a-t-il longtemps que vous n'avez vu madame la comtesse de Vorges?

Louise répondit que, depuis sa rencontre au château avec madame Chappe, elle n'avait pas eu cet honneur.

— Mais vous recevez sans doute de ses nouvelles?

— Non plus, madame.

— Nous allons la voir incessamment, dit la maîtresse de pension, car il est présumable qu'elle amènera elle-même sa chère Élisa.

— Je ne sais, madame, dit Louise, qui répondit avec le plus de brièveté possible aussitôt que le nom de la comtesse fut prononcé.

— Monsieur son fils a donc eu un procès? demanda madame Chappe.

Louise fit un signe de tête affirmatif.

— Quel charmant jeune homme! s'écria l'institutrice.

Madame Chappe ne quittait pas Louise des yeux; elle cherchait si la jeune femme avait un secret caché, et, devant sa figure calme et maladive, son inquisition échouait. La maîtresse de pension sentait combien la conversation était pénible de côté et d'autre, et combien il lui serait difficile d'arracher un mot ayant trait à ce qu'elle avait tant d'intérêt à découvrir. Il se passe quelquefois des phénomènes si singuliers en amour, que les esprits les plus observateurs se laissent égarer. Un amoureux expansif, qui conte ses plaintes et son martyre à tous ceux qui veulent l'écouter, devient souvent un amant impénétrable. Moquez-vous de son martyre, irritez-le, il restera impassible et pourra être pris pour un soupirant quand il est passé à l'état d'amant heureux. Les femmes, naturellement, sont plus fortes à ces ruses que les hommes; plus on essaye de les étudier, plus il est difficile de connaître l'état de leur cœur.

Il faut, quand on veut arriver à la vérité, vivre au moins quelques jours avec les *prévenus*, et attendre patiemment qu'un mot, un regard, une action, en apparence insignifiante, vous donnent la clef de leurs cœurs. Madame Chappe avait assez vécu pour sonder la difficulté de son rôle de juge d'instruction en jupons; aussi détourna-t-elle encore une fois la conversation en priant Louise de lui raconter les événements qui avaient amené le procès du chevreuil. Louise rapporta en peu de mots ce qu'elle avait vu de ses yeux dans sa maison, et les différents incidents qui déterminèrent l'épicier Jajeot à plaider contre le comte; mais elle ne sut ou ne voulut pas dire ce qui s'était passé à l'audience.

— Me permettez-vous, madame, dit la maîtresse de pension, de venir quelquefois vous rendre visite? J'ai vu beaucoup de personnes de la ville, mais vous êtes réellement celle qui me plaît le plus.

Après divers compliments, que Louise reçut avec quelque froideur, la maîtresse de pension prit congé d'elle.

Mais, le lendemain, elle fut dédommagée de son échec auprès de la femme de l'avoué par l'arrivée de Julien, qui portait aussi, sur sa figure, les traces de violentes émotions.

— Ah! que les amoureux sont singuliers! s'écria madame Chappe, qui, avec le comte, prenait un ton de bonhomie. Vous avez vraiment l'air renversé, que se passe-t-il donc?

— Ne riez pas, madame, dit Julien; tout ce qui m'est arrivé, depuis que je ne vous ai vue, est grave, plus grave que vous ne le croyez. Louise ne veut plus me recevoir; jugez dans quel état je me trouve, et, si je ne m'étais retenu en pensant à vous, je crois que j'aurais fait plus d'une imprudence.

Alors Julien raconta son arrivée, la nuit, à Molinchart, sa rencontre inattendue sous les fenêtres de madame Creton du Coche, et les mensonges qu'il avait été obligé de trouver.

— Louise, dit-il, a cru ce que son mari lui a dit; elle est devenue jalouse de la Carolina, quoiqu'elle n'eût d'abord aucuns motifs; je suis allé chez elle pour essayer de me justifier; me doutant qu'elle ne voudrait pas m'entendre, j'avais préparé une lettre, qu'elle a déchirée devant moi, sans la lire. Que pouvais-je faire? Chassé de chez elle, n'osant plus me représenter, j'essayai de lui écrire de nouveau; mais à qui me confier? Dans cette petite ville, tout se sait; en pleine audience, une espèce d'avocat m'a fait entendre que je voulais troubler le repos d'un ménage. Je vous dirai cela tout à l'heure; maintenant j'arrive au commencement du drame singulier dans lequel je joue un rôle absurde. Un soir, Louise vint au cirque; ce n'était guère par une simple curiosité, comme vous le pensez, elle ne s'intéressait pas aux exercices des écuyers. Elle y venait par jalousie, elle voulait voir sa prétendue rivale, la Carolina, une écuyère qui me donne des leçons. Je suis allé saluer son mari, qui était avec elle, et elle ne m'a pas dit un mot de la soirée; tout à coup la Carolina entre sur son cheval; comme elle était liée avec moi, elle a l'habitude de me faire un petit signe de tête en entrant et en s'en allant. Je regardais Louise, je la vois pâlir et prête à se trouver mal.

— Qu'avez-vous, madame? lui dis-je; elle ne répond pas; mais je fus bien plus effrayé quand je vis les sourcils de la Carolina se froncer et une colère subite s'emparer d'elle; elle ne m'avait pas salué comme à l'ordinaire, mais elle avait jeté un double regard : le premier sur Louise et le second sur moi, qui me firent connaître la vérité que je ne soupçonnais pas. Dans mon désespoir d'être repoussé par Louise, j'avais eu l'idée de me détacher d'elle en m'attachant à la Carolina ; mais cette pensée n'avait fait que luire une minute pour s'éteindre immédiatement. Et il s'était trouvé que, sans m'en douter, la Carolina était devenue réellement folle de moi ; je vous dis cela sans amour-propre, parce que les faits de cette soirée sont là malheureusement pour le prouver. Jamais un cheval n'a été cravaché avec autant de colère que celui que montait l'écuyère ; le pauvre animal supportait, sans le comprendre, la présence de Louise au cirque. A chaque tour que faisait la Carolina, elle me lançait des éclairs de haine que Louise ne pouvait se dissimuler. Elle aussi ne voyait que trop combien la Carolina m'aimait, et elle pouvait croire que je partageais la passion de l'écuyère. Dieu sait ce que j'aurais donné pour n'être pas allé ce soir-là au cirque ; je renonce à vous donner une idée du tournoiement infernal dans lequel la Carolina entraînait son cheval ; les écuyers, quoique habitués à ses hardiesses, étaient effrayés ; pas un d'eux n'aurait osé s'opposer au galop furieux du cheval qui tournait, toujours emporté par les coups de cravache et les cris sauvages de cette femme. Louise était tremblante d'émotion, elle ne savait comment se terminerait cette scène. Hélas ! elle s'est terminée comme je ne le soupçonnais que trop : le cheval fit un faux pas, et la Carolina fut jetée, la tête la première, contre un poteau de bois... Je cours un des premiers dans l'arène, sans me rendre compte si je n'apportais pas une preuve de plus à Louise... On transporta la Carolina évanouie hors du cirque ; pendant quatre jours, on l'a crue perdue, mais maintenant elle paraît hors de danger... Comment voulez-vous que j'explique à Louise ces faits ? Elle croit que je l'ai trahie, abandonnée, et les apparences sont contre moi. Est-ce ma faute si la Carolina s'éprend de passion pour moi ? J'allais, il est vrai, me promener à la campagne avec elle, à cheval, mais toujours en compagnie de Jonquières, et je ne me doutais pas de l'accident qui devait résulter de ces promenades innocentes. Dites, madame, que faut-il faire?

— Tout n'est pas perdu, dit madame Chappe ; j'ai vu Louise.

— Que vous a-t-elle dit?

— Je l'ai vue si peu...

— Vous a-t-elle parlé de moi?

— Non, dit la maîtresse de pension, mais je lui ai parlé de vous.

— Ah! s'écria Julien... Eh bien?

— Elle est au moins aussi désolée que vous.

— Elle vous l'a dit?

— Je l'ai bien compris. Elle est pâle, maladive... Comment... vous paraissez heureux; c'est mal, monsieur Julien.

— Puisque je souffre, dit le comte, je suis content qu'elle souffre.

— Est-ce que vous ne le saviez pas?

— Comment? Je vois M. Creton du Coche le moins que je peux; il me fatigue par sa sottise; il ne s'inquiète seulement pas de sa femme : il ne m'a pas dit dans quel état elle se trouvait.

— Vous souhaitez maintenant un mari amoureux de sa femme, de la femme que vous aimez; vous n'êtes pas raisonnable non plus, dit madame Chappe.

— Sans aimer sa femme, M. Creton pouvait m'en donner des nouvelles; j'aurais demandé la permission d'aller rendre visite à Louise. Je vois souvent passer le mari dans la rue; il est toujours aussi content de lui-même, et il ne se doute pas des souffrances morales de sa femme.

— C'est fort heureux, dit la maîtresse de pension; il aurait été assez difficile à Louise d'expliquer que la jalousie qu'elle a contre une étrangère la fait maigrir.

— Elle a maigri? demanda Julien avec intérêt. Pauvre femme! Et il aurait suffi d'un mot pour qu'elle se tranquillisât; elle ne serait pas venue au cirque par dépit, afin de voir celle qu'elle croit ma maîtresse; la Carolina ne serait pas devenue furieuse et ne se serait pas tuée à moitié... Voyez, madame, à quoi peut mener la susceptibilité des femmes! Ah! je voudrais la revoir, un moment, un seul instant; je donnerais ma fortune pour lui dire que je l'aime encore, que je l'aimerai toujours, et puis je partirais, et, si elle ne voulait plus me rencontrer, je lui jurerais de ne plus chercher à la revoir.

— Pensez-vous que je vous croie? dit madame Chappe ; en ce moment, votre seul désir est de la voir une seconde, afin de profiter de cette seconde pour lui demander de la revoir le lendemain... Mais vous ne me parlez pas de l'affaire du tribunal?

— Que m'importe le tribunal! Dites-moi donc tout au long votre conversation avec Louise : vous ne sauriez croire combien je suis heureux de rencontrer quelqu'un qui lui a parlé.

Julien regardait madame Chappe avec les mêmes yeux qu'il aurait regardé Louise. Les vieilles femmes qui ont beaucoup vécu comprennent le charme qu'elles exercent vis-à-vis de l'amant, quand elles lui parlent de la maîtresse, et vis-à-vis de la maîtresse, quand elles lui parlent de l'amant. Ce ne sont plus des vieilles femmes, ce sont des anges consolateurs. Il faut être étranger à toute affaire amoureuse pour être choqué de la laideur des vieilles femmes, qui servent de trait d'union ordinaire à la jeunesse et à la beauté. La vieillesse n'existe plus pour les gens qui aiment : ils ne voient qu'un messager céleste qui calme leur tourment, dissipe leur chagrin, amène les réconciliations, et rend heureux jusqu'au lendemain.

— Vous a-t-elle permis de retourner la voir? demanda Julien.

— Certainement.

— Oh! si j'osais vous prier, ma chère dame... je serais trop heureux...

— Dites; vous savez, monsieur Julien, combien je m'intéresse à vous.

— Pourriez-vous la revoir demain?

— Demain, dit la maîtresse de pension, c'est bien.

— Je vous en prie.

— C'est que, reprit madame Chappe, j'ai, pendant quelques jours, à courir la ville pour une affaire d'intérêt qui me tracasse énormément. On est excessivement défiant dans ce pays; je ne sais à qui m'adresser pour réaliser un emprunt de mille francs dont j'ai le plus grand besoin.

— Comment, madame Chappe, dit le comte, n'avez-vous pas pensé à moi? Je croyais vous avoir dit que je donnerais toute ma fortune pour voir Louise... En rentrant à l'hôtel, je vais vous envoyer cette petite somme immédiatement.

— Non, non, dit madame Chappe, vous êtes trop bon, je n'accepte pas.

— Et, dit Julien, si vous aviez encore besoin de quelque somme plus importante, n'hésitez pas à recourir à moi, en me prévenant quelques jours à l'avance.

— Comment Louise ne vous aimerait-elle pas avec un cœur si généreux? dit madame Chappe. Ah! elle vous aimera, soyez-en sûr, vous, l'homme le meilleur que j'aie jamais rencontré. J'irai demain, j'irai tous les jours, et je n'aurai pas de cesse que vous ne l'ayez vue.

— Si je lui écrivais? dit Julien.

— Oui, dit madame Chappe, je porterai la lettre. Au fait, non, n'écrivez pas. Il ne faut pas que Louise se doute de notre intelligence, elle ne me recevrait plus; laissons tomber sa colère. Mais, avant tout, il s'agit d'éloigner l'écuyère.

— Elle est peut-être bien malade pour quitter la ville. Jonquières est allé la voir; je n'aurai de ses nouvelles qu'en rentrant.

— S'en ira-t-elle sans vous tourmenter?

— Ce n'est pas ma faute si la Carolina s'est attachée à moi, dit Julien; je n'ai aucunement cherché à lui plaire. J'ai fait tout ce que j'ai pu pour adoucir sa maladie; je lui ai envoyé un médecin. Quand elle sera en état de partir, je m'arrangerai de telle sorte qu'elle n'ait pas à souffrir du temps qu'elle a perdu pendant sa maladie. Jonquières a mes instructions, car je n'ose la voir.

— Tel que je vous connais, dit madame Chappe, je suis sûre que l'écuyère ne s'en ira pas les mains vides.

— N'est-ce pas tout naturel? je suis la cause indirecte de l'accident de cette pauvre fille... Quand vous verrez Louise, n'oubliez pas, madame Chappe, de lui parler de moi.

— J'en parlerai avec adresse ; ne craignez rien, je lui raconterai vos aventures avec la Carolina sous le jour le plus favorable, et je suis sûre que vous serez pardonné avant d'avoir dit un mot.

— Je pars ce soir pour Vorges, dit Julien, j'ai reçu une lettre de ma mère, qui me prie d'aller chercher ma sœur.

— Nous allons donc revoir cette chère enfant?

— Demain, madame Chappe, je vous ramènerai Élisa, et j'espère avoir de bonnes nouvelles.

— Oui, bon jeune homme, dit la maîtresse de pension, vous serez heureux, foi de madame Chappe !

XVI

La Société Racinienne.

Depuis quelque temps, Jonquières était aussi tracassé que s'il eût aimé lui-même; il avait été trouver l'avocat Quantin seul, afin d'éviter toute rencontre entre Julien et l'avocat. Tel qu'il connaissait Julien, et tel que l'avait rendu son amour contrarié, il était facile de prévoir une suite fâcheuse à l'entrevue; dans n'importe quelle condition, le comte n'eût refusé un duel ; mais en présence des rigueurs de Louise, il recherchait avec avidité les occasions dangereuses, et se serait fait tuer sans regrets. Le lendemain de l'affaire du tribunal, Jonquières se rendit de grand matin chez maître Quantin, et il remarqua un agent de police qui semblait en faction devant sa maison. L'avocat avait juste la bravoure qui consiste à insulter un adversaire à l'audience et à recevoir avec calme sa réponse; mais en dehors du palais, il se croyait hors d'atteinte, et ce fut avec un étonnement simulé qu'il reçut Jonquières, car les paroles de Julien, à la fin de l'audience, semblaient lui promettre un visiteur plus redoutable.

— Monsieur, lui dit Jonquières, il vous est échappé dans votre plaidoirie des paroles dont mon cousin désire avoir l'explication.

— Je comprends, monsieur, dit l'avocat, que M. le comte de Vorges ait pu se trouver froissé des attaques que j'ai dirigées contre la noblesse.

— Il ne s'agit pas de noblesse, dit Jonquières.

— Pardonnez-moi, monsieur, et vous allez comprendre que je ne pouvais traiter la question sous un autre jour : d'un côté, un épicier, un brave homme, mon client, se trouve lésé; de l'autre, un jeune homme fort distingué, je me plais à le reconnaître, ne veut pas payer les dégâts commis par lui; ne fallait-il pas plaider la cause d'un roturier aussi énergiquement que celle d'un noble? Mettez-vous à ma place, monsieur?

— Je venais pour une autre affaire, dit Jonquières.

— Ah! vraiment, dit l'avocat feignant de croire qu'on lui proposait une cause à défendre; je serai heureux, monsieur, de défendre vos intérêts, et j'y mettrai l'ardeur que vous m'avez vu déployer dans ma dernière plaidoirie.

— Nous ne nous entendons pas, monsieur, dit Jonquières.

— Le métier d'avocat, continua maître Quantin, est excessivement délicat.

— Oui, monsieur, et...

— On nous attaque de tous les côtés bien injustement ; nous ne nous faisons pas des amis de nos clients, mais nous avons pour ennemis acharnés ceux que nous avons eu le malheur de faire condamner.

— M. le comte Julien de Vorges m'envoie vous demander une rétractation des paroles prononcées par vous en public, monsieur Quantin, dit Jonquières impatienté d'entendre l'avocat se servir de faux-fuyants.

— Rétracter ma plaidoirie, monsieur, s'écria maître

Quantin; que me demandez-vous là? Puis-je changer les faits? En vérité, songez à l'impossibilité...

Et maître Quantin continua à ramasser les faits de la cause et essaya d'imposer un nouveau discours à Jonquières.

— Si, monsieur, vous vous obstiniez à soutenir les paroles que vous avez prononcées en plein tribunal, M. le comte de Vorges serait obligé, à son plus grand regret, de vous envoyer ses témoins.

— De quoi s'agit-il donc, monsieur? dit l'avocat Quantin devenant plus troublé à mesure que l'affaire prenait une tournure plus sérieuse.

— Il y avait dans votre plaidoirie, monsieur, une phrase ambiguë, qui a particulièrement mal sonné aux oreilles de mon ami; vous donniez à entendre que M. Julien de Vorges troublait la paix des ménages.

— Comment, monsieur, vous vous arrêtez à une semblable phrase qui n'est qu'une formule oratoire!... Le chevreuil ne s'est-il pas introduit chez M. Jajeot, de là chez M. Creton du Coche; n'a-t-il pas dilapidé dans sa folle course le mobilier de ces familles?... Qui est-ce qui poursuivait le chevreuil? M. Julien de Vorges. Quelle en a été la conséquence? Des ménages ont été troublés... Et c'est là ce qui a le plus blessé M. le comte!

— N'aviez-vous pas d'autres intentions en appuyant sur cette phrase? dit Jonquières, car vous l'avez dite lentement, sur un ton particulier, et moi-même, qui suis étranger à ce débat, j'ai été froissé.

— Quelle intention? demanda maître Quantin.

Jonquières regarda l'avocat en face, car sa question venait de l'embarrasser. Il était à peu près certain que maître Quantin avait voulu faire allusion à la passion de Julien pour la femme de l'avoué; mais il était difficile et même dangereux de faire intervenir le nom de M. Creton du Coche dans ce débat. C'est à quoi avait songé Jonquières, qui, pour cette raison, supplia Julien de le laisser conduire cette affaire, tant il craignait qu'un duel ne rendît l'histoire encore plus publique.

— J'ai voulu, monsieur, vous épargner une rencontre avec M. Julien, qui était fort mal disposé pour vous, dit Jonquières ; je me contenterai de cette explication, à une condition : vous voudrez bien me donner par écrit l'explication de votre phrase, qui nous a paru ambiguë.

— Comme il vous plaira, monsieur, dit l'avocat, heureux d'échapper à un duel.

Il se mit aussitôt à son bureau et écrivit à Julien un mot par lequel il lui expliquait le sens de sa phrase.

— Maintenant, monsieur, dit Jonquières, prenez garde à votre conduite à l'avenir ; je me fais fort que M. le comte de Vorges oubliera votre parole imprudente ; mais songez à ne plus vous occuper de la conduite de mon ami Julien, car il ne serait sans doute pas d'humeur à supporter des bavardages de petite ville, dont peut dépendre l'honneur d'une personne.

Maître Quantin salua Jonquières jusqu'à terre, et ne respira librement que quand il vit celui-ci traverser sa cour.

Quoique Jonquières pensât qu'il était impossible d'arrêter les paroles que l'avocat avait prononcées si perfidement à l'audience, il espéra que sa démarche empêcherait désormais maître Quantin de donner suite à ses insinuations dans la ville ; mais à peine cette affaire terminée, l'accident arrivé à la Carolina vint mettre de nouveau à contribution le dévouement de Jonquières, qui veilla pendant quatre jours l'écuyère en danger de mort. Le premier mot de Carolina, en revenant à la vie, fut de crier : Julien ! C'était ce qu'attendait Jonquières avec une certaine terreur. Il était plus facile de triompher de l'avocat que de l'écuyère, qui, habituée à ne garder aucun ménagement, pouvait se mettre en tête de poursuivre Julien de son amour et le forcer de quitter la ville.

— Julien est parti, dit Jonquières.

— J'irai le retrouver à la campagne, dit l'écuyère.

—Mais il n'est pas à la campagne, dit Jonquières ; il voyage.

— Ah ! s'écria Carolina, pourquoi l'ai-je rencontré !
Et elle fondit en larmes.

— Il va sans doute se marier, dit Jonquières, qui essayait de porter de grands coups afin qu'il ne restât plus d'espoir à l'écuyère.

— Il va se marier ? dit-elle ; tant mieux... il oubliera l'autre... il l'abandonne... la pauvre femme doit être bien malheureuse.

— Quelle autre ? demanda Jonquières.

— Cette femme qui était à côté de lui au cirque ; je ne sais qui elle est, mais il l'aimait, j'en suis persuadée.

— Détrompez-vous, mademoiselle, dit Jonquières.

— Oh ! les femmes ne se trompent pas, et elle aussi l'aime... J'aurais mieux fait de mourir. Mais votre ami se soucie bien de l'amour d'une Carolina, une écuyère ; il se dira : C'est une femme comme une autre, elle ne vaut pas la peine qu'on fasse attention à elle... Eh bien ! monsieur Jonquières, je vous estime, vous ; vous m'avez soignée comme un frère ; promettez-moi de dire à Julien que je ne suis pas celle qu'il croit... Avant lui, je n'avais jamais aimé ; je ne me doutais pas du bonheur qu'on peut éprouver et des tortures que je ressens encore, et qui sont plus dures que le coup que j'ai reçu à la tête... Quand vous le reverrez, vous lui direz que je n'ai jamais aimé que lui, et que, ne pouvant l'avoir, je n'en aimerai pas d'autre... Et aussitôt rétablie je ne durerai pas longtemps, dit-elle. Vous entendrez dire qu'il y a quelque part, je ne sais où j'irai, une célèbre écuyère, une femme intrépide qui fait des choses impossibles. C'est moi. Et puis un jour on annoncera qu'elle s'est tuée, et son cheval... Oui, dit-elle en s'animant, car elle avait toujours la fièvre, je ne veux pas que ma pauvre Betty soit montée par personne après moi ; elle crèvera et moi aussi du même coup.

— Allons, mademoiselle, dit Jonquières, ne vous montez pas, le médecin vous a défendu de parler ; écoutez-moi, j'ai des nouvelles à vous donner de Betty, mais, si vous m'interrompez, je serai obligé de vous laisser... J'ai pris soin de votre jument; elle est un peu triste et étonnée de se trouver à l'écurie sans sortir.

— Elle m'aime, ma Betty, dit tristement Carolina, ce n'est pas comme Julien.

— Oui, elle vous aime; eh bien! il faut vous rétablir vite pour la revoir, pour lui faire plaisir... Et maintenant vous voilà abattue d'avoir parlé aussi vivement; je vous quitte, tâchez de vous reposer un peu, je viendrai savoir de vos nouvelles après le dîner.

En sortant de l'hôtel, Jonquières rencontra Julien, qui se promenait devant la porte.

— J'allais monter savoir des nouvelles de la Carolina, dit Julien.

— Si tu avais fait une pareille imprudence, je partais et je te laissais seul dans la ville... Tu n'es pas raisonnable, Julien.

— Comment va cette pauvre fille?

— Le coup qu'elle s'est donné à la tête pour toi n'a fait qu'augmenter sa passion; aussi j'ai cru devoir dire que tu étais parti...

— Pourquoi? demanda le comte.

— Parce que demain, j'espère que tu seras loin d'ici.

— Partir demain, moi! s'écria Julien; c'est impossible.

— Il le faut, dit Jonquières.

— Mais je m'attends tous les jours à revoir Louise. Madame Chappe me le fait espérer.

— Tu verras madame Chappe, tu lui diras que tu t'absentes pour quelques jours, et tu prendras d'autres dispositions.

— Mais tu ne sais donc pas que M. Creton du Coche quitte la ville pour une huitaine? Il va en compagnie de M. Bonneau à un congrès archéologique. Je veux m'introduire auprès de sa femme pendant son absence; il faut qu'elle m'écoute.

— Tu n'as pas encore assez compromis cette femme, dit Jonquières, et la divulgation de ton secret en plein tribunal ne t'a pas servi de leçon...

— Je tuerais celui qui oserait dire un mot sur le compte de Louise.

— Et le sauras-tu, celui qui aura parlé?... Toute la ville est complice; ce n'est pas une bouche qui parle, ce sont toutes les bouches; tu veux tuer tout le monde. Et quand tu rencontrerais le bavard et que tu le tuerais, — d'abord on ne tue jamais un bavard, — on voudra savoir le motif de cette grosse querelle... Depuis quelque temps tu ne vas plus chez M. Creton du Coche; tu t'introduirais chez lui pendant son absence... pour que tous les voisins le remarquent. Le lendemain, Louise serait affichée aux yeux de toute la ville. Il faut t'en aller quelques jours; la malignité finira par te lâcher, et, en agissant prudemment, tu reverras Louise sans qu'elle soit compromise. Tu ne penses pas à la Carolina non plus; sous peu, quand la fièvre aura cessé complétement, je la fais partir rejoindre les écuyers; mais si elle apprenait que tu es ici, que tu n'es pas en voyage, que je l'ai trompée, jamais elle ne quitterait la ville. Elle voudrait te revoir; elle a déjà des soupçons sur Louise, ses soupçons se confirmeraient; avec le caractère que tu lui connais, elle est capable de tomber chez M. Creton du Coche et d'y faire une scène de jalousie... Il faut tout craindre de cette femme.

— Que faire? dit Julien.

— Partir.

— Où?

— N'importe où, dit Jonquières; mais ne me disais-tu pas que M. Creton du Coche s'en allait à un congrès avec M. Bonneau?

— Oui.

— Tâche de le revoir, et pars avec lui; s'il restait quelques doutes dans le public, ils tomberaient devant ton départ avec l'avoué; car, entre nous, tu as eu tort de le délaisser depuis l'affaire du tribunal. On peut croire que les insinuations de l'avocat Quantin ont porté coup et qu'une brouille est survenue entre vous.

Julien se rendit à ces sages raisons; le soir même il partait en compagnie de M. Bonneau et de l'avoué, ivre de joie d'entrer enfin dans une société savante, dont la fondation faisait grand bruit. Un grammairien intrigant de Paris, M. Vote, avait conçu le projet de fonder une académie en l'honneur de Racine. Le but était de produire une réaction en faveur du poëte du dix-septième siècle, qu'une école nouvelle tendait à amoindrir. Le grammairien avait inventé une méthode pour lire Racine, qui consistait à noter pour ainsi dire musicalement chaque mot du poëte. Le livre n'avait eu aucun succès; mais le grammairien, entiché de son idée, avait profité de la réprobation qu'inspiraient à la vieillesse les attaques véhémentes de jeunes gens exaltés, pour décider un pair de France à accepter la présidence de l'académie Racinienne.

On avait réuni un groupe composé des débris de diverses académies boiteuses, de quelques athénées sans disciples, de congrès littéraires célèbres sous l'empire, et le noyau des admirateurs de Racine se trouva au grand complet. En même temps le professeur de grammaire fit un appel à tous les savants, archéologues ou lettrés, de la province qui avait donné naissance à Racine. C'est ainsi que M. Bonneau fut appelé à faire partie de l'académie. Il n'eut aucune peine à y entraîner M. Creton du Coche, qui se trouvait alors à la tête de plusieurs gros volumes d'observations météorologiques.

Grâce à la faveur publique dont jouissait l'archéologue, M. Creton du Coche eut l'honneur d'assister à une séance préparatoire de la société Racinienne, qui faisait pour ainsi dire une sorte de répétition dans une des maisons les plus considérables de Château-Thierry. Julien fut stupéfait de la société qui était réunie. On ne voyait, en entrant, que crânes chauves, irréguliers et mal construits, qui reluisaient, frappés par la lueur des bougies allumées. C'était un monde appartenant à une autre génération, et un sentiment pénible jaillissait de ces vieux crânes dépouillés. Aussi l'entrée de Julien fut-elle remarquée, et tous les regards envieux des vieillards se portèrent sur l'audacieux qui osait entrer dans le sanctuaire d'une académie, les cheveux sur la tête.

Il n'y eut qu'une personne qui fit un aimable accueil au comte, madame Prudence Breteau, née Pichery, une célébrité poétique de la province, maigre, sèche, avec une peau parcheminée collant aux joues, mais qui avait une si belle chevelure qu'on se prenait à douter de sa véracité. En souriant au comte, la muse montra de si pures dents blanches, longues et larges, que Julien se crut devant une figure de cire. On rencontre beaucoup de ces personnes, et notamment chez les femmes, qui offrent des mélanges de vieillesse si nettement accusés, que tout ce qui est jeune ne peut appartenir qu'à l'intrigue de l'art.

— Ça va bien, ça va bien, nous sommes au grand complet, dit un homme à grosses moustaches qu'on appelait *capitaine*, et qui n'était autre qu'un propriétaire du pays appelé Chamberlin, ancien maréchal des logis au huitième régiment de hussards.

— Messieurs, s'écria M. Vote, le fondateur de la société, en agitant sa sonnette, il faudrait s'entendre cependant sur les morceaux à lire. L'heure nous gagne ; nous nous réunissons demain en assemblée générale.

Mais il régnait dans le salon une grande confusion ; c'étaient de petits groupes au milieu desquels un homme, déroulant un gros cahier, commençait une lecture intime avant de la rendre publique ; chacun se faisait force compliments, on se serrait les mains, on se distribuait des éloges bruyants et pompeux.

— Messieurs, je vous en prie, un peu de silence, s'écriait M. Vote, chacun aura son tour ; M. Bonneau, M. Prudhommeaux jeune, M. Larson, un peu moins de bruit...

Et il courait d'un membre à l'autre, leur prenant la main, tâchant de les apaiser et s'efforçant inutilement d'atteindre M. Bonneau, qui arpentait rapidement le salon, traînant son parapluie et le présentant à tous les membres.

— Madame Prudence, dit-il à la femme célèbre, je vous en prie, montez avec moi au bureau ; peut-être ces messieurs s'inclineront-ils devant une dame.

Il entraîna ainsi la muse et la força de s'asseoir dans le fauteuil du président, tout en continuant à sonner la cloche.

— Messieurs, dit-il, un peu de silence, au moins taisez-vous par respect pour une dame.

Le calme ayant été obtenu à grand'peine, madame Breteau se leva et demanda que le spirituel président voulût bien ouvrir la séance par son remarquable travail sur les fureurs d'Oreste.

—Plus tard, dit M. Vote avec une feinte modestie... N'est-ce pas à vous, belle académicienne, de commencer ?

— Pardonnez-moi, mon cher président, je ne le souffrirai pas ; je pense, du reste, que c'est l'avis de l'académie.

Le silence ayant été obtenu, M. Vote s'inclina :

—Je suis confus, messieurs, dit-il, de tant d'honneur. Plusieurs, parmi vous, pouvaient briguer l'honneur d'ouvrir la séance. Et d'abord madame Breteau, dont la poésie est si maternelle qu'elle a pour ainsi dire des entrailles ; et le fin et délicat Prudhommeaux jeune, qui a recueilli l'héritage de Voltaire, dans la confection si difficile de l'épigramme ; et M. Fauvel, qui emploie ses veilles à faire de si consciencieux travaux rétrospectifs sur l'art de l'artificier ; et M. Chamberlin, qui a enrichi la science hippique de livres d'un intérêt profond sur l'exposé des cas rédhibitoires, et surtout sur le farcin, le choléra du cheval ; et M. Creton du Coche, l'un des plus dignes soutiens de la Société de météorologie, que la Société de géographie appelait hier encore dans son sein, et qui sera à la place qu'il mérite quand la Société de géologie lui aura ouvert ses portes ; et l'illustre Bonneau, à qui, dès ce jour, on peut retrancher le *monsieur*, certain que la postérité ratifiera cette impolitesse.

— Bravo! bravo! s'écria l'assemblée pendant que M. Vote buvait un verre d'eau.

— Les fureurs d'Oreste!... s'écria M. Vote. Art de la diction... Où sont, messieurs, les Monvel, les Saint-Prix et les Duval-Cadet, ces tragédiens qui traduisaient noblement, avec art et simplicité, nos chefs-d'œuvre; où sont-ils? La tragédie est morte, parce que les acteurs modernes l'ont tuée sous le coup de leur déclamation insensée. Nous avons vu dernièrement, dans cette ville, le dernier représentant de cet art, M. David, ex-sociétaire de la Comédie-Française. Il me fit l'honneur de venir dîner chez moi. Et il me comprit, le grand tragédien! Il me dit ces paroles, que ma modestie m'empêche de répéter dans cette enceinte...

— Nous engageons M. le président, dit M. Bonneau, à ne rien nous céler.

— Puisque M. Bonneau m'y invite, dit le président, ma modestie se trouve à couvert. David me dit : Si vous veniez à Paris avec votre méthode, vous renverseriez non-seulement le Conservatoire, mais encore le théâtre moderne... Sans plus de commentaires, je commence :

Grâce aux dieux, mon malheur passe mon espérance.

Oreste a été un moment anéanti par la nouvelle de la mort d'Hermione; il reprend peu à peu l'usage de ses sens, mais c'est pour faire éclater la douleur la plus profonde. *Grâce aux dieux*, voix sombre, lente; sentiment de douleur et d'ironie prononcé; *mon malheur*, comme plaintes étouffées par la souffrance; *passe mon espérance*, prolongement des syllabes *pa* et *ran* dans le ton du premier hémistiche.

Oui, je te loue, ô ciel! de ta persévérance.

Amplification des sentiments précédents; *ô ciel*, plus appuyé; *persévérance,* bien articulé dans chacune des syllabes, en prolongeant sur *ran,* cependant sans affectation.

Appliqué sans relâche au soin de me punir,

Ton d'énumération, avec reproche.

Au comble des douleurs tu m'as fait parvenir.

Au comble des douleurs, désespoir intérieur; le second hémistiche gradué jusqu'à la syllabe *nir.*

Ta haine a pris plaisir à former ma misère;

Ta haine, appuyé; *a pris plaisir,* avec amertume et ironie; *à former ma misère,* dans un sentiment douloureux.

J'étais né pour servir d'exemple à ta colère;

J'étais né, ton de tristesse et de reproche; *pour servir d'exemple,* en renchérissant avec ampleur; *à ta colère,* appuyé et accentué.

Pour être du malheur un modèle accompli.

Pour être du malheur, accentuation profondément triste; *un modèle accompli,* augmentation de gravité et d'importance. Messieurs, je n'abuserai pas plus longtemps de la parole, et je laisse à de plus dignes que moi la faculté de me remplacer à cette tribune.

— Il faut publier ces études, dit M. Bonneau en applaudissant; il faut que la Société les fasse imprimer...

— Vous êtes trop bon, mon estimable confrère, dit M. Vote; j'ai laissé par testament ce soin à mes héritiers.

— Pourquoi priver la France de vos travaux? dit madame Prudence Breteau; pourquoi priver notre académie de l'honneur qui doit rejaillir sur elle en la personne de son président?

— Il y a dans ces études trop de novations, trop d'opinions à froisser, dit M. Vote. On m'attaquerait violemment... Mon âge, mes habitudes me défendent d'y songer.

Il s'éleva alors dans l'assemblée un de ces sourds murmures approbateurs qui suivent les bravos bruyants et qui sont encore plus chers que ceux-ci à l'orateur; cependant dans l'embrasure des fenêtres se tenaient les Zoïles nécessaires au triomphe; le capitaine avait pris M. Creton du Coche par un bouton de son habit.

— Eh! monsieur, que pensez-vous de cela?

— Ce morceau me paraît fort beau, répondit timidement l'avoué.

— Je ne comprends pas bien, dit l'homme aux grosses moustaches, tous ces grands mots, énumérations sans reproches, accentuations d'importance, et le reste... Vous entendrez tout à l'heure mon discours sur l'amélioration de la race chevaline.

— En effet, dit M. Creton du Coche, ce doit être très-curieux.

— Silence, messieurs, dit M. Vote en agitant sa sonnette, la parole est à M. Prudhommeaux jeune.

M. Prudhommeaux, appelé jeune pour le distinguer de son père, avait soixante-cinq ans. C'était un de ces célibataires cités pour leur esprit dans la province; il excellait surtout dans les petits vers, et on ne manquait pas, aux dîners d'apparat, de l'avoir, afin de lui faire remplir les bouts-rimés.

— Épigramme! s'écria Prudhommeaux jeune, en lançant un regard satirique à l'assemblée. Aussitôt un sourire général se posa sur les lèvres de chacun, et quelques vieillards firent claquer la langue comme s'ils allaient goûter un petit vin agréable. On entendait même certains rires étouffés, annonce certaine d'un plaisir goûté par avance, comme ces paysans qui, allant au spectacle pour la première fois, trouvent une immense jouissance à contempler la toile.

— Épigramme ! répéta Prudhommeaux jeune, et il récita :

Le long d'une garenne un médecin chassait.
— Hé! hé! dit un plaisant qui près de là passait :
Pourquoi prendre un fusil durant vos promenades,
En est-il donc besoin pour tuer vos malades?

A ces vers, dits du bout des lèvres, l'académie ne put contenir sa gaieté; le président agitait sa sonnette avec enthousiasme ; les rires et les applaudissements se combinèrent, et Prudhommeaux jeune, avec un profond sérieux, recueillit un hommage public qui lui semblait dû.

— C'est bien fâcheux que le docteur Prevot ne soit pas ici, disait-on.

— Comme c'est lui!

— Est-il bien dépeint en quatre mots!

— Je ne conseille pas à Prudhommeaux jeune de se faire soigner par le docteur Prevot.

— Voilà le modèle de la fine plaisanterie, disait M. Vote.

— Oserais-je prier M. Prudhommeaux jeune, dit madame Breteau, de vouloir bien redire sa charmante épigramme?

Le poëte remonta à la tribune sans se faire prier, et répéta son quatrain aux applaudissements unanimes. Le maréchal des logis Chamberlin lui succéda.

— Messieurs, dit-il, j'ai un grand travail...

— Permettez, monsieur Chamberlin, dit M. Vote, ce n'est pas encore votre tour.

— Et quand donc? demanda brusquement celui-ci.

— Mon cher confrère, dit le président, madame Prudence Breteau n'a pas encore parlé, et vous comprenez que les dames avant tout.

— Bah! dit Chamberlin, de la *poasie*, toujours de la *poasie;* j'en ai assez moi, et vous, monsieur Creton?

L'avoué, qui débutait dans une société savante, salua son interlocuteur en souriant de façon à laisser croire qu'il partageait les récriminations de l'ancien sous-officier de hussards.

— Messieurs, s'écria M. Vote, madame Prudence Breteau, née Pichery, veut bien consentir à nous lire une de ses nouvelles et fraîches productions.

— Mes chers confrères, dit la muse, je vous demande un peu d'indulgence pour des vers que vous avez bien voulu trouver passables quelquefois. La pièce est intitulée : *Nésilda, la pauvre mère.*

Et après s'être recueillie, elle dit d'une voix pleine de sanglots :

> Dans son bercelet l'enfant dort.
> Elle a des yeux bleus, l'enfant blonde.
> Nésilda veille et l'enfant dort :
> Beau lis sur qui l'orage gronde.
>
> Soudain il rouvre sa paupière ;
> Sa bouche a des sourires d'or.
> Elle s'ouvre en criant : « Ma mère!... »
> Pauvre mère!... L'enfant est mort!!!...

— Quelle âme! quel cœur! s'écria le président.

— Ce n'est pas gai comme votre petite *machine*, dit Chamberlin à Prudhommeaux jeune, qu'il trouva moyen de froisser par cette parole.

Quelques membres feignaient de verser des larmes, tandis que madame Breteau, étendue sur le fauteuil, paraissait brisée par la douleur poétique.

— Remarquez, messieurs, dit le président, l'heureux choix du nom de Nésilda, qui indique déjà un ton général de douleur. Ce vers surtout m'a frappé :

> Beau lis sur qui l'orage gronde...

D'autant plus que notre grande artiste, madame Breteau, y mettait un sentiment de bienveillance troublée, et qu'elle allait en renchérissant sur le mot *gronde*. M. de Lamartine serait jaloux de

> Sa bouche a des sourires d'or!...

Enfin, je fais des compliments personnels à notre chère académicienne sur l'onction et la foi qu'elle a mises dans ce petit chef-d'œuvre.

Le capitaine Chamberlin s'était précipité à la tribune.

— Messieurs, dit-il, l'heure se passe et j'ai un grand travail sur l'amélioration de la race chevaline.

— La commission, dit le président, en a-t-elle eu connaissance? Lui avez-vous soumis votre manuscrit?

Chamberlin répondit que non.

— Il est impossible, dit le président, que nous écoutions votre rapport aujourd'hui.

— Comment! s'écria d'un ton menaçant le maréchal des logis.

— Le règlement! lisez le règlement! s'écrièrent deux académiciens.

M. Vote lut l'article 307, par lequel tout travail d'un membre, soit adjoint, soit correspondant, devait être étudié par une commission de quatre membres, renouvelée tous les mois, qui, dans une analyse rapide, déclarait si le travail présenté n'était pas contraire aux mœurs ou s'il était empreint d'une couleur politique.

— Sacrebleu! dit Chamberlin, j'attaque le ministère.

— Mais vous voulez donc faire fermer notre académie! dit M. Vote.

— N'est-ce pas indigne, s'écria Chamberlin, de voir la cavalerie faire sa remonte avec des mecklenbourgeois?

— Qu'importe? dit le président.

— Qu'importe! reprit Chamberlin hors de lui... Déclamateur, vieil Oreste!

— Je vous en prie, dit madame Breteau en se penchant vers M. Vote, faites une infraction à nos règlements en faveur de M. Chamberlin, il est si violent!...

— Mes chers confrères, dit le président, en présence de la situation, je vous prie de voter par assis et levé si nous pouvons entendre la lecture du travail de M. Chamberlin. Que ceux qui sont d'un avis contraire se lèvent.

L'ex-maréchal des logis promena un regard si foudroyant sur chacun des membres qu'ils restèrent tous cloués sur leurs bancs.

— J'ai une simple observation à faire, monsieur le président, dit Prudhommeaux jeune qui se leva.

— Quoi? s'écria Chamberlin en allant à lui.

— Oh! monsieur Chamberlin, dit Prudhommeaux en retombant terrifié sur sa chaise, c'était dans votre intérêt.

— A la bonne heure, dit le maréchal des logis. Je commence. Messieurs, c'est quand les nations sont plongées dans la paix la plus profonde qu'il faut songer au fléau de la guerre. La France en particulier...

— Nous ne pouvons laisser l'orateur continuer sur ce ton, dit M. Vote; il sait bien que la politique, cette pomme de discorde, est exclue de notre sein.

— Eh! nom d'un chien, laissez-moi finir ma phrase, dit Chamberlin. Ainsi que j'avais l'honneur de vous le dire, nous jouissons d'une paix profonde, nos armées sont dans l'inaction; seulement en Afrique...

— Monsieur Chamberlin! monsieur Chamberlin! s'écria le président.

— C'est un peu fort, dit timidement Prudhommeaux jeune.

— Voulez-vous me laisser dire, oui ou non? dit Chamberlin... J'abandonne l'Afrique... Il y a deux mois, j'envoyai un mémoire à la Société des haras; mais ces messieurs n'ont jamais mis le pied dans une écurie, ils dorment dans leurs fauteuils et méconnaissent les idées supérieures...

— Monsieur Chamberlin, nous ne pouvons laisser engager la discussion sur ce terrain...

— Cependant, dit l'ex-maréchal des logis, la Société des haras n'est pas de la politique...

— Pardonnez, monsieur Chamberlin ; si nous critiquons nos confrères, si nous attaquons la Société des haras, à quelles terribles représailles ne serons-nous pas exposés ?

L'ex-maréchal des logis poussa alors tous les jurements qu'il avait recueillis dans diverses casernes, et interpella l'assemblée d'une façon si provoquante que madame Prudence Breteau tomba dans des attaques de nerfs. Heureusement, les bougies touchaient à leur fin, et le président, pour conjurer l'orage, leva la séance.

XVII

Une visite à l'Observatoire.

La solennité avait été annoncée par tous les journaux de Paris et de la province ; ce fut une véritable fête pour la petite ville de la Ferté-Milon, qui, jusqu'alors, n'avait pas tenu à grand honneur d'avoir donné naissance à Racine. Il fallait un tel mouvement à Julien pour lui faire oublier les événements par lesquels il venait de passer.

La séance d'ouverture fut d'une grande curiosité : le vieux pair de France, homme sourd et goutteux, fit un long discours dont le but était de prouver aux académiciens, ses collègues, qu'il serait bon d'emprunter au grand siècle ses traditions, et que la meilleure manière d'honorer Racine était que les membres du bureau devaient porter dans les séances publiques de grandes perruques à la Louis XIV. Cette motion ne fut adoptée qu'après une longue discussion.

Le grammairien à qui revenait l'idée de l'académie Racinienne récita *Britannicus* tout entier, en exposant les principes de sa méthode, qui consistait à faire suivre chaque mot d'une note dans laquelle l'admirateur de Racine était engagé à prononcer le mot soit avec force, soit avec onction, soit avec un accent guttural, soit du bout de la langue, soit en soupirant, soit en aspirant.

Un tableau allégorique montrait le châtiment qui attendait les adversaires du poëte : c'étaient des jeunes gens à la grande barbe et en gilets blancs à la Robespierre, lançant des pierres contre la statue de Racine, et blessés eux-mêmes par les pierres, qui, loin d'attaquer la statue du poëte, revenaient sur ses ennemis.

Un membre de la section de peinture fournit ce tableau, qu'on voit encore à la mairie de la Ferté-Milon ; la séance ne dura pas moins de dix heures, attendu qu'il fut permis à quelques savants de lire des travaux qui n'avaient pas de rapport avec l'hommage rendu à Racine, mais qui témoignaient du culte de la province pour les arts et les lettres.

Après avoir expliqué son parapluie, en avoir signalé les propriétés, M. Bonneau fut invité, par le pair de France qui présidait l'assemblée, à vouloir bien l'ouvrir en public, et un tonnerre d'applaudissements témoigna à l'archéologue la part que chacun prenait à son système d'étude des monuments.

M. Creton du Coche lut ensuite ses observations sur la température, et il fit part à l'assemblée des résultats que la Société météorologique se proposait pour agrandir la durée de la vie.

Un orateur succéda et plaignit vivement Racine d'avoir vécu à une époque où cette science n'était point encore découverte, car quelques années de plus auraient pu favoriser le grand siècle d'une tragédie de plus.

La séance fut terminée par la lecture d'un mémoire de M. Chamberlin sur une maladie commune aux chevaux, le farcin, sujet qui semble peu racinien ; mais il avait été décidé que tout savant de la province ayant donné le jour à Racine aurait le droit de lire une production de n'importe quelle nature.

Il y eut le soir grand bal à la mairie, et le sous-préfet

délivra à tous les membres de l'académie une médaille de Racine, que chacun tint à honneur d'accrocher à sa boutonnière. La fête dura deux jours ; après quoi M. Creton du Coche, jaloux de recueillir d'autres hommages, pria Julien de vouloir bien l'accompagner à Paris, où il se rendait au siége de la Société météorologique.

Julien brûlait d'envie de reprendre la diligence et de retourner à Molinchart, quand même il n'y eût pas rencontré Louise ; mais il était tenu par sa parole, et n'osait reparaître devant son cousin, qui lui avait donné de sages conseils ; d'ailleurs, il comprenait qu'il était plus prudent d'attendre le départ de la Carolina.

Après avoir lutté, la raison l'emporta, et il accepta la proposition de l'avoué. Mais, avant de partir, il écrivit à madame Chappe un mot par lequel il lui demandait une réponse à Paris.

« Je ne vis plus loin de Louise, lui disait-il ; au moins, dans la ville, je respire l'air qu'elle respire, et il me semble qu'il y a entre nous quelque rapport mystérieux, quoique je ne la voie pas. Allez-y, je vous en prie, parlez-lui de moi, toujours de moi. Quelle cruauté elle a montrée quand je suis parti avec son mari ! Elle a feint une indisposition pour ne pas me recevoir. Aussi, j'ai passé une nuit terrible dans la diligence, pendant que mes deux compagnons ronflaient en rêvant à leurs discours. Quel calme donne la science et même cette apparence de science dont sont frottés ces deux êtres ! Ils n'abandonneraient pas une heure de leur archéologie pour un peu d'amour, et moi, je donnerais tous les monuments du moyen âge et de la Renaissance pour que Louise voulût bien m'aimer un peu.

» Je pars pour Paris ; mais je n'y serai pas deux jours, que je maudirai chaque minute qui s'écoule sans me rapprocher de Louise. Voyez-la tout de suite, n'est-ce pas, madame ? Écrivez-moi plus vite encore comment vous l'avez trouvée, son air, sa figure, la façon dont elle vous aura reçue, l'effet que produira mon nom ! Ah ! si vous ne me l'aviez pas tant recommandé, comme je profiterais de l'absence de son mari pour lui écrire! Une lettre est si peu compromettante... Je n'y tiens plus, je lui écris, et quoique je vous désobéisse, je vous obéis encore. Vous trouverez cette lettre dans la vôtre; si vous jugez imprudent de la lui remettre, jetez-la à la petite poste; si vous croyez sa venue par la petite poste également imprudente, déchirez-la. Mais songez que j'attends votre réponse poste pour poste; d'ici là, je ne vais plus comprendre M. Creton du Coche; il est maître de ma personne, il peut me faire faire ce qu'il veut, aller où je ne veux pas; mais il ne saura tirer de moi un seul mot raisonnable, car je n'ai qu'une pensée, et je l'ai laissée sur la montagne.

» Julien de Vorges. »

En arrivant à Paris, M. Creton du Coche décida, quoiqu'il fît encore presque nuit, qu'il serait bon d'aller immédiatement au siége de la Société météorologique, où demeurait le célèbre Larochelle. Julien essaya inutilement de lui démontrer qu'il était peu convenable d'aller chez les gens à six heures du matin, M. Creton du Coche prit un fiacre, emmena le comte et se fit conduire rue de la Huchette.

La maison où le commis voyageur avait donné son adresse était une de ces maisons borgnes de Paris pour lesquelles le propriétaire n'a pas même fait les frais d'un portier. Une petite allée noire et mal éclairée se prolongeait jusqu'à ce qu'un obstacle avertît les visiteurs qu'ils se trouvaient en présence d'un escalier. Le rez-de-chaussée était occupé par un cordonnier strasbourgeois qui était parvenu à prononcer en français les mots relatifs à son état, à son entretien, à sa nourriture, mais qui, une fois sorti de ce petit dictionnaire, ne parlait qu'un baragouin capable de faire frissonner un Allemand lui-même.

En entendant M. Creton du Coche lui demander le siége de la Société météorologique, le savetier le regarda avec inquiétude; jamais il ne put comprendre le renseignement que l'avoué désirait de lui, et il envoya M. Creton du Coche au premier étage, où demeurait une blanchisseuse de fin, qui, employant beaucoup d'ouvrières curieuses, devait nécessairement, suivant les idées du savetier, connaître la personne qu'il importait à M. Creton du Coche de trouver; mais la blanchisseuse n'était pas encore levée, et l'avoué dut attendre dans un café voisin une heure plus convenable pour se présenter.

— Êtes-vous bien certain de connaître l'adresse véritable? lui dit le comte. Cette maison me semble peu convenable pour recevoir une société savante.

— Au contraire, dit l'avoué; ces messieurs ne font pas de vains sacrifices au luxe, et je ne les en honore que davantage d'avoir fondé ici le siége de la Société. N'est-ce pas ici d'ailleurs le quartier savant? Je brûle de les voir en séance et d'entendre cette série de rapports partis de tous les points de la France, et qui vont révolutionner la climatérique...

Là-dessus, M. Creton du Coche se livra à ses considérations sans fin que Julien n'écoutait pas, son esprit étant préoccupé ailleurs.

— Si vous retourniez dans cette maison, lui dit le comte, pendant ce temps je ferais préparer le déjeuner.

— Vous avez raison, dit l'avoué, et si vous le permettez, j'invite à déjeuner avec nous M. Larochelle. Vous verrez quel homme instruit, et comme il raisonne bien; je n'ai pas eu besoin de l'entendre un quart d'heure, qu'il m'avait développé clairement son système, et que je connaissais la science à fond. Et ne croyez pas qu'il ait la mine renfrognée des vieux savants; au contraire, M. Larochelle est jeune encore et nullement pédant.

— Amenez donc M. Larochelle, dit le comte.

Après une demi-heure de recherches dans la maison sans portier, l'avoué, arrivé au cinquième étage, poussa un cri de joie en lisant le nom de Larochelle écrit à la craie sur une méchante petite porte. Il frappa discrètement, et une voix de femme lui répondit :

— Entrez.

Quoiqu'un peu surpris de ce qu'une société savante fût logée si haut, M. Creton tourna la clef et se trouva en présence d'une ouvrière, dans une pauvre chambre mansardée, dont le principal ameublement était représenté par du linge pendu sur des ficelles.

— Pardon, mademoiselle, je me trompe, dit l'avoué en se retirant.

— Que demandez-vous, monsieur ?

— J'aurais désiré parler à M. Larochelle. Je venais ici croyant m'adresser au siége de la Société météorologique.

— Monsieur, dit l'ouvrière, la Société ne tient plus dans la maison.

— Ah ! s'écria M. Creton sous le coup d'une violente émotion.

— Quant à M. Larochelle, si vous voulez lui laisser votre adresse, il ira vous trouver.

L'avoué laissa sa carte avec l'indication de l'hôtel où il était descendu, et revint trouver le comte, qui fut étonné de l'air soucieux de M. Creton du Coche.

Sans avoir de soupçons défavorables contre la Société météorologique, l'avoué ne pouvait comprendre comment Larochelle lui avait donné une adresse rue de la Huchette, quand il n'y demeurait pas. Ayant raconté à Julien la singulière façon dont il avait été reçu :

— Il y a un moyen, dit le comte, de connaître la vérité. Garçon, apportez-moi l'*Almanach des* 25,000 *adresses...* Vous y trouverez, dit Julien, toutes les sociétés savantes de Paris.

M. Creton du Coche saisit avec empressement l'almanach et le feuilleta près d'une heure dans tous les sens.

— Il n'y a pas de trace, dit-il en soupirant, de Société météorologique.

— Eh bien ! dit Julien, il faut aller à l'Observatoire ;

vous demanderez à parler à un des secrétaires, et s'il ne connaît pas votre société, personne ne la connaît à Paris.

— Oh! mon cher Julien, comme vous vous intéressez à la science! je le vois maintenant...

La journée se passa tristement pour Julien, qui trouvait une médiocre satisfaction à accompagner M. Creton dans ses courses; mais le lendemain matin il reçut deux lettres dont l'écriture le fit tressaillir. L'une était de Jonquières, l'autre de madame Chappe. Jonquières ne demandait plus à son ami qu'un peu de courage; dans deux jours, la Carolina partait; le départ de Julien avec l'avoué était assez connu dans la ville pour que le bruit en fût venu jusqu'aux oreilles de l'écuyère.

Certaine que Julien n'était plus à Molinchart ni aux environs, elle s'était résignée à son sort et attendait même avec une certaine impatience que sa maladie lui permît de s'éloigner d'une ville qui lui rappelait des souvenirs douloureux.

Quoique le comte fût touché de la malheureuse passion de la Carolina, il lui sembla que cette lettre lui enlevait un grand poids; l'écuyère partie, il pouvait reparaître sans danger à Molinchart; il reverrait Louise, et l'avenir se présentait sous des couleurs gaies. Madame Chappe écrivait à Julien :

« Monsieur le comte,

» Je réponds immédiatement à votre honorée lettre, et j'ai exécuté vos intentions. Notre Louise est toujours triste et dévorée par le mal inconnu que vous avez fait naître, et dont vous obtiendrez prochainement une cure miraculeuse. Elle me cache toujours ses secrets sentiments, et si je ne connaissais pas les jeunes femmes, je lui dirais : Confiez-vous à moi, dites-moi vos tourments, ils seront à moitié diminués quand je les partagerai; mais notre jolie Louise n'est pas une femme comme les autres. Elle mourrait plutôt que de dire son secret. Je comprends, monsieur le comte, la passion qu'elle vous a inspirée.

» C'est un ange de patience et de résignation ; elle est jalouse de l'amour qu'elle vous inspire, et elle craindrait de l'éventer en le mettant au jour ; et il vaut mieux qu'elle se taise : si elle se confiait à moi, elle pourrait se confier à d'autres ; vous ne savez pas combien elle a d'ennemis acharnés, à commencer par la sœur de son tyran. Il faut montrer une extrême prudence, sans quoi tout est perdu.

» On parle beaucoup de vous dans la ville : on raconte vos amours avec cette étrangère que je ne connais pas ; on va même jusqu'à dire qu'elle a voulu se tuer pour vous. J'ai été contente de ces bruits que vous avez eu l'adresse de répandre, et je vous trouve d'une sagesse de Mentor dans cette circonstance. Il y aura après-demain une soirée magnifique à laquelle je suis engagée ; j'ai l'espérance d'y rencontrer notre Louise, car je l'ai fort engagée à y aller. Mais je suis bien embarrassée, on ne trouve rien dans ce maudit pays ; il me fallait absolument un châle cachemire carré, et les magasins de la ville n'ont que de petits méchants châles qui ne me conviennent pas.

» Seriez-vous assez bon, monsieur le comte, vous qui avez tant de goût, pour passer à *Malvina*, le grand magasin de nouveautés de la rue Saint-Denis, près du boulevard, et d'y choisir un châle tel qu'il vous plaira ; je laisse le choix du dessin à votre tact si fin. Cependant, je préférerais de grandes palmes de couleur sur un fond jaune. En le mettant à la diligence ce soir, je le recevrai demain, et je pourrai faire figure à cette soirée où je verrai notre belle Louise, bien certainement, autour de laquelle tous les galants du pays vont papillonner ; mais ils auront beau faire et beau dire, elle a fixé dans le cœur, avec une épingle qui la fait un peu souffrir, un jeune papillon qui s'appelle comme vous, monsieur le comte, et qui n'y laissera pénétrer personne.

» Dites que je suis bavarde, je vous entends ; mais quand

je vois des jeunes gens s'aimer de toutes leurs forces, et dont l'affection est traversée par des êtres ridicules et méchants, je ne peux m'empêcher de m'intéresser à eux et d'essayer de lutter en leur faveur. Les dames de la ville vont être jalouses de mon châle ; mais les hommes seraient bien autrement jaloux s'ils savaient quelle belle conquête vous avez faite. Est-ce que vous ne vous ennuyez pas de traîner après vous dans Paris ce boulet de mari ? Notre pauvre Louise l'a traîné encore plus longtemps que vous ; mais maintenant vous allez être deux compagnons de chaîne, et le boulet sera moins lourd. Adieu, homme sage, jeune et prudent... Revenez bien vite, je vous attends avec impatience, et je suis sûre qu'*on* ne vous attend pas moins impatiemment.

» Votre toute dévouée servante,

» Femme CHAPPE. »

M. Creton du Coche ne trouva plus le Julien de la veille : les deux lettres avaient changé la physionomie du comte, qui, au déjeuner, se montra d'une humeur plus aimable.

— J'ai quelques courses, dit-il à l'avoué ; permettez-moi de vous laisser à vos affaires. Faites-les promptement, afin que nous puissions quitter Paris le plus tôt possible.

M. Creton du Coche, poursuivant sa grande affaire, se rendit à l'Observatoire, où il fut reçu par un secrétaire du bureau des longitudes.

— Pardon, monsieur, dit l'avoué, si je vous dérange, mais vous devez connaître M. Larochelle ?

Comme le secrétaire ne répondait pas :

— Le célèbre Larochelle, reprit l'avoué ; il est de votre partie.

— Serait-ce, monsieur, un employé de l'Observatoire ?

— Précisément, dit M. Creton du Coche ; il est peut-être bien maintenant de l'Observatoire. Je venais lui apporter mes observations météorologiques, dit l'avoué en présentant un énorme dossier.

— Ah! monsieur s'occupe d'observations astronomiques?

— Météorologiques, monsieur... Je les ai faites à Molinchart depuis près d'un an... Vous n'êtes peut-être jamais venu à Molinchart?

— Non, monsieur, je ne connais pas Molinchart.

— Vous avez tort, monsieur. Molinchart est la ville la mieux située de la France pour les études en météorologie... une jolie ville d'ailleurs... on y jouit d'une vue admirable... sa situation est très-élevée; M. Bonneau se décide à en donner la hauteur précise au moyen de son parapluie.

— De son parapluie! s'écria le secrétaire de l'Observatoire.

— Vous ne connaissez pas M. Bonneau l'archéologue?

— Voilà la première fois, monsieur, que j'entends prononcer son nom.

M. Creton du Coche fit un imperceptible mouvement d'épaules qui signifiait : « Ces gens de Paris ne connaissent rien, ils ignorent jusqu'aux noms de Bonneau et de Larochelle. » Alors l'avoué entreprit de donner une idée du parapluie au secrétaire de l'Observatoire, qui, à partir de ce moment, jugea qu'il avait affaire à un de ces nombreux excentriques qu'on rencontre sur tous les chemins de la science; cependant il fit demander, par simple politesse, si on connaissait M. Larochelle dans les bureaux. Le garçon de service revint apporter la nouvelle que le nom de M. Larochelle était tout à fait inconnu à l'Observatoire.

— Ah! dit l'avoué, j'ai eu tort, monsieur, je l'avoue, de venir ici... Je me rappelle maintenant que M. Larochelle m'avait prévenu qu'il y avait une sorte de dissidence, de lutte entre la Société météorologique et l'Observatoire... C'était une Société rivale; et si vous me permettez de dire la vérité, j'ai été frappé, en arrivant, de la situation de l'Observatoire; vous êtes trop bas : c'est à Molinchart qu'il faudrait transporter l'Observatoire.

Ainsi que beaucoup d'habitants de petites provinces, l'avoué rapportait tout à sa ville; il n'y avait qu'un Molinchart au monde; même en admettant que Paris jouît de quelques avantages, Molinchart avait des qualités particulières qu'il était impossible de trouver ailleurs. Le secrétaire écouta d'abord avec assez de patience la description de Molinchart et de ses environs; mais quand l'avoué en fut arrivé à l'explication de la Société météorologique, il tomba de son haut en apprenant qu'il avait été pris dans les filets d'une sorte d'aventurier.

— En dehors des corps académiques reconnus par l'État, lui dit le secrétaire, il existe nombre de petites sociétés savantes qui se réunissent le plus souvent par gloriole, mais dont les travaux n'ont aucun poids auprès des savants.

M. Creton du Coche avait la honte peinte sur les traits, et il murmurait : « Ah! le scélérat que ce Larochelle! » quand un jeune homme entra, tenant à la main un papier qu'il apportait à signer au secrétaire. Il ne put s'empêcher de sourire en entendant les exclamations de dépit et de colère qui agitaient l'avoué.

— Bernard, je vous laisse avec monsieur, dit le secrétaire, qui s'était levé plusieurs fois pour congédier M. Creton du Coche, et qui ne savait comment s'en débarrasser.

Bernard resta sans que l'avoué s'aperçût que son premier interlocuteur était parti. Sans faire le moindre mouvement, l'employé étudia à loisir les sourdes imprécations de M. Creton du Coche, qui, en une heure, était tombé du fauteuil académique de la société Racinienne, et qui craignait surtout d'être livré aux risées des Molinchartois quand ils apprendraient ses malheurs scientifiques.

Bernard était un tout jeune vaudevilliste qui vivait d'un médiocre emploi à l'Observatoire. Il avait obtenu cette place plutôt comme une sinécure que pour le travail qu'on attendait de lui ; à cette époque, il faisait plus de vaudevilles pour le théâtre du Luxembourg que d'expéditions. D'ailleurs, il était très-spirituel, divertissait les bureaux de ses saillies, jouissait d'une faveur marquée à l'Odéon, aux théâtres du Panthéon, de Bobino, et régalait ses confrères les employés de billets de spectacle.

— Que vous a donc fait ce Larochelle, monsieur? demanda-t-il à M. Creton du Coche.

En entendant une voix étrangère, l'avoué leva la tête, parut surpris ; mais Bernard lui expliqua que son chef de bureau avait été mandé à l'instant, et qu'il avait été forcé de le remplacer. M. Creton du Coche raconta une fois de plus ses malheurs, comme il arrive aux personnes accablées de douleur, qui s'en déchargent à tout venant. Bernard consola l'avoué autant qu'il le put : il connaissait Molinchart, il connaissait M. Bonneau, il connaissait Larochelle. L'avoué faillit sauter à son cou ; enfin il trouvait un homme qui reconnaissait avec lui que Molinchart était une des plus remarquables villes du royaume.

— Eh bien, monsieur Bernard, dit l'avoué, je vous en prie, donnez-moi des nouvelles de Larochelle.

— Il est mort, dit Bernard.

— Mort! s'écria M. Creton du Coche.

— Hélas! oui ; le pauvre garçon, il n'est que trop vrai, était monté sur une falaise dans les environs du Havre, lorsqu'une trombe subite l'a enlevé, lui et un monsieur qu'il initiait à la science.

— C'est une belle mort, dit l'avoué ; et moi qui insultais ses mânes, il n'y a pas cinq minutes ; mais votre chef de bureau me faisait entendre que j'étais victime d'un intrigant...

Bernard se pencha à l'oreille de l'avoué.

— Ici, dit-il, on est jaloux de tout innovateur... N'en parlez pas, vous me feriez destituer.

— Ne craignez rien, dit M. Creton du Coche. Cependant, je ne comprends pas que, rue de la Huchette, on m'a fait déposer ma carte pour la lui remettre... Une blanchisseuse m'a parlé...

— C'était son amante, monsieur Creton... On lui a caché la mort du malheureux Larochelle.

— Je vous remercie, monsieur; vous m'expliquez bien des choses.

En effet, Bernard n'était jamais embarrassé d'expliquer ce qu'il ne savait pas. Molinchart, M. Bonneau et Larochelle lui étaient tout à fait inconnus; mais il avait pour habitude de susciter d'innocentes farces dont il se récréait à lui seul. Une mauvaise journée pour Bernard était celle qui se passait sans l'avoir mis à même de rire aux dépens d'autrui.

— Je vais faire un rapport et une notice nécrologique pour la société Racinienne.

— Je vous donnerai des notes, monsieur Creton, dit Bernard.

Comme l'avoué prenait son chapeau :

— Vous seriez peut-être curieux, lui dit le vaudevilliste, de visiter l'Observatoire?

— Je n'osais vous le demander, dit l'avoué; vous comprenez, une académie rivale pourrait s'en formaliser... Je respecte les convenances... Cependant, je serais curieux de voir leurs instruments là-haut.

— Eh bien, M. Creton, suivez-moi.

Bernard descendit un étage, accompagné de l'avoué, qui manifesta son étonnement de ne pas monter sur la coupole qu'il avait aperçue du jardin du Luxembourg.

— Vous êtes un honnête homme, lui dit le vaudevilliste, un savant consciencieux comme il ne s'en trouve malheureusement pas à Paris... Vous croyez tout bonnement que ces messieurs de l'Observatoire montent là-haut pour observer les astres... Peuh! ils sont tous vieux et ont les jambes cassées... Jamais ils ne mettent le pied dans la salle d'observations... C'est le concierge de l'hôtel qui passe les nuits; il a six cents francs, le logement, et il fait tout.

M. Creton du Coche était indigné et déblatérait contre l'Académie.

— Ce pauvre Larochelle avait raison de s'insurger contre l'Observatoire, s'écriait-il... Mais il me semble que nous descendons à la cave, monsieur Bernard?

— Précisément. Je ne vous dirai pas que ces messieurs observent les astres à la cave, quoiqu'ils en soient capables; mais les nuits qu'ils devraient être occupés à veiller, ils les passent dans leur lit... C'est le concierge qui supporte toute la fatigue... Il y a bien des inspecteurs du gouvernement; mais le concierge a une lunette excellente qui permet de voir jusqu'au commencement de la rue d'Enfer. Sitôt qu'il aperçoit la voiture d'un inspecteur, il tire une sonnette qui communique à la chambre à coucher de ces messieurs, qui se lèvent aussitôt. L'inspecteur arrive, leur trouve les yeux battus, et leur fait encore des compliments de se fatiguer pour la science... Et je ne parle pas des gratifications, qui passent devant le nez du véritable travailleur, le concierge.

— C'est affreux! s'écria l'avoué.

— Toutes les administrations sont menées de la sorte, continua Bernard; les affaires sont conduites ainsi par les concierges, les garçons de bureaux. C'est ce qui explique comment l'administration marche si mal en France. Ensuite, étonnez-vous que l'Observatoire annonce pour telle date des comètes qui n'arrivent pas, et qu'il n'annonce pas celles qui arrivent. Notre concierge n'a l'œil que sur la rue d'Enfer, dans la crainte de voir arriver des inspecteurs à l'improviste, et pendant ce temps il se passe dans les nuages des symptômes très-significatifs dont il ne peut tenir compte.

— Mon Dieu! mon Dieu! s'écria M. Creton du Coche, je tombe de mon haut.

— Touchez cela, dit Bernard en prenant la main de l'avoué, qui frôla un objet froid et qui lui parut être un tuyau de pompe; c'est un des mille instruments de précision que la science moderne enfante, et que l'Observatoire cache immédiatement dans la cave, afin de ne pas se donder la peine de l'étudier et d'en faire l'objet d'un mémoire.

— C'est un assassinat ! dit l'avoué.

— Ils ne peuvent pas enterrer l'inventeur, ils enterrent l'invention, dit Bernard... Prenez garde à ce puits, monsieur Creton, bien qu'il soit sec ; je suis persuadé qu'il y a au fond plus de quatre cents instruments nouveaux qui auraient fait la gloire du siècle... Maintenant, prenons garde qu'on ne nous voie remonter de la cave; on me soupçonnerait de vous avoir montré les objets.

— Mon voyage ne sera pas perdu, dit M. Creton du Coche ; mais je retournerai à Molinchart la mort dans l'âme... Il n'y a donc d'honnêteté qu'en province?

— Et de science également, monsieur Creton.

— Que vais-je faire maintenant sans ce pauvre M. Larochelle?

— Continuez vos travaux, faites-en part à la société Racinienne; le bruit ne peut manquer d'en venir aux oreilles de nos savants; et un jour, monsieur Creton, la renommée saura bien triompher de l'inertie des corps académiques.

— Vous êtes honnête, monsieur Bernard, dit l'avoué en lui serrant les mains; mais le portier qui observe les astres, cette cave où on enterre les instruments... J'avoue que je m'en retourne bien désillusionné.

XVIII

La maison des dames Jérusalem.

Un matin, Louise, qui était à sa toilette, fut avertie que la servante de madame Chappe désirait lui parler.

— Madame Chappe, dit cette fille, vous présente ses hommages, madame, et vous fait prier de passer chez elle pour rendre visite à mademoiselle Élisa de Vorges, qui est un peu indisposée.

— Je serai à la pension entre midi et une heure, dit la femme de l'avoué. Si je n'attendais pas mon mari pour déjeuner, je partirais immédiatement; mais il va sans doute rentrer, ou plutôt, continua Louise, veuillez rester ici quelques minutes, et s'il revient, je vous accompagne aussitôt.

D'après le rapport de la bonne, Élisa n'était pas gravement malade; mais depuis quelque temps elle était triste, elle ne mangeait presque pas, ne jouait plus avec ses compagnes, et avant de prévenir la comtesse de Vorges, qui pouvait s'affecter trop vivement de cette nouvelle, madame Chappe avait jugé plus prudent d'en avertir une amie; elle espérait que la vue de Louise pourrait améliorer l'état de la jeune fille.

Si madame Creton ne pouvait venir dans la matinée, la maîtresse de pension se croyait obligée d'en écrire dans l'après-midi à la comtesse, et elle craignait qu'une maladie sérieuse ne fût annoncée par cette mélancolie sans motifs.

— S'il le faut, dit Louise, je partirai aussitôt; il est étonnant que mon mari ne rentre pas.

Cependant, comme il arrivait quelquefois à l'avoué de s'attarder dans la ville, Louise prit le parti de suivre la servante; elles longèrent les remparts, et en passant près de la cathédrale, Louise ne remarqua pas que mademoiselle Ursule Creton en sortait et les suivait des yeux.

La vieille fille commençait à marcher difficilement, mais la curiosité lui rendit l'usage de ses jambes, et elle suivit de loin le chemin que prenait sa belle-sœur.

Louise et la bonne avaient une forte avance sur mademoiselle Creton, qui n'en remarqua pas moins que les deux femmes entraient chez madame Chappe.

En face de l'institution est la maison des dames Jérusalem, deux sœurs qui se sont retirées dans une partie écartée de la ville, après avoir amassé quelques rentes dans le commerce de la mercerie.

Les dames Jérusalem forment à Molinchart le tribunal de l'opinion : quand une nouvelle se répand dans la ville, et que quelqu'un fait un signe de doute, si on lui dit : « — Je le tiens de ces dames Jérusalem, » il est d'usage alors de s'incliner et de regarder la nouvelle aussi pure que de la bijouterie contrôlée à la Monnaie.

Mademoiselle Ursule Creton entretenait commerce d'amitié avec les dames Jérusalem, chez lesquelles il était du bon ton d'avoir entrée et de recueillir une fois par semaine la chronique scandaleuse de la ville.

Louise entra dans le pensionnat et fut conduite par la bonne dans un petit salon, avec la prière d'attendre cinq minutes qu'on pût prévenir Élisa et la maîtresse de pension. Ce salon tenait plutôt de la physionomie du boudoir, grâce à un demi-jour qui pénétrait difficilement d'épais rideaux de damas de laine.

Louise, ayant entendu des pas qui se dirigeaient du côté de la porte opposée à celle par laquelle elle était entrée, se leva pour recevoir plus vite dans ses bras la jeune fille qu'elle venait visiter. Mais elle resta anéantie en voyant Julien devant elle.

— Vous ici, monsieur, dit la jeune femme stupéfaite ; on me trompe donc ?

— Non, Louise, dit Julien, on ne veut pas vous tromper.

— Monsieur, laissez-moi, je veux sortir, dit Louise.

Mais le comte tenait Louise contre lui et l'empêchait d'aller à la porte.

— C'est bien mal, monsieur, dit-elle en faisant un brusque effort et en se rejetant à un coin de l'appartement vers la porte qu'elle essaya d'ouvrir.

La porte était fermée en dehors.

— Quelle infamie ! s'écria-t-elle ; et vous avez cru triompher de moi par des moyens semblables ?

— Écoutez, Louise, dit Julien d'un ton sérieux, sans doute nous nous revoyons aujourd'hui pour la dernière fois ; mais laissez-moi vous expliquer ma conduite depuis votre retour de la campagne. Vous me connaissez assez pour savoir que je n'emploierai jamais la violence vis-à-vis d'une femme; je me croirais dégradé, et je vous donnerais le droit de me regarder comme l'homme le plus vil qui soit sur la terre. Il m'a donc fallu agir de ruse; vous ne vouliez pas me recevoir chez vous, vous ne m'écoutiez plus, j'ai tenté de vous donner une lettre, vous l'avez déchirée... Que faire? Il y a des moments où j'ai été tenté de dire à votre mari : Vous n'aimez pas votre femme, vous ne la comprenez pas, elle ne vous intéresse en rien... Eh bien! je l'aime, je crois pouvoir la rendre heureuse, laissez-moi l'emmener loin d'ici... que vous importe! C'était de la folie, n'est-ce pas, Louise? mais vingt fois pendant notre voyage à Paris, cette idée me revenait en tête... Que serait-il arrivé? Nous serions partis à l'étranger, vous auriez porté mon nom, on peut vivre si heureux dans quelque coin quand on s'aime... Il n'y a plus besoin de société... J'étais fou; j'ai dit mes chagrins à madame Chappe, j'ai pleuré, je l'ai suppliée de venir à mon secours; ne lui en veuillez pas, Louise, d'avoir été trop bonne, d'avoir consenti à m'être utile... Si vous saviez combien j'ai dû la fatiguer de mon amour; tous les jours j'étais chez elle, et je l'envoyais chez vous, afin d'avoir de vos nouvelles... J'ai su que vous aviez été maladive... j'aurais voulu vous voir malade, parce qu'alors vous auriez perdu toute volonté, la souffrance eût brisé vos forces, et je me serais installé près de votre lit, ne vous quittant ni nuit ni jour; de la part d'un ami, votre mari l'eût permis, et j'aurais montré tant de dévouement, tant de soins; j'espérais faire passer mon amour dans chaque parole, dans chaque geste, dans chaque regard... Vous auriez été bien ingrate de ne pas me le rendre un peu... Vous ne me répondez pas, vous ne croyez pas à ce que je vous dis, et cependant il me semble que ma parole est vraie, que vous devez l'entendre.

— Après ce qui s'est passé? dit Louise; après votre passion scandaleuse pour cette écuyère?...

— Ah! je suis heureux, dit Julien, de vous entendre

parler avec quelque amertume de cette femme... Je le pensais bien, que votre froideur venait de là... Mais comment avez-vous pu croire, Louise, que j'aimais une autre femme deux jours après vous avoir quittée... Est-ce possible? N'est-ce pas pour vous que je suis revenu la nuit, et que votre mari m'a surpris devant votre fenêtre, me contentant de vous savoir reposer en paix non loin de moi?... N'est-ce pas pour éteindre d'avance les soupçons qui pouvaient s'allumer chez votre mari que j'ai feint cette violente passion pour l'écuyère? N'est-ce pas désespérée de me voir un soir auprès de vous qu'elle est entrée dans cette furie qu'elle fit partager à son cheval, et qui faillit amener sa mort? Oh! Louise, vous devez bien m'aimer un peu pour me faire oublier les tourments que j'ai supportés depuis qu'il ne m'était plus permis de vous voir.

— Et moi, dit Louise, croyez-vous que je restais calme?...

Julien prit la main de Louise et la pressa longuement dans la sienne.

— Je ne devrais pas vous pardonner, dit-elle, de m'avoir fait tomber dans un piége.

— Si vous aviez voulu me recevoir chez vous, m'écouter...

— Et madame Chappe qui connaît ce secret. Quelle imprudence!

— Elle est si dévouée.

— C'est une grande faute, dit Louise. Et cette fille?...

— La servante ne m'a pas vu entrer; tout était arrangé d'avance.

— Mais votre sœur n'est donc pas malade?

Élisa est assez souffrante pour que madame Chappe ait aggravé sa maladie devant la domestique.

— Je veux voir Élisa.

— Pas encore, Louise, dit Julien; une demi-heure ne peut pas remplacer un mois. Il y a un mois que je ne vous ai vue; laissez-moi vous regarder sans rien dire; vous êtes une nouvelle femme depuis notre séparation. Il me semble que je ne vous ai jamais vue, et je ne saurais trop vous regarder... Ah! que j'ai souffert, et qu'un peu d'amour me fait oublier ces désastres! Ce soir, j'irai chez vous, demain, après-demain, toute la semaine. Je deviens gourmand de vous voir.

— Qui sait ce qui nous est réservé? dit-elle tristement.

— Je vous en prie, Louise, que ce vilain mot d'avenir ne sorte plus de votre bouche; qu'importe demain, si nous sommes heureux aujourd'hui?

— Et puis-je vous recevoir à la maison aussi souvent qu'il vous plaira d'y venir? Certainement mon mari n'y trouverait rien à redire; mais les gens de la ville sont si méchants, tout se sait... je crains...

— Eh bien! dit Julien, maintenant que votre grande colère est passée, et que je vous ai avoué que madame Chappe était ma confidente, ne pourriez-vous venir ici de temps en temps, une fois par semaine, sous le prétexte de voir ma sœur? Rien de plus naturel : l'endroit est écarté, personne ne passe dans ce quartier, jamais on ne vous verra; j'arriverai au moins une heure avant vous.

— Ouvrez la porte, dit Louise, je vous répondrai quand je serai libre.

Le comte tira une clef de sa poche et ouvrit la porte.

— Et vous partez ainsi, dit Julien, sans un mot?

— Voyez, dit Louise, combien vous êtes exigeant; je vous ai déjà pardonné, et vous ne trouvez pas la récompense suffisante.

Julien étreignit Louise dans ses bras.

— Je ne reviendrai plus, dit-elle.

— Méchante, dit le comte, puis-je à peine vous serrer la main chez vous?

En sortant, Louise tressaillit, car madame Chappe n'était qu'à quelques pas de la porte, et sa présence donnait à supposer qu'elle venait d'écouter l'entretien.

— Ah! ma chère dame, dit la maîtresse de pension, que je suis heureuse de vous voir! Quel beau jeune homme! lui dit-elle plus bas en la prenant familièrement par le bras.

Vous pouvez être certaine d'être aimée comme bien peu.

Louise rougissait et se sentait confuse.

— Il est aussi bon que beau, continua madame Chappe, et la première fois que je l'ai vu, il m'a semblé qu'il était fait pour vous tout exprès !...

— Madame... dit Louise, que cet entretien blessait.

— Ce n'est pas, dit madame Chappe, comme votre mari, ce gros vilain loup, qui mérite bien ce qui lui arrive.

— Je vous en prie... madame Chappe.

— Moi, dit la maîtresse de pension, je suis contre les maris, c'est plus fort que moi; est-ce qu'il est de votre âge? je vous le demande. Est-ce qu'il songe à vous être agréable? Tandis que ce cher Julien vous aimera à passer toute la journée à vos genoux.

— Madame, de grâce, dit Louise, voici Élisa, prenez garde qu'elle ne vous entende.

En voyant la jeune fille, Louise l'embrassa à plusieurs reprises et lui montra une affection dont la comtesse de Vorges eût pu être jalouse.

— Avez-vous vu mon frère? dit Élisa sans s'apercevoir du trouble que cette question jetait dans l'esprit de la femme de l'avoué, qui ne répondit pas et cacha son émotion en embrassant l'enfant de nouveau. Madame Chappe s'était éloignée, et Louise put se retremper dans la conversation d'Élisa. Cet entretien lui fit beaucoup de bien, car il lui servit à oublier l'impression fâcheuse des paroles de la maîtresse de pension. Louise, sans s'en rendre compte, avait toujours ressenti une certaine répugnance pour madame Chappe, et le court entretien qu'elle venait d'avoir avec elle n'était pas de nature à faire paraître l'institutrice sous un meilleur jour.

Au fond de sa conscience, la femme de l'avoué ne se reprochait rien; elle était venue à la pension sans se douter du complot qui existait entre Julien et madame Chappe; elle avait pu pardonner au comte lorsqu'elle eut entendu sa justification; mais les exhortations de la maîtresse de pension, les éloges qu'elle faisait de Julien, entraînaient dans une sorte de complicité cette âme délicate. Aussi se promit-elle d'abord de ne plus revenir dans cette maison dangereuse, et Julien eut longtemps à triompher de la répugnance de Louise, qui sentait le lien qui l'unissait au comte en lui accordant un rendez-vous hors de chez elle.

Beaucoup de femmes ne se trouvent pas fautives de recevoir dans leur salon des adorateurs qui ne cessent pas leurs déclarations; leur politique leur fait trouver des milliers de raisons : elles ne peuvent pas empêcher les hommes de leur faire la cour; il faudrait chasser tout le monde, ne recevoir que des vieillards, s'enfermer dans un couvent. Mais ces coquettes qui se laissent aller aux enivrements de paroles complimenteuses ne donnent un rendez-vous qu'avec la volonté d'être vaincues. Dans leur esprit le raisonnement a prévu la défaite. Louise n'avait aucun point de ressemblance avec ces femmes; les faits l'atteignaient sans qu'elle les eût raisonnés; elle aimait Julien parce qu'elle ne pouvait s'en empêcher, et cependant elle se trouvait malheureuse de ne pouvoir vaincre cet amour, qu'elle regardait comme condamnable.

Bien souvent il lui arrivait de prendre sa vie depuis le jour où elle avait juré fidélité à l'avoué, et d'en égrener les incidents un à un comme un chapelet. Elle étudiait M. Creton du Coche à la manière d'un peintre qui fait un portrait, et ne trouvait pas dans ses actions, depuis son entrée en ménage, ces *crimes* nombreux dont ne manque pas de charger la tête d'un mari la femme qui veut le tromper. Une fois le mari convaincu de culpabilité, la femme marche la tête haute, la conscience en repos; mais Louise n'avait pas de ces complaisances de conscience qui se prêtent souvent sur le moment aux transactions les plus étranges, et qui paraît s'endormir sur les plus grandes fautes, sauf à revenir plus tard sous la forme du remords vengeur, ce fantôme des nuits sans sommeil. Louise se trouvait coupable parce qu'elle ne voyait pas son mari coupable : l'égoïsme de M. Creton du Coche, la parfaite indifférence qu'il témoignait à sa femme ne semblaient pas des motifs absolus de condamnation.

Cependant Julien revenait tous les jours chez l'avoué, et il pressait Louise de lui accorder un nouveau rendez-vous.

—Vous ne verrez plus madame Chappe, ma chère Louise, lui disait-il ; je lui ai fait comprendre combien la présence d'un tiers vous gênait, et vous pouvez venir sans crainte. La bonne elle-même n'en saura rien ; comme la porte de la rue est toujours ouverte, vous passez et vous entrez immédiatement dans ce petit salon, dont j'ai fait faire une clef pour vous.

Louise se défendait d'aller à ce rendez-vous ; mais il arriva dans la conduite de M. Creton du Coche un changement qui fit triompher Julien des refus de celle qu'il aimait.

M. Creton du Coche n'avait jamais eu aucun souci, aucune maladie ; il jouissait d'une de ces robustes santés bourgeoises qui sont le privilége de ceux qui pensent peu ; mais tout à coup son caractère s'assombrit, il perdit son humeur égale ; au lieu de sortir comme par le passé et de s'intéresser aux travaux d'embellissement de la ville, il resta dans son cabinet et inquiéta son maître clerc Faglain, qui était obligé d'avoir l'air de travailler. Louise remarqua ce changement et lui en demanda les raisons ; mais il répondit qu'il était comme par le passé. Il perdit son humeur égale pour des airs de froideur qui étonnaient également Julien.

—Votre mari serait-il jaloux ? demanda le comte à Louise.

— Je ne le pense pas, dit-elle ; il n'est pas seulement froid avec vous, il l'est avec tout le monde : avec moi, avec ses amis.

Cependant, comme l'avoué devenait de plus en plus sombre, Louise conseilla à Julien de ne pas venir de quelques jours.

— A une condition, dit Julien, c'est que je vous verrai chez madame Chappe.

Louise se fit longuement prier, et enfin accorda un rendez-vous au comte.

Le surlendemain, elle se rendit à l'institution, et fut rassurée de ne pas rencontrer madame Chappe : elle resta deux heures avec Julien, heureux de pouvoir causer en toute liberté avec celle qu'il aimait.

— Quand finiront mes arrêts? lui dit-il en la quittant et en faisant allusion à la défense de venir pendant quelque temps chez l'avoué.

— Le jour où vous pourrez venir, dit-elle, je mettrai un pot de fleurs à ma fenêtre.

Ils se quittèrent ainsi, pleins de rêves de bonheur. Louise sortit de la pension, comme elle y était entrée, sans avoir rencontré personne dans les corridors; mais à peine eut-elle dépassé la rue qu'elle poussa un cri.

Son mari était devant elle.

— Venez, madame, dit-il en lui serrant le poignet et en l'entraînant vers la maison des dames Jérusalem, on vous attend.

Louise avait perdu le sentiment des choses extérieures; il lui semblait qu'elle venait d'être frappée par un coup sourd qui l'empêchait de voir et d'entendre; tout son sang s'était réfugié au cœur, et le reste du corps était froid et mort; elle sentait à peine une légère pression au bras, quoique plus tard elle trouva sa chair coupée par son bracelet. Elle entra, plutôt traînée que marchant, dans une maison qu'elle ne connaissait pas, et le sentiment ne lui revint qu'en se trouvant dans un petit salon en face de mademoiselle Ursule Creton, assise dans un fauteuil, et qui avait fait une grande toilette comme pour une cérémonie. Une joie cruelle était peinte sur les traits de la vieille fille.

— Ah! vous voilà, madame, dit-elle; il faut vraiment des circonstances extraordinaires pour qu'on puisse vous rencontrer. Vous préférez rendre visite à des étrangers, à une madame Chappe, plutôt qu'à votre belle-sœur. Il faut avouer que cette maîtresse de pension exerce un joli métier depuis qu'elle est arrivée, et qu'elle doit donner une singulière éducation aux jeunes filles.

— Malheureuse! dit M. Creton du Coche, avouez votre faute.

— Laissez-la, mon frère, si elle ne veut pas parler; tout à l'heure, ce M. de Vorges va parler pour elle.

— Un ami! s'écria l'avoué. Le lâche!

— Eh! mon frère, vous croyez encore à l'amitié des jeunes gens? Si vous aviez cru à l'amitié de votre sœur, cela ne serait pas arrivé. Louise ne répondait pas; elle était atterrée et baissait la tête. Par une porte vitrée du fond, on voyait apparaître aux coins des rideaux les yeux curieux des deux dames Jérusalem, qui épiaient cette scène avec une ardente curiosité.

— Le voilà! s'écria mademoiselle Ursule Creton, qui ne quittait pas Louise de vue et qui trouvait encore moyen de voir ce qui se passait dans la rue.

Julien sortait du pensionnat de madame Chappe, qui l'accompagnait jusqu'à sa porte; il causait avec l'institutrice, qui se confondait en politesses.

— Oui, s'écria Ursule Creton en s'adressant au comte, comme s'il avait pu l'entendre, ris, beau jeune homme, donne des poignées de mains à cette intrigante, fais le beau dans la rue; nous verrons si tu chanteras toujours le même air.

— Mon frère, dit-elle à M. Creton du Coche, ne sortez pas; je vous le défends.

Mais l'avoué ne paraissait guère disposé à réaliser les craintes de sa sœur; il ne regarda même pas dans la rue. En passant devant les fenêtres des dames Jérusalem, Julien vit d'un coup d'œil la figure haineuse de la vieille fille qui l'observait avec attention, et il n'eut pas la pensée du drame qui se jouait dans cette maison, et dont il était le principal acteur.

Un silence profond régnait dans le salon où allait se décider le sort de Louise ; l'avoué n'osait regarder sa femme, et Louise pleurait en se cachant la figure de son mouchoir. Seule, la vieille fille triomphait ; cette scène la rajeunissait, et elle était plus fière qu'un acteur qu'on rappelle après la pièce.

— Venez, madame, dit-elle en allant ouvrir la porte du petit escalier, où les dames Jérusalem s'étaient cachées, venez, il est bon que je ne sois pas le seul témoin de cette scène ; mon malheureux frère ne compte pas, plus tard il serait capable de dire que j'ai inventé tout ce qui est arrivé depuis ce matin... Vous avez bien remarqué le comte de Vorges qui est sorti de chez madame Chappe?

— Oui, mademoiselle, dit l'une des dames Jérusalem ; j'étais montée au premier étage, et là, derrière mes persiennes, j'ai tout vu et tout entendu.

— Ah! ah! s'écria mademoiselle Creton; et que se disaient ces deux honnêtes personnages?

— M. de Vorges remerciait madame Chappe avec effusion comme du plus grand service qu'on eût pu lui rendre, et il annonçait son retour dans une huitaine.

— Qu'il y compte, dit la vieille fille ; dans une huitaine, nous nous arrangerons à ce qu'il n'y ait plus de madame Chappe à la maison.

— Il est de fait, dit l'aînée des dames Jérusalem, qu'une pareille conduite de la part d'une femme qui a de jeunes enfants à élever est vraiment répréhensible.

— C'est scandaleux pour le quartier, reprit la seconde des sœurs.

— Monsieur Creton, dit Ursule, vous commencerez par adresser un rapport au maire, au sous-préfet, sur la conduite de madame Chappe.

— Mais, ma sœur, vous voulez donc me déshonorer publiquement?

— Et croyez-vous que toute la ville ne va pas le savoir? dit la vieille. Quand même ces dames Jérusalem ne parleraient pas, ni moi, est-ce que vous ne savez pas que les jeunes gens se vantent toujours de passions qu'ils n'inspirent pas? Dieu merci, cette fois, celui-ci peut se vanter sans mentir; il n'a pas besoin d'afficher madame, elle s'affiche bien toute seule.

— Monsieur, dit Louise en relevant la tête, vous êtes dans votre droit en me chassant de chez vous : j'ai de l'amitié pour M. Julien de Vorges, et je ne le cache pas; mais je n'ai pas à subir un interrogatoire chez des personnes que je ne connais pas, interrogatoire fait par une parente qui m'a toujours regardée comme une ennemie, dès que je suis entrée dans la famille. Réfléchissez-y; je peux paraître coupable, mais je n'ai pas violé mes devoirs d'épouse, quoique les apparences soient contre moi... Si vous croyez que la vie commune vous soit impossible, et que ma présence vous rappellerait un souvenir fâcheux, je partirai aujourd'hui, et jamais vous n'entendrez parler de moi.

— Non, Louise, dit M. Creton du Coche.

— Comment, lui dit mademoiselle Ursule Creton, vous faiblissez déjà?

— Me promets-tu, dit l'avoué, de rentrer chez moi, en revenant à tes devoirs, à ta conduite passée?

— Je ne sortirai pas, je m'enfermerai pendant aussi longtemps qu'il vous plaira, je ne parlerai à personne, dit Louise, qui fondait en larmes à l'idée du sacrifice qu'elle s'imposait.

En voyant une réconciliation s'opérer si facilement, mademoiselle Creton fit une grimace, car elle avait compté sur une rupture brutale et définitive.

— Mon frère, dit-elle en changeant de figure et en essayant de donner à ses traits et à sa voix quelque chose de conciliant, vous avez raison. Le mieux est de pardonner... car j'espère que ma belle-sœur ne m'en voudra pas de l'irritation que m'a causée cet événement.

— Oh! ma sœur, s'écria Louise en se jetant dans les bras de la vieille fille, je vous jugeais mal; c'est moi qui vous méconnaissais jusqu'ici. Quels trésors de charité avez-vous pour oublier aussi facilement ma conduite ?

— La religion, ma fille, dit Ursule Creton, nous enseigne à pardonner aux plus grands pécheurs. Nous allons donc ne plus faire qu'une seule et même famille, tous unis, c'était mon seul désir ; le mariage de mon frère nous avaient séparés, le malheur nous réunira.

— Que vous êtes bonne, mademoiselle Ursule ! s'écrièrent les dames Jérusalem, qui feignaient la plus vive émotion et qui allèrent répandre le soir, dans la ville, le bruit de cette aventure.

XIX

Misères d'intérieur.

Dès le même soir, Julien fut frappé d'une certaine activité qui régnait à la porte de M. Creton du Coche : un commissionnaire traînait sur une brouette des malles, des meubles et les déposait dans la maison de l'avoué. Le comte, qui était à sa fenêtre, crut à l'arrivée d'un étranger ; de temps en temps des personnes de la ville passaient sur la place et se montraient du doigt les fenêtres du premier étage. Julien attendit la nuit ; car d'ordinaire Louise ne manquait pas, à l'heure où elle se couchait, d'ouvrir sa fenêtre et d'envoyer au comte un signe d'adieu.

La fenêtre ne s'ouvrit pas comme de coutume, et Julien passa une nuit agitée en pensant à cet emménagement extraordinaire et à l'absence de Louise. Le lendemain matin, le domestique de l'hôtel lui apporta un petit billet qui ne contenait que ces simples mots : « Tout est découvert ; je suis perdue. Ne manquez pas de venir à la nuit tombante par la porte du jardin. — Femme Chappe. »

Ce fut un coup de foudre pour le comte, qui courut à la chambre de son ami Jonquières.

— Tiens, lis, lui dit Julien.

— Le mari sait tout, pensa Jonquières en regardant la figure défaite du comte.

Et il lut le billet.

— Cela devait finir ainsi, dit Jonquières... Mon pauvre Julien !

— Je veux enlever Louise ! s'écria le comte ; je ne peux plus vivre sans elle.

Jonquières poussa une exclamation.

— Tu ne m'approuves pas ? dit Julien. Je t'en prie, mon ami, aide-moi ; ne me laisse pas seul avec mon chagrin, je ne sais pas ce que je ferais pour m'en débarrasser...

— Il faut voir madame Chappe, dit Jonquières ; il faut connaître à fond ce qui est arrivé.

— Mais ne le dit-elle pas ? Tout est découvert.

— Tu vas sans doute recevoir la visite du mari ?

— Si je savais qu'il fît souffrir Louise, je le tuerais, dit Julien.

La journée se passa ainsi pour les deux amis, qui cherchaient à creuser le sens de la lettre de la maîtresse de pension.

— Il me semble qu'on te regarde, disait Jonquières à Julien, en voyant se retourner quelques vieux promeneurs bourgeois qui, aussitôt qu'ils avaient dépassé le comte, croyaient pouvoir l'étudier des pieds à la tête avec une vive curiosité.

A peine le jour commençait-il à tomber que Julien se rendit à la petite porte du jardin de madame Chappe. La maîtresse de pension portait avec affectation son mouchoir à ses yeux.

— Déshonorée ! monsieur le comte, déshonorée ! s'écria-t-elle, perdue dans l'esprit public pour vous avoir montré trop de bienveillance !

Et elle sanglota.

— Et Louise ? dit Julien, qui oubliait les pleurs de madame Chappe.

— Louise, aussi perdue comme moi !... Nous sommes

victimes de mademoiselle Ursule Creton!... Ah ! pourquoi ai-je eu le cœur si sensible ?...

Alors la maîtresse de pension raconta, en coupant son récit de sanglots exagérés, tout ce qui était arrivé depuis la veille ; elle appuya longuement sur le dommage que ce scandale allait apporter à sa réputation. Son établissement était perdu ; déjà, depuis le matin, trois élèves de la ville avaient été retirées par leurs parents, et madame Chappe s'attendait à voir partir une à une ses pensionnaires, à mesure que le bruit de l'aventure serait répandu dans la campagne ; car mademoiselle Ursule Creton ne manquerait pas de faire agir contre la maîtresse de pension par tous les moyens possibles. Madame Chappe dit au comte combien était grande la colère de la vieille fille, qui n'avait pu tirer d'elle les renseignements désirables pour convaincre la femme de l'avoué de culpabilité.

— Je m'intéresse à la jeunesse, dit madame Chappe, parce que j'ai le cœur jeune, et voilà comme j'en suis récompensée, par une ruine complète.

— Je vais partir pour Paris, dit Julien, quand il eut écouté, froidement en apparence, le récit de la maîtresse de pension.

— Ah! mon Dieu! s'écria madame Chappe, je ne connaissais ici qu'une personne bienveillante et je vais la perdre... Monsieur le comte, je me suis perdue par l'intérêt que je prenais à vos amours... Mon pensionnat n'est pas payé, mes élèves s'en iront une à une, je ne remplirai pas mes obligations... Si au bout d'un an je n'ai pas payé la moitié du prix d'achat, je peux être renvoyée, saisie et mise sur la paille... Et pourquoi ? parce que deux jeunes gens s'aimaginent et que je n'ai pu voir d'un il sec leurs malheurs.

— Rien ne vous arrivera de fâcheux à cause de moi, madame, dit le comte, et je réparerai, autant qu'il sera en ma puissance, le dommage que j'ai pu vous causer indirectement. Je vais partir pour Paris, il me serait impossible de vivre tout près d'ici ; je connais les effets de la solitude, elle me rendrait fou de désespoir... Voici mille francs en attendant ; restez tranquille, ne vous affectez pas des bruits de la ville, quand même vous n'auriez plus qu'une élève... Je veillerai à ce que vous soyez largement récompensée de vos sacrifices..... Mais il est évident que vous ne pourrez plus pénétrer chez Louise ; à tout prix, il faut que vous trouviez une femme qui arrive jusqu'à elle et qui lui remette mes lettres. Vous seule connaîtrez mon adresse à Paris, et vous aurez soin de me faire tenir régulièrement, chaque semaine, des nouvelles de Louise.

Madame Chappe fondit en larmes.

— Si on ne se jetterait pas dans le feu pour un homme comme vous! dit-elle... Oui, vous aurez des nouvelles de votre Louise, je vous le jure, foi de madame Chappe, et je trouverai l'impossible pour triompher de son tyran de mari.

— Ne ménagez pas l'argent, madame Chappe, dit Julien.

— Brave jeune homme, dit-elle. Je peux bien dire qu'il n'y en a pas comme vous sur la terre.

A la suite de cet entretien, Julien alla chez son cousin.

— Mon cher Jonquières, lui dit-il, je te remercie de tout ce que tu as fait pour moi, et je t'en aurai toute ma vie une profonde reconnaissance. Maintenant tu peux reprendre ton existence tranquille que j'ai troublée... Je pars.

— Tu as l'air si tranquille et si froid, dit Jonquières, que tu dois couver quelque projet fou.

— Non, je vais embrasser ma mère, lui faire mes adieux, et je pars pour Paris.

— Et Louise? dit Jonquières.

— Louise reste ici ; je ne pense plus à l'enlever.

Julien ayant rapporté à son cousin les renseignements qu'il tenait de madame Chappe :

— Si tu as jamais besoin de moi, dit Jonquières, fais-moi un signe, et je suis à toi.

— Oui, dit Julien en se jetant dans ses bras, je sais quelle rare amitié j'ai trouvée en toi ; mais je vais vivre seul pendant un an, deux ans, que sais-je? Ne m'en veux pas si je ne te donne pas signe d'existence... Un jour viendra où nous nous retrouverons.

— Jure-moi, dit Jonquières, que tu n'as pas de mauvais projets..... Tu me parles de l'avenir de telle sorte que tu me fais trembler.

— Je te jure, dit Julien, que je veux vivre et que je veux vivre heureux.

En apparence résigné, Julien emportait en lui une douleur froide et muette qui ne se trahissait pas sur son visage, mais qui lui servait de masque pour mieux tromper sa mère.

La comtesse, habituée aux fantaisies de son fils, ne trouva rien d'extraordinaire à son départ pour Paris; mais à peine le comte fut-il en voiture et à une lieue de la ville, qu'il se trouva seul, sans son ami Jonquières, et sans rien qui lui rappelât directement le souvenir de Louise. Il se sentait comme privé de son âme et se trouvait vide en dedans. Il ouvrait de grands yeux en se surprenant à ne rien voir; il était privé de pensée, et son corps le fatiguait comme s'il eût porté un fardeau inutile.

Quant à Louise, le séjour de mademoiselle Ursule Creton lui fit oublier dans les premiers jours la scène scandaleuse du pensionnat; frappée du pardon de son mari et croyant s'être méprise sur le véritable caractère de la vieille fille, elle essaya de se plier à ses exigences et de mener la vie pieuse que lui prêchait mademoiselle Creton; mais à chaque instant les ongles de la vieille fille reparaissaient et déchiraient le cœur de Louise.

On commença par lui enlever sa bonne, qui était une fille de campagne fort simple, et qui était soupçonnée d'avoir servi les intrigues de Julien.

Louise se résigna à subir une femme de ménage de la ville, mademoiselle Chevret, que mademoiselle Creton employait depuis longtemps à préparer sa chétive cuisine. Louise comprit qu'elle avait une surveillante de plus dans cette femme de ménage; mais, décidée à se sacrifier pour rétablir la tranquillité domestique, elle ne craignait aucune espèce d'inquisition.

Elle demanda comme une grâce à son mari d'habiter une chambre sur le derrière de la maison, afin qu'on ne supposât pas qu'elle pût regarder dans la rue.

Le départ de Julien fut connu dans la ville, et les amis de M. Creton du Coche vinrent l'en avertir en lui faisant compliment; c'était tourner le fer dans la plaie.

L'avoué n'était pas de nature jalouse; mais l'idée qu'il servait de conversation à tout un pays le rendait misanthrope à l'excès. En un mois, il changea complétement de physionomie, et les années s'abattirent sur lui comme une grêle subite.

Mademoiselle Ursule Creton remarquait ces perturbations avec un intérêt marqué, quoiqu'elle eût échoué dans l'ensemble de son projet. Elle eût préféré une séparation absolue à cette paix replâtrée; la douceur, la complaisance, les soins de Louise, loin de la désarmer, ne faisaient que l'irriter; et elle s'en vengeait en rappelant sans cesse à son frère l'événement qui avait donné lieu à son retour dans la maison.

Quelquefois, au coin du feu, le soir, quand Louise travaillait et que M. Creton regardait tristement les étincelles s'enfuir par la cheminée :

— Qui aurait dit, il y a un mois, s'écriait Ursule, que nous pouvions vivre heureux? Allons donc, Creton, ne t'assoupis pas; c'est un bien pour un mal. Il y en a tant qui trouvent un mal pour un bien.

L'avoué ne répondait pas.

— Ne trouvez-vous pas, ma sœur, continuait la vieille fille, qu'une réunion en famille, tranquille, vaut bien la société de cette mauvaise créature qui vous entraînait malgré vous, n'est-ce pas? Il ne faut pas rougir; ce qui est passé est passé... Je ne vous en fais pas de reproche; au contraire, tout le monde de la ville me parle de vous et admire votre conversion; j'en suis un peu flattée, car j'y suis pour quelque chose; pas vrai, ma sœur?

Puis, satisfaite d'avoir montré à Louise qu'elle conservait un souvenir implacable, mademoiselle Ursule Creton se taisait, laissant son frère et sa femme livrés chacun à de tristes réflexions; et elle entamait avec son chien un monologue de vieille fille, plein de caresses, de petits gestes les plus affectueux qu'elle pût trouver dans son cœur desséché.

Les dames Jérusalem venaient de temps en temps, sous le prétexte de rendre visite à mademoiselle Creton, étudier les drames qui se jouaient à l'intérieur entre la vieille fille et sa belle-sœur.

Elles affectaient de combler la femme de l'avoué de politesses plus poignantes que des insultes; car, sous l'intonation câline de leurs paroles, il était facile à Louise de sentir une intention aiguë. La causerie des dames Jérusalem semblait du lait empoisonné. Vivre seule, enfermée dans sa chambre, eût semblé à Louise le plus grand bonheur, en comparaison de la répugnance qu'elle avait à se trouver vis-à-vis de ces trois terribles inquisiteurs, dont le chef était mademoiselle Creton.

— Ma belle-sœur, ces dames Jérusalem viennent vous souhaiter le bonjour, criait mademoiselle Creton du bas de l'escalier. Ne viendrez-vous pas un peu?

C'était surtout l'hypocrisie de la vieille fille qui faisait le plus souffrir Louise, car sous ces paroles d'invitation se cachaient des ordres. Dans le principe Louise avait refusé de voir les dames Jérusalem, dont la présence lui rappelait trop cruellement sa surprise en sortant de l'institution.

— Comment, madame, lui dit mademoiselle Creton, vous ne voulez pas descendre auprès de ces dames; en voici bien d'une autre... Ces dames ne vous font-elles pas honneur en voulant bien oublier le scandale que vous avez causé dans leur quartier?... Madame préférerait peut-être recevoir la visite de comtesses... Allons, madame, descendez avec moi, afin qu'on sache par la ville que je vous ai pardonné ; et, une fois pour toutes, je vous avertis de ne pas me faire monter quand je vous appelle.

Louise descendait recevoir les compliments des dames Jérusalem, qui feignaient de la traiter comme si rien d'extraordinaire n'était arrivé. C'étaient alors des compliments sans fin.

— Madame Creton a meilleure mine *maintenant*.

— *Depuis quelque temps* madame Creton gagne.

— *La vie tranquille* convient à madame Creton.

— On se conserve plus longtemps en vivant *dans son intérieur*.

Les dames Jérusalem ne parlaient qu'en soulignant les mots, pour ainsi dire ; elles avaient toujours eu la réputation dans la ville d'être des personnes de sens et d'esprit, et cette réputation leur avait donné le vice de peser sur les mots les plus ordinaires, de parler lentement, de s'arrêter à chaque membre de phrase, et de n'ouvrir la bouche qu'avec la persuasion qu'il n'en sortait que des mots à effet.

Cette conversation était plus fatigante que la manie des auteurs qui abusent de l'italique, et qui, séparant chaque mot par un trait, semblent dire au public : « Faites attention, je vais être très-spirituel. » Il en est de même pour certaines personnes qui parlent du bout des lèvres, et dont la bouche s'arrondit avec complaisance, comme pour faire sortir d'un moule un bijou infiniment précieux.

Mais il eût été dangereux dans Molinchart de paraître douter de l'esprit des dames Jérusalem, qui faisaient loi par leur dénigrement, et que chacun craignait. En présence de Louise, elles jouissaient de leur adresse dans ces méchancetés, car d'ordinaire elles ne pouvaient pas juger de l'effet de leurs coups.

Retranchées dans leur petite maison, au rez-de-chaussée, elles envoyaient de là leurs traits comme des assiégeants envoient des boulets dans une ville ennemie, sans se rendre compte toujours des effets produits ; mais, en présence de Louise, les dames Jérusalem pouvaient suivre les ravages de leurs paroles : rougeurs subites, larmes dans le gosier, yeux humides ; un tel spectacle était intéressant pour des femmes jalouses de la beauté de leur victime.

Devant les dames Jérusalem, la vieille fille se taisait ; se trouvant inférieure, non pas en méchanceté, mais du moins en paroles, mademoiselle Creton semblait juger les coups, et son œil, dans lequel passait encore de temps en temps une flamme, remerciait ses alliées de la jouissance qu'elle prenait à leurs discours. Les dames Jérusalem avaient un art merveilleux à se servir de paroles ambiguës, de mots à double entente, qui accablaient Louise sans défense. On eût dit un de ces pigeons de fête de campagne, attaché par la patte et vers lequel les garçons du village s'avancent tour à tour, les yeux bandés, avec un sabre, pour lui couper le cou.

Louise recevait ainsi nombre de blessures sans se récrier ; et quand il lui arrivait de jeter les yeux sur son mari pour chercher un défenseur, elle ne rencontrait qu'un homme assoupi, ne songeant à rien et n'écoutant même pas la conversation du logis.

Fréquentant beaucoup la société de Molinchart, les dames Jérusalem savaient tout ce qui se passait, et surtout tout ce qui devait se passer : Elles arrivaient presque quotidiennement chez mademoiselle Creton avec une provision de scandales d'une nature particulière à être agréables à cette dernière. Elles faisaient sans doute des triages avant de venir, car leurs motifs de conversation ne roulaient guère que sur des tromperies de maris, de femmes séduites et d'amants suborneurs. Maître Quantin leur passait en sixième main la *Gazette des Tribunaux*, et comme il est rare de ne pas trouver dans ce journal quelques faits d'adultère, les dames Jérusalem n'avaient jamais éprouvé autant de satisfaction de leur sous-abonnement. L'une racontait l'acte d'accusation, l'autre lisait les dépositions des témoins, les plaidoiries des avocats, et les commentaires venaient à la suite.

Louise semblait réellement l'accusée : assise sur sa chaise basse, elle redoutait de plus en plus les attaques incessantes des dames Jérusalem ; loin d'y être accoutumée, de jour en jour elle les sentait plus vivement.

La rencontre imprévue de M. Creton du Coche avait porté le désordre dans le système nerveux de la jeune femme : elle était devenue craintive à l'excès, et le moindre incident la froissait, comme la fine oreille d'un chat se contracte au moindre bruit. Elle essayait de tromper les souffrances que lui causaient les amies de mademoiselle Creton en s'appliquant à une broderie ; mais les trois femmes avaient inventé des châtiments plus cruels que ceux dont fut victime, dit-on, le dauphin à la tour du Temple. Quand elle baissait les yeux :

— Que faites-vous donc là, ma belle ? lui demandait une des sœurs Jérusalem ; qui craignait que Louise ne fût absorbée par son travail.

Et elle lui prenait des mains la broderie ou la tapisserie, et la forçait de lever les yeux sur ses juges. Les persécutions prenaient mille formes, et les trois femmes devaient passer les jours et les nuits à en créer de nouvelles.

Un jour, mademoiselle Creton invita sa belle-sœur à rendre visite aux dames Jérusalem.

— Il n'est pas convenable, dit-elle, que ces dames viennent aussi souvent sans que vous leur rendiez leur politesse. A la fin elles s'en formaliseraient.

Louise refusa.

— Je n'entends pas, dit mademoiselle Creton, que par votre faute je perde l'amitié de ces dames. Si vous étiez libre, madame, vous auriez le droit d'être mal élevée et d'agir comme il vous semblerait convenable ; mais ces dames viennent autant pour vous que pour votre mari et moi. Une politesse en vaut une autre.

Louise refusa de nouveau ; elle comprenait l'épreuve douloureuse à laquelle on se disposait à la soumettre. Retourner, en présence de son mari et de sa sœur, dans le petit salon des dames Jérusalem, traverser la rue où elle avait été surprise, revoir cette fatale porte du pensionnat, et surtout se montrer aux gens de Molinchart, c'est ce que Louise ne pouvait supporter, à moins d'y être traînée. Cette fois, elle combattit avec tant de résolution, que la vieille fille, craignant de la pousser à bout, laissa tomber son idée, en se promettant de la remplacer par une autre non moins cruelle.

Six semaines après avoir quitté la ville, Julien reçut une lettre de madame Chappe. Jusqu'alors la maîtresse de pension n'avait écrit au comte que des lettres sans intérêt, car Louise se tenait si strictement renfermée qu'il était difficile d'avoir de ses nouvelles. D'un autre côté, madame Chappe avait perdu la majeure partie de ses relations, et elle était mal vue dans le pays ; mais ayant un grand intérêt à servir la passion du comte, la maîtresse de pension eût trompé la surveillance de dix geôliers.

Il était difficile de lutter avec mademoiselle Creton, que la haine, la jalousie, la cupidité rendaient le plus redoutable des Argus ; seulement, la générosité manquait à cet Argus, qui oubliait de se servir de l'argent. Après avoir pris ses informations avec prudence, madame Chappe sut que la femme de ménage était pauvre. Il ne fut pas difficile de la séduire : le loyer payé, un habillement d'hiver et un pot-au-feu par semaine amenèrent la femme de ménage à se rendre.

Madame Chappe annonçait cette bonne nouvelle au comte ; la femme de ménage se contentait jusqu'alors de regarder et d'écouter, et chaque soir elle apportait à madame Chappe des nouvelles de ce qui se passait dans ce ménage. A en juger par la dernière scène qui s'était passée entre mademoiselle Creton et sa belle-sœur, une rupture ne devait pas tarder à éclater. Malgré sa douceur et l'empire qu'elle prenait sur elle-même, Louise, froissée d'entendre mademoiselle Creton lui rappeler toujours la scène du pensionnat, et démêlant ce qu'il y avait d'hypocrite et de dangereux dans ces souvenirs, en apparence amicaux, mais qui redoublaient l'hypocondrie de M. Creton du Coche, Louise s'était ouverte à ce sujet à sa belle-sœur et l'avait priée de ne plus revenir sur ce sujet.

Autant les paroles de la jeune femme étaient empreintes de supplications, autant la vieille fille montra de colère et de haine. Elle éclata en reproches à un déjeuner auquel la femme de ménage assistait, et dit à sa belle-sœur que de pareils faits ne s'oubliaient jamais; qu'elle était trop heureuse qu'on eût bien voulu la garder dans une famille honorable sur laquelle elle avait jeté la honte; que si Louise oubliait sa faute, cela témoignait de la légèreté de son caractère; qu'on contraire, il fallait qu'elle l'eût à toute heure devant les yeux, afin de se repentir et de devenir meilleure, sans quoi l'oubli amènerait inévitablement une rechute. Mademoiselle Creton prit à partie son frère et lui demanda s'il avait oublié, lui dont le caractère était méconnaissable, lui qui couvait un mal intérieur dont il ne se relèverait jamais. Cette scène violente dura pendant tout le déjeuner, et Louise profita de ce que la femme de ménage desservait la table pour aller s'enfermer dans sa chambre et pleurer en paix.

Madame Chappe était heureuse de ces nouvelles, elle avait le même intérêt que la vieille fille à introduire le trouble dans le ménage. Par ses ordres, la femme de ménage montra pour Louise une pitié qu'elle ressentait réellement, car il était impossible de ne pas être ému de sa douleur et de ne pas prendre parti contre mademoiselle Creton, qui tous les jours inventait de nouvelles acrimonies contre sa belle-sœur. La femme de ménage devint peu à peu la confidente de Louise, à mesure que les scènes se renouvelaient plus désagréables dans l'intérieur de la maison.

— On vous plaint dans la ville, ma pauvre dame, lui disait-elle.

Et comme elle le répéta plusieurs fois, Louise voulut savoir quelle personne cachait ce *on*.

— Tout le monde, dit la femme de ménage, qui avait ordre de ne pas dévoiler madame Chappe.

Au bout de trois mois, il fut impossible à Louise de sortir de sa chambre, tant la vieille fille était devenue exigeante. Louise avait plus répandu de larmes en trois mois que dans toute sa vie ; elle n'avait qu'une jouissance, c'était de s'entretenir avec sa femme de ménage.

Mademoiselle Chevret était une pauvre créature, séduite dans sa jeunesse, qui vivait pauvre, ne se plaignait jamais, et avait conservé un sentiment violent d'amertume contre tous les hommes. Dès les premiers jours de son entrée, elle avait pris en pitié la femme de l'avoué, et elle croyait que mademoiselle Creton n'agissait que d'après les ordres de son frère. C'en était assez pour prendre parti contre le mari et la vieille fille ; aussi ne fut-elle pas difficile à séduire, et quand vint le moment où elle entendit Louise parler de la mort comme du plus grand bonheur espéré, elle comprit que la coupe d'amertume était pleine, et qu'il était temps d'agir suivant les instructions de madame Chappe.

— Ah! ma pauvre dame, disait-elle à Louise pendant qu'elle faisait sa chambre, vraiment vous me faites pitié de vous laisser ainsi traiter par votre belle-sœur... Si vous vouliez avoir la paix!

— C'est impossible, dit Louise. Telle que je connais mademoiselle Creton, je n'ai plus qu'à me résigner.

— Il vaudrait mieux vivre dans un désert, madame.

— Oui, dit Louise.

— Vous n'êtes pas adroite non plus, madame ; vous recevez tranquillement des insultes comme un bœuf à l'abattoir..., ça les encourage, soyez-en sûre... Ah! si j'étais à votre place...

— Eh bien ! dit Louise.

— Je voudrais les tenir ; oui, avant qu'il soit deux jours mon mari et ma sœur seraient à mes pieds... D'abord vous ne vivrez pas en paix tant que cette méchante femme mènera la maison ; elle dehors, peut-être votre mari deviendrait-il plus humain.

— J'ai accepté cette situation, dit la femme de l'avoué.

— Vous ne saviez pas non plus ce qui vous attendait ici, madame ; vous n'étiez pas fautive et vous croyiez qu'on allait oublier une simple imprudence... Ah! les hommes n'oublient rien ou ils oublient trop, dit la femme de ménage en songeant à son passé. Enfin, madame, votre vie n'est pas tenable dans ce moment ; toujours malade, toujours en pleurs, maigre à faire pitié, ça me fait bien du chagrin de vous voir changer à vue d'œil. Voulez-vous obtenir la paix?

— Est-ce possible ? s'écria Louise.

Alors mademoiselle Chevret lui dit qu'elle avait une parente à dix lieues de la ville qui la recevrait à merveille, si elle voulait s'y réfugier. Eloignée momentanément de sa belle-sœur, elle écrirait à son mari et obtiendrait d'être mieux traitée de lui.

Peut-être M. Creton du Coche reconnaîtrait-il que la vie à trois était impossible, et Louise pouvait encore espérer de goûter quelque tranquillité. La jeune femme se laissa aller à ce projet, confiante dans l'affection que lui montrait la femme de ménage, et elle organisa un plan de fuite sans se douter que madame Chappe était l'âme du complot.

Au lieu de trouver une parente de la femme de ménage, Louise tomba dans les bras de Julien, qui attendait à l'arrivée de la voiture.

XX

Le bonheur.

Louise, saisie par l'émotion, se laissa entraîner; et, avant qu'elle eût le temps de se reconnaître, elle était dans une petite voiture qui l'emmenait au galop, sans qu'elle sût où elle était enlevée avec une telle rapidité.

La route se passa sans que les deux amants pussent dire un mot; ils avaient trop à se dire, et l'excès du bonheur faisait qu'ils ne trouvaient pas de paroles pour rendre leur émotion.

Depuis qu'ils s'étaient vus pour la première fois, enfin ils se trouvaient ensemble, entre eux, sans crainte, libres. En un moment le passé était oublié, et tout autour d'eux disparaissaient la nature, le monde, les lois, la société. Il n'y avait plus qu'eux sur la terre. Ils n'étaient même plus des humains, des êtres vivants; c'étaient des âmes qui se rencontraient dans des étreintes célestes. Ils n'avaient plus conscience de leur corps, de leurs mouvements; ils obéissaient à leurs sensations sans s'en rendre compte, comme l'enfant qui agit instinctivement remue les bras, essaye d'ouvrir les yeux et prononce des paroles inconnues. Ils buvaient leur haleine, s'enivraient de regards et se sentaient mourir doucement, pour surprendre à chaque instant une nouvelle vitalité.

La voiture roulait toujours; au dedans, c'étaient des étreintes poignantes et fiévreuses à briser des barres d'acier. Leurs âmes s'étaient fondues en une seule et faisaient sentinelle autour d'eux pour en chasser les souvenirs, les chagrins, les craintes de l'avenir. Rien n'aurait pu les séparer en ce moment, ni périls ni dangers, ils se sentaient forts et libres.

La nuit était venue et ne faisait qu'ajouter à leur extase;

des larmes coulaient des yeux de Louise, mais Julien sentait que ce n'étaient pas des larmes amères et qu'elles tombaient lentement des paupières sans les blesser.

Les souffrances d'une année chargée d'inquiétudes s'envolaient sans bruit, et ne laissaient plus de traces dans leur esprit noyé d'immenses félicités.

Le grand calme de la nuit, la solitude de la campagne, le repos de la nature, la fraîcheur tiède de l'atmosphère, tout les portait au silence.

Ils semblaient avoir quitté leur ancien corps, celui qui avait tant souffert, pour entrer dans une nouvelle enveloppe tranquille, fraîche et embaumée.

La voiture roulait toujours, et ils ne se sentaient pas en mouvement. Lui comprenait qu'il était à côté d'Elle ; Elle se rapprochait de Lui.

Ils étaient plongés dans cet ineffable égoïsme de l'amour qui rend indifférent à l'amitié, à la haine, à la joie, à toutes les passions, à tous les vices, à toutes les misères de l'humanité.

On leur aurait dit : « Vous allez mourir, » ils auraient répondu : « Nous mourrons avec joie, si nous mourons ensemble dans un dernier embrassement. »

Qu'importe alors la vie ? Ces extases renaîtront-elles jamais plus grandes ? Le bonheur est si rare qu'on craint toujours de le voir suivi de son éternel serviteur, le malheur, qui est attaché à son manteau, comme, dans les anciennes peintures symboliques, la mort est à cheval derrière le médecin.

Aussi tous deux faisaient-ils fête à ce bonheur inattendu, et s'en gorgeaient-ils avec l'imprudence d'un convalescent à qui il est permis de manger pour la première fois. . .

. . . .

Une secousse de la voiture les tira de leur beau rêve ; une voix humaine les rappela à la réalité.

Le postillon était arrêté devant une auberge et appelait les servantes, plongées dans le sommeil.

On était arrivé au petit village où Louise comptait s'arrêter chez la parente de mademoiselle Chevret.

Les deux amants, qui étaient en voiture depuis cinq heures, croyaient qu'il y avait tout au plus cinq minutes.

Le réveil de cette auberge endormie, l'allée et venue des garçons et filles qui s'inclinaient devant une chaise de poste, les préparatifs du souper, le grand feu flambant à hauteur d'homme dans une immense cheminée, la conversation du postillon et des filles, permirent à Louise de cacher son émotion. Cependant, elle baissait les yeux devant Julien et craignait de rencontrer ses regards amoureux. De légers et tardifs remords couraient en elle, comme de petits nuages qui cherchent à se rejoindre et qui finissent par se dissiper.

Le souper était préparé et fumait sur la table.

— Je ne mangerai pas, dit-elle.

— Ni moi... dit Julien. Pourquoi détournez-vous la tête, Louise ?

Et il la regarda en face ; mais elle baissa la tête et tint un silence absolu.

Julien lui parlait, la questionnait, et elle ne répondait pas. La pourpre pudique de sa figure répondait plus éloquemment que toutes les paroles.

Il y avait dans la pose abandonnée de Louise, dans ses gestes, dans sa physionomie, un doux abattement qui rendait Julien plus heureux que s'il l'avait entendue parler.

Maintenant, seul avec elle, il pouvait se jeter à ses genoux, lui prendre les mains, dénouer ses beaux cheveux noirs ; et elle se laissait faire, à moitié plongée dans la contemplation de cette idolâtrie et du souvenir des heures qui s'étaient écoulées aussi vite que chaque tour de la roue de la voiture.

Elle savourait maintenant cette passion qui, depuis un an, s'était si souvent offerte à ses lèvres et qu'elle avait toujours repoussée, subissant ainsi volontairement un supplice de Tantale.

Dans le fond de son imagination apparaissait, un peu trouble et flottant, le fantôme bourgeois et grossier de sa première année de mariage; mais le mari rêvé était là, à cette heure, devant elle, lui parlant, l'adorant, et dans le miroir du cerveau de Louise se reflétait l'idéal époux, le seul et véritable et unique, qui faisait de l'autre une chimère grimaçante, l'ombre de la lumière, le repoussoir obligé du bonheur.

Toutes ces pensées, Julien pouvait les suivre, les voir naître, grandir, mourir, remplacées par d'autres, comme la vague succède à la vague.

Une paupière languissante, un mouvement des yeux, une ombre de sourire, une pulsation du cœur, des moiteurs subites, des lèvres qui s'ouvraient pour laisser s'échapper trop de félicités accumulées, une narine tressaillante, n'étaient-ce pas des pensées plus éloquentes que toutes les paroles?

Dans chaque pore de cette peau ambrée, Julien pouvait suivre une nouvelle vitalité courir dans le corps de Louise.

Après ces longs ressouvenirs qu'il respecta, le comte put jouir de la félicité que maintenant Louise laissait lire sur sa figure, sans essayer de l'affaiblir.

— Comme je veux te faire oublier tout ce que tu as souffert pour moi, ma chère Louise, j'essayerai de te payer en bonheur les inquiétudes que tu as subies si longtemps dans cette petite ville. Demain la diligence passe de grand matin; nous partirons pour Paris.

— A Paris! s'écria Louise en tressaillant. Mais mon mari...

— Je t'en conjure, Louise, ne dis jamais : Mon mari. Il n'est plus ton mari; regarde-le comme un homme mort... Tu es veuve, tu jouis d'une nouvelle vie; tu renais d'une autre existence; tu n'as jamais habité Molinchart... N'est-ce pas que tu ne me parleras plus de cet homme?

Le lendemain, ils arrivèrent à Paris, et Julien se fit conduire à la place de la Madeleine, où il avait loué un appartement convenable pour recevoir un jeune ménage, car il était prévenu depuis longtemps, par madame Chappe, de se tenir prêt à recevoir Louise.

En se réveillant dans une jolie chambre à coucher qui donnait sur la place, en entendant le grondement des voitures qui se pressaient sous ses fenêtres, Louise se crut le jouet d'un rêve.

C'était bien en effet une nouvelle vie qui commençait pour elle; depuis dix ans elle ouvrait les yeux et se trouvait au milieu de ce calme de province qui endort l'esprit et le laisse flotter dans des nuages gris et calmes, tandis qu'aujourd'hui elle allait goûter de la vie parisienne, qui apparaît si féerique à ceux qui ne la connaissent pas.

Cependant Louise soupirait.

On ne reste pas impunément dans une atmosphère calme sans être effrayé du tumulte de Paris; les cœurs qui ont vécu tranquillement en province jusqu'à trente ans ne savent pas s'accommoder de la vie fiévreuse parisienne.

Le bonheur agitera-t-il longtemps ses ailes bleues au-dessus de cette maison? se demandait Louise. Heureusement, le souvenir de la vieille fille vint se placer devant ses yeux et l'empêcher de penser plus longtemps à l'avenir.

Bientôt, d'ailleurs, une femme de chambre entra et rompit les rêves de la jeune femme, en lui demandant si elle voulait recevoir divers fournisseurs envoyés par le comte.

Une élégante robe de chambre était préparée, et Louise se sentit pénétrée des mille attentions du comte avant son arrivée.

Le cabinet de toilette n'eût pas été mieux meublé par une coquette, et se trouvait garni des mille objets à l'usage des femmes.

Quand Louise fut prête, la marchande de mode, la lingère, la marchande de nouveautés, furent introduites, car Louise n'avait pu emporter de Molinchart qu'une petite malle contenant les objets les plus nécessaires à sa toilette.

Après le déjeuner, Louise parcourut son petit logement

et montra une joie d'enfant en regardant ces petits meubles élégants, ces frivolités d'étagère qui encombrent les cheminées, et dont Paris a le secret.

Tout avait été commandé par le comte, qui apporta dans le choix de l'ameublement un tact exquis.

Une autre femme que Louise se serait crue transportée dans un monde féerique en comparant son mobilier d'acajou, ses meubles lourds, disgracieux, incommodes, à ces chaises fines, élégantes, à ces larges fauteuils étoffés, à ces petites tables en bois de rose rehaussées de cuivreries dorées, qui annonçaient, par leur délicatesse, qu'ils ne pouvaient servir qu'à une femme; mais Louise n'avait pas de ces étonnements hébétés d'une bourgeoise qui foule des tapis moelleux pour la première fois de sa vie; elle était heureuse de cette coquetterie luxueuse et la comprenait aussitôt en la voyant.

Julien jouissait de la joie de celle qu'il aimait, et la regardait ouvrir, avec une curiosité naïve, les portes des chambres, des armoires, les tiroirs des meubles.

Un élégant balcon donnait sur la façade de la Madeleine, et à deux pas du salon on pouvait, sans sortir de chez soi, se mêler pour ainsi dire au Paris fortuné des équipages.

— Quelle vie! dit Louise; on croirait presque que tout le monde est en fête journellement... Est-ce ainsi tous les jours?

— Tous les jours, dit Julien, qui était ravi des questions enfantines de Louise.

— Et on ne s'en fatigue jamais? demanda-t-elle. J'ai peur, ami, de cette vie; le croyez-vous? Il me semble que ma tête n'est pas assez forte pour supporter tout ce bruit; il n'y a qu'une chose dont je ne me fatiguerai jamais, c'est de vous aimer. Nous resterons ensemble le plus possible, n'est-ce pas, seuls?... Je deviens jalouse, même d'un homme qui serait en tiers avec nous... Avez-vous beaucoup d'amis?

— Je connais quelques personnes au club, que je rencontre avec plaisir; mais, à proprement parler, ce ne sont pas des amis. Mon seul ami était Jonquières.

— Celui-là, je l'aime aussi, dit Louise, depuis que tu m'as dit combien il avait été bon et dévoué pour toi, pendant que j'étais si méchante.

— Oh! tu n'étais pas méchante... je l'ai oublié et j'ai bien mieux compris mon amour en étant séparé de toi.

— Est-ce que nous ne verrons pas M. Jonquières à Paris?

— Je ne sais, dit Julien; Jonquières est enterré maintenant dans sa campagne. Il se fait ermite. Il a peur des passions qu'il a éprouvées vivement; moi aussi, j'aurais voulu le voir entre nous deux, cet hiver, au coin de notre feu, et il eût été heureux de notre amour.

Ainsi les deux amants parlaient sur le balcon, s'occupant plus de leur affection mutuelle que de ce qui se passait dans la rue; mais le comte, en voyant la place de la Madeleine encombrée d'équipages, jugea que le moment était venu de conduire Louise aux Champs-Élysées, et il envoya chercher une petite voiture couverte qui permît à Louise de tout voir sans être vue.

De la place de la Concorde à l'Arc de Triomphe de l'Étoile, la chaussée était sillonnée de voitures qui se croisaient en sens inverse; les équipages les plus divers étaient représentés, depuis les voitures à quatre chevaux, blasonnées, jusqu'au simple fiacre, mystérieux, clos par des stores de calicot rouge; les omnibus, les charrettes, les voitures de déménagements figuraient à côté des voitures des ambassadeurs.

Quelques femmes du monde, en amazone, subissaient les regards des promeneurs du trottoir et des curieux assis sur des chaises; on voyait passer par les portières des omnibus les figures émerveillées des provinciaux; dans des coupés élégants étaient étendus négligemment des actrices, des lorettes, des femmes entretenues de parage, qui jouaient de la prunelle devant les cavaliers, afin de payer le soir le prix de leur équipage loué.

Dans d'autres voitures se tenaient des femmes à la mode, escortées à la portière de cavaliers qui ne les quittaient pas et les accompagnaient au bois.

C'était un mouvement sans fin d'aller et de retour, où chacun semblait plus empressé de parader que de jouir de l'air et de la lumière; c'étaient des étalages de toilette, de sourires, de compliments; de saluts, qu'on ne saurait trouver en aucun lieu de l'univers.

Louise ne parlait pas et regardait; Julien la laissait tout entière à sa curiosité.

En ce moment, Louise pâlit, jeta un cri et se laissa retomber dans le fond de la voiture.

— Qu'y a-t-il, mon amie? s'écria Julien.

— Rien, dit-elle.

— Tu souffres?

Louise avait porté ses mains à la figure et se la cachait; le comte chercha à s'en emparer et à la démasquer; mais Louise :

— Laisse-moi, je t'en prie... Attends...

— Pourquoi as-tu poussé ce cri? Ce n'est pas naturel...

Louise abattit une main et montra un de ses yeux humides où se reflétait une vive émotion; puis une larme embrassa la prunelle et vint se pendre aux cils, pendant qu'une rougeur subite faisait place à la pâleur habituelle de Louise.

— Tu m'inquiètes, dit le comte; dis-moi ce qui t'a fait éprouver cette émotion.

Louise ne répondait pas; la figure de Julien se rembrunit, ce fut à son tour d'être livré à des réflexions pénibles dont la nature se lisait dans ses yeux. Louise le regarda, et la vue de ces inquiétudes fit taire les siennes.

— Et toi aussi? dit-elle.

— Laisse-moi, dit le comte.

— Regarde, dit Louise, je n'ai plus rien, il n'y paraît plus... Allons, monsieur...

Julien tenta de sourire.

— Je ne veux pas te voir triste, dit-elle.

— Mais, enfin, qu'est-ce qui t'a pris? demanda le comte.

— Tu ne m'en voudras pas, si je te le dis?

— Au contraire, je t'en voudrais de me le cacher.

— Eh bien, dit Louise, j'ai rencontré le regard d'une personne de Molinchart.

— N'est-ce que cela? dit Julien.

— Sans doute; je n'ai pas été maîtresse de moi, et j'ai poussé un cri.

— Est-ce que tu es certaine que cette personne t'a remarquée?

— Je ne sais.

— Te connaît-elle?

— Elle me connaît comme chacun se connaît dans une petite ville... Mais tu m'avais défendu de te jamais parler de Molinchart, voilà pourquoi j'ai essayé de te le cacher.

Louise avait été singulièrement frappée à la vue de certaines femmes au regard hardi, à la toilette retentissante, qui se faisaient remarquer par une beauté apprêtée.

Julien lui expliqua la position de ces créatures, qu'il connaissait pour la plupart, malgré son absence de Paris pendant quelques années. Mais il en est de la véritable femme entretenue comme de l'homme de génie : elle résiste et prospère là où cent autres sont mortes épuisées.

Louise avait pour ces femmes la vive curiosité dont sont éprises toutes les femmes du monde cherchant le secret de cette force et de cette puissance qui font que les véritablement trempées conservent leur beauté à un âge avancé, malgré le trouble de leur existence.

Elle pressait Julien de questions, ignorante de ce monde si particulier dans lequel le comte avait vécu dans sa jeunesse, et, sans lui donner leur vie comme une généralité, Julien lui racontait l'histoire de celles qu'il retrouvait et les hommes qu'elles avaient ruinés, et les amants qu'elles avaient trompés, et ceux qu'elles avaient entraînés dans le mal.

La vie parisienne est tellement remplie de vices, que ce qui ferait l'étonnement d'une certaine classe de la société serait la vertu ; une grande partie de la jeunesse riche, noble, tombe dans les bras des femmes vicieuses, s'y habitue et rirait de l'étonnement d'un Franklin qui viendrait prêcher le rétablissement des mœurs ; mais Louise, malgré les explications de Julien, ne pouvait comprendre cette vie et devenait de plus en plus triste.

Elle voulut rentrer immédiatement et pria le comte de la laisser seule jusqu'au dîner.

En la revoyant, Julien fut étonné du changement qui s'était opéré en elle : elle paraissait avoir pleuré, et sa figure était pleine d'une expression particulière que le comte ne soupçonnait pas ; elle avait repris les habits modestes avec lesquels elle était partie de Molinchart.

Le comte tressaillit, car il crut lire dans cette physionomie toute nouvelle, dans le costume, que Louise le quittait pour toujours.

— Mon ami, dit-elle, ce soir, je ne serai plus ici.

Julien pâlit et tomba sur une chaise, ne trouvant pas de paroles pour rompre une détermination si ferme en apparence.

— J'ai commis une faute, dit-elle, en me laissant conduire dans cette maison, en m'habillant de ces étoffes, en me parant de ces bijoux. Tout est tel que je l'ai reçu, je ne veux plus les porter. J'ai eu un moment où je ne raisonnais pas, pendant lequel mon amour m'a entraînée.

Julien fit un mouvement pour parler.

— Laissez-moi vous dire, mon ami, tout ce que cette promenade aux Champs-Élysées vient de me révéler... Quelle heureuse idée nous y a conduits ! J'ai vu ces femmes, vous m'avez dit leur vie, je ne veux pas leur ressembler. Je sens que je n'ai pas les sentiments d'une femme entretenue ; mais en restant ici plus longtemps, en acceptant vos dons, vos cadeaux, chacun a le droit de me désigner de la sorte... Il faut que ma vie présente fasse oublier ma fuite... Depuis que vous m'avez fait connaître la manière de vivre de ces femmes, j'ai frissonné d'avoir été rencontrée avec vous dans une toilette qui ne m'est pas habituelle et qui a pu me faire confondre avec ces femmes... J'ai des goûts simples, vous le savez, il y a longtemps que vous êtes prévenu ; vous m'avez aimée ainsi ; ce n'est pas la liberté qui doit changer mes goûts. Tout le luxe me mettait mal à l'aise, et je ne m'en rendais pas compte. Ce n'est pas là le bonheur... Si vous m'aimez véritablement, Julien, comme vous le dites, vous me laisserez vivre à ma fantaisie, travailler, vous m'aiderez à me procurer des moyens de m'occuper...

— Vous êtes la meilleure des femmes, Louise, dit Julien, qui tomba à ses pieds ; mais pourquoi vous comparer à ces créatures ? Ne sommes-nous pas unis pour toujours ?

— Pour toujours, dit Louise d'un ton mélancolique.

— Vous en doutez ?

— Qui sait ? reprit-elle.

Malgré les preuves d'affection du comte, Louise resta dans son idée : le comte devait conserver son appartement de la place de la Madeleine, et s'il était possible de trouver une petite chambre dans la même maison, Louise l'habiterait afin d'être plus rapprochée de son amant ; mais, à partir de ce jour, elle ne voulait plus continuer à vivre de la vie luxueuse des femmes entretenues.

Ses paroles étaient tellement convaincues que Julien s'abstint de combattre ses idées plus longtemps.

— Ne sortons plus, dit Louise ; de cette façon on ne me rencontrera plus ; nous resterons toute la journée ensemble. Tout ce monde m'effraye ; il me semble que nous ne sommes plus aussi intimes au milieu de la foule... Je travaillerai chez moi, tu me feras la lecture pendant ce temps ; et, le soir seulement pour varier un peu, nous sortirons et nous irons nous promener dans les endroits où la foule ne va pas.

Ce programme se réalisa pendant un mois ; les deux amants ne voyaient et ne recevaient personne ; les journées s'écoulaient roses et sans souci. Le mois, d'ailleurs, avait été rempli par la nouvelle installation de Louise, qui s'occupait de mettre en ordre sa petite chambre.

Un matin, il arriva un homme de mauvaise physionomie, qui demanda à parler au comte de la part de madame Chappe.

Julien fut blessé de ce que la maîtresse de pension lui envoyait un tel messager ; mais étant en correspondance avec elle et tenant à connaître les événements qui se passaient à Molinchart, il fit introduire l'inconnu, qui dit être le frère de l'institutrice.

Dès l'abord, la physionomie de l'homme déplut à Julien; mais cachant cette prévention sous une exquise politesse, il lui demanda à quoi il pouvait lui être utile.

Le frère de madame Chappe tendit une lettre qu'il tira d'un mauvais portefeuille.

« Cher comte, écrivait l'institutrice, ne me trouvez-vous pas importune de vous prier de me rendre un service dont la nature est bien délicate. Mon frère a perdu malheureusement sa fortune dans l'instruction, en rendant service à des gens qui ne lui en ont pas tenu compte. Cette générosité tient de famille, et vous savez que je me jetterais dans le feu pour vous, cher comte.

» A force de me casser la tête pour sauver mon frère de la détresse, voici ce qu'il m'est venu à la tête :

» En attendant que vous puissiez procurer à mon frère un emploi quelconque, grâce à vos relations dans Paris, ne pourriez-vous pas lui dire que, n'ayant pas le temps de surveiller exactement les biens que vous avez à Vorges, il vous ferait bien plaisir de vous y aider un peu.

» Comme je suis bien persuadée, cher comte, que vous

n'avez besoin de personne, je vous ferai remettre d'avance pour trois mois ce que vous désirez que nous lui offrions pour rétribution. Si vous me rendiez cet important service et que vous ne lui donniez que le temps de faire ses préparatifs de départ, je vous ferais tenir cinquante écus. Il pourrait vivre au moins frugalement à la campagne. Proposez-lui cela de manière, je vous prie, qu'il accepte.

» Quoique mon établissement n'aille guère, je serai exacte à vous remettre, et je vous aurai une grande obligation de vous prêter, de la manière dont je vous en prie, à me rendre cet important service. Ce sera, hélas! je gémis de le dire, une des fortes épines que vous me retirerez du pied.

» Ah! cher comte, que vous me rendrez heureuse si mon frère m'apprend que vous lui avez fait la proposition que je vous prie de lui faire. Ce secret serait à nous deux. Dieu veuille que vous sentiez ma position et que vous soyez assez bon pour l'alléger. »

Malgré l'habitude qu'il avait de cacher ses impressions, le comte put à peine dissimuler la surprise que lui causait cette lettre.

Il ouvrit son secrétaire, en tira les cent cinquante francs que demandait madame Chappe et congédia l'homme, en lui disant qu'il allait écrire à sa sœur.

Depuis quatre mois que Louise avait fui la maison de son mari, madame Chappe ne s'était pas fait faute d'écrire régulièrement deux fois par semaine; le facteur apportait des lettres timbrées de Molinchart, tantôt à l'adresse de Julien, tantôt à l'adresse de Louise.

Les lettres adressées au comte contenaient des demandes d'argent incessantes, que le jeune homme acquittait comme des dettes sacrées.

Louise était plus spécialement chargée de la toilette de madame Chappe, qui, à en juger par ses demandes, devait maintenant éclipser les dames les plus à la mode de Molinchart.

La maîtresse de pension avait, du reste, une correspondance très-variée qu'elle appliquait suivant la nature des services qu'elle attendait ; quelquefois elle semblait prise d'immenses remords en pensant à la fuite de Louise du domicile conjugal.

« Oui, écrivait-elle, ma conscience me force à ne rien vous cacher ; lorsqu'on blâme mon amie, je me reproche ma faiblesse d'avoir adhéré à ses désirs. »

Et Louise se prenait à ces faux remords et les partageait réellement.

Dans d'autres circonstances, le pauvre M. Creton du Coche portait à lui seul les noms de toute une ménagerie : c'était un tigre, un loup, un Cosaque, une hyène, un monstre amphibie. « Barbe-Bleue a été dimanche de Pâques à la grand'messe, à vêpres et au salut, » écrivait madame Chappe ; « incessamment il fera son jubilé, je n'en serais pas étonnée, afin de pouvoir dire à ceux qui voudront le croire que vous l'avez toujours empêché de faire sa religion. »

Madame Chappe avait l'art de faire saigner le cœur de Louise à chaque trait de plume ; elle lui rapportait les moindres propos de Molinchart, relatifs à sa fuite, et quoique Louise se trouvât heureuse dans son intérieur, elle ne pouvait s'empêcher de songer qu'elle servait de fable à une petite ville, que son nom était cité à tout propos, et qu'elle passait pour une femme déshonorée.

Ces réflexions la tenaient plus vivement le soir, où elle restait souvent seule, car le comte avait pris l'habitude de retourner à son cercle.

Six mois passés presque sans sortir n'avaient pas affaibli la passion de Julien, mais il craignait que la satiété vînt d'un côté ou de l'autre, et il avait essayé de conduire Louise en société ; mais Louise préférait vivre seule.

L'été étant arrivé, Julien décida un voyage en Allemagne et en Suisse, et cette nouvelle combla Louise de bonheur ; elle allait donc échapper à ce Paris turbulent qui lui pesait.

XXI

Traité de paix entre deux méchantes femmes.

En apprenant la fuite de sa belle-sœur, Ursule Creton ne sut contenir sa joie ; ses projets de vengeance se réalisaient, et elle réussissait dans l'exécution de ses plans, qui étaient de s'emparer complétement de l'esprit de son frère. Cette aventure fit du bruit à Molinchart : les événements qui l'avaient amenée, l'aventure du chevreuil, qui était, sans s'en douter, l'innocent instrument du malheur de l'avoué, firent créer un proverbe à l'usage des maris malheureux.

De même qu'au théâtre un bois de cerf, deux doigts placés au-dessus de la tête d'un mari sont compris immédiatement du spectateur comme le symbole comique d'une union mal assortie ; toutes les fois qu'un mari passa désormais pour trompé, chacun se disait : « Un chevreuil est entré dans sa maison. »

La ville s'était partagée en deux camps, une faible minorité plaidait en faveur de Louise et du comte. Quant à M. Creton du Coche, la curiosité dont il devint victime, les doléances maladroites de ses amis ne lui firent ressentir que plus vivement le côté faux de sa situation. L'amour-propre, qui joue un si grand rôle dans ces questions, et qu'on appelle tantôt amour, tantôt jalousie, se réveilla avec une telle force chez l'avoué, qu'il devint presque hypocondriaque. Il osait à peine sortir, sachant que sa vue seule entretiendrait chez ses concitoyens le souvenir de la fuite de Louise ; il se sentait défait, et il comprenait que l'altération de ses traits provoquerait des condoléances douloureuses plus que le mal lui-même.

Sa sœur l'entretenait à tout moment du jour sur ce chapitre ; en déblatérant contre l'épouse infidèle, elle avait le secret de ficher de nouvelles épingles dans le cœur du mari, qui en était déjà tout garni. Par moments, une cruelle joie se dessinait sur la bouche pâle de la vieille fille, qui torturait son frère goutte à goutte, comme certaines femmes font manger à leurs maris de l'arsenic en petites proportions. C'en était fait, la fuite de Louise avait résolu mieux que par tout autre moyen une séparation absolue : elle eût voulu revenir que mademoiselle Ursule était assez forte pour s'opposer au pardon de M. Creton. Désormais la vieille fille pouvait compter sur l'héritage de son frère ; au train dont il allait, à la façon mesquine et ennuyée dont il se nourrissait, au désordre survenu dans sa personne, l'avoué devait nécessairement rendre mademoiselle Creton unique héritière.

Cependant il restait dans l'esprit de la vieille fille un mystère dont elle eût voulu connaître le fond, c'était de savoir la résidence de sa belle-sœur et les événements qui avaient suivi sa fuite. On parlait alors beaucoup dans la ville du train brillant que menait madame Chappe : quoiqu'elle fût entièrement déconsidérée depuis le scandale propagé par les dames Jérusalem ; quoique les trois quarts de ses élèves eussent quitté son pensionnat, l'institutrice faisait figure. Elle avait rempli ses charges, payé, au terme voulu, les sommes dues sur sa maison, et elle offusquait réellement les personnes honorables de la ville par une mise exagérée et d'un goût douteux ; elle portait des toilettes trop jeunes et trop voyantes pour une femme déjà âgée, et plutôt laide que belle ; mais l'argent, qui fait taire bien des consciences, lui avait amené un cercle de femmes d'une réputation douteuse : les petits fournisseurs, qui craignaient de perdre une bonne pratique, fréquentaient ses soirées, et ils ne s'inquiétaient pas d'où provenait sa vie facile et aisée. Ceux qui le pensaient, du moins, n'en faisaient rien paraître. Mademoiselle Ursule, avec son instinct de vieille fille, croyant au mal, le dévidant toute la journée dans sa tête, se dit : « Cette femme vit des libéralités du comte de Vorges. » Après la demande d'emprunt fait à la vieille fille dès l'arrivée de madame Chappe, après la désertion de ses élèves, il n'en pouvait être autrement, à moins que la maîtresse de pension n'eût trouvé un trésor. La vieille fille attendit une occasion de rencontrer par hasard l'institutrice et de relier connaissance avec elle.

Mademoiselle Creton agissait comme un heureux diplomate à qui tout réussit. Neuf mois après la fuite de Louise, madame Chappe fit prier par une tierce personne la vieille de la recevoir.

Mademoiselle Creton bondit de joie sur sa chaise et troubla le sommeil de son vieux chien, qui n'était pas accoutumé à ces manifestations. Il était arrivé dans cet intervalle que Julien, fatigué de ces demandes d'argent sans cesse renouvelées, était parti de Paris avec Louise sans répondre à la dernière lettre de madame Chappe ; celle-ci, attendant une réponse, fut stupéfaite de ne rien recevoir, et fit agir son frère, qui vivait également de la générosité du comte.

En apprenant son départ, madame Chappe comprit alors qu'elle avait trop vivement pressuré la bourse de Julien, et elle espéra encore que cette absence serait de courte durée, et qu'en y mettant de la modération, en variant les formules de ses demandes, elle arriverait sans doute à des donations déguisées du nom d'emprunt. Ce qui la confirmait dans l'idée que Julien et Louise ne s'absentaient que momentanément, c'était que le comte gardait son logement et n'avait rien dit en partant à son concierge.

Le frère eut soin de se présenter deux fois par huitaine à la maison de la place de la Madeleine, et d'avertir immédiatement sa sœur du retour du comte ; mais trois mois se passèrent de la sorte et laissèrent madame Chappe dans la gêne ; car elle s'était habituée à de folles dépenses, à des prodigalités. L'idée de ce grand coffre qu'elle avait à Paris, et dans lequel il lui suffisait d'une simple lettre pour puiser, l'empêchait de songer que ce coffre pouvait se fermer un jour. Enfin elle reçut la nouvelle que le comte était revenu ; elle lui écrivit alors une longue lettre touchante sur sa position actuelle, l'immense gêne dans laquelle elle se trouvait ; elle n'oubliait pas de faire un pompeux étalage des services qu'elle avait rendus au comte dans des circonstances difficiles, et la fuite de Louise lui coûtait tant de têtes de pensionnaires.

Le comte ne répondit pas ; à l'ordinaire, madame Chappe entretenait en même temps une correspondance avec Louise, qui était chargée d'acheter des étoffes, des robes, des chapeaux et les mille objets de toilette qu'une femme seule peut choisir. Madame Chappe écrivit donc à Louise une lettre pleine de larmes et de remords ; elle la priait d'intercéder pour elle auprès du comte, qui se montrait bien ingrat pour une pauvre femme dévouée pour lui. Louise supplia vainement Julien, qui donna des ordres pour que le frère de madame Chappe ne fût plus introduit.

Se regardant comme abandonnée, comme trahie, madame Chappe forma des projets de vengeance et trama la perte de Louise ; elle ne pouvait s'adresser mieux qu'à mademoiselle Creton. Du premier coup d'œil les deux méchantes femmes s'entendirent, et elles ne perdirent pas de temps à récriminer sur le passé.

— Vous avez bien voulu, mademoiselle, m'offrir vos services dans un temps, si je parvenais à vous découvrir l'intrigue qui existait entre le comte de Vorges et madame Creton, dit madame Chappe ; depuis, les événements ont mal tourné pour monsieur votre frère, mais il est temps encore de faire cesser une liaison scandaleuse ; et si vous étiez encore, mademoiselle, dans les mêmes idées, je suis toute disposée à vous donner les moyens d'arriver à connaître un scandale dont je gémis.

— Vous savez donc où ils sont, demanda mademoiselle Creton.

— Après ce qui est arrivé contre mon gré dans mon établissement, dit madame Chappe, je me suis trouvé leur complice, bien innocente, il est vrai ; j'avais des remords de ce qu'on trompait un aussi honnête homme que M. Creton du Coche ; mais je n'y pouvais rien. M. le comte a voulu me payer le dommage causé à mon pensionnat par son scandale ; hélas ! on ne répare pas le dommage causé à l'honneur. Perdue de réputation, je ne pouvais songer à conserver mes élèves ; effectivement, elles sont parties une à une, et je me trouve aujourd'hui dans la dure nécessité d'emprunter une somme destinée à payer un billet qui va échoir dans la huitaine... Après l'éclat, je devais quitter le pays, mademoiselle ; mais pouvais-je laisser un pensionnat pour lequel j'ai déjà fait de si grands sacrifices ? Si j'avais pu le céder ! Personne n'en voulait, car il faudra un certain temps pour faire oublier les scènes qui s'y sont passées... Ah ! mademoiselle, je suis bien malheureuse de n'avoir pu arrêter le malheur qui planait sur votre famille si respectable !

Mademoiselle Creton, qui n'était pas la dupe de ces repentirs, joua l'attendrissement, le pardon, et les deux femmes s'embrassèrent. Ces marques d'amitié n'étaient point ce qu'attendait madame Chappe, qui poussa de nouveau en avant la question d'argent. Après de nombreux débats, il fut convenu que la maîtresse de pension livrerait la correspondance du comte et de Louise ; qu'elle ferait connaître leur domicile à Paris, et qu'une somme de deux mille francs lui serait délivrée en deux fois en échange de ces preuves. Il était nécessaire toutefois que M. Creton du Coche consentît à cette transaction. La maîtresse de pension sortit doublement heureuse d'avoir paré à ses embarras financiers et d'avoir assouvi sa vengeance.

— Tu es triste, mon pauvre Creton, dit au dîner Ursule à son frère; sais-tu pourquoi? c'est de ne pas t'être vengé de cette malheureuse.

Alors elle lui confia l'entretien qu'elle avait eu avec la maîtresse de pension, et la manière dont il fallait agir désormais avec Louise, qui serait maintenant facile à retrouver, grâce aux indications de madame Chappe. La vieille fille mettait un tel feu dans ses propos, que M. Creton du Coche sentit percer en lui l'aiguillon de la vengeance; désormais sa vie allait être occupée, elle avait un but : punir la perfide Louise. L'avoué sortit de cet assoupissement maladif auquel il était en proie depuis la fuite de sa femme, et il entra dans les projets de sa sœur avec plus d'énergie qu'elle ne lui en supposait.

Sa colère éclata contre Louise et le soulagea comme les larmes qui, en tombant des yeux des malheureux, laissent couler avec elles une partie des chagrins jusqu'alors concentrés; cependant Ursule Creton, quoique avec les apparences d'avoir pardonné à la maîtresse de pension, ne pouvait se dépouiller de la rancune qu'elle nourrissait contre la femme qui avait favorisé la passion de sa belle-sœur et du comte.

— Tu tiendras prêts mille francs pour madame Chappe, dit-elle; mieux encore, tu les lui porteras. N'ayons pas l'air de nous défier d'elle, et n'attendons pas ses confidences pour les payer. Et quand tu seras certain de connaître l'adresse positive de cette malheureuse, quand tu auras des preuves certaines, que tu seras sur les lieux prêt à agir, n'hésite pas à sacrifier une nouvelle somme de mille francs. Ne crains rien, ces deux mille francs ne seront pas perdus; je ne veux pas les perdre; mais tu auras soin, par Faglain, de faire racheter les billets de madame Chappe qui courent dans Molinchart, et, à un moment donné, nous la ferons chasser honteusement de la ville. Ah! elle s'imagine que je lui ai pardonné! Elle aura de nos nouvelles, n'est-ce pas, Creton?

Le plan de la vieille était conçu habilement; deux mille francs ne pouvaient servir à éteindre les obligations de la maîtresse de pension, qui n'avait guère payé que sept mille francs sur un établissement de vingt mille francs. L'affaire de Louise avait été colportée dans la ville avec tant de méchanceté et de calomnies, que madame Chappe ne pouvait remonter son pensionnat sur l'ancien pied. Quoique malicieuse, elle s'était trompée en croyant rentrer dans les bonnes grâces de mademoiselle Creton ou en espérant, par son influence, recouvrer la bonne opinion des Molinchartais. Il est facile de perdre l'estime des habitants d'une petite ville, il est presque impossible de la faire renaître. Si, sur de simples propos, un homme perd la faveur de ses concitoyens, que devait-il arriver pour madame Chappe, dans la maison de laquelle des faits trop positifs, trop palpables, avaient été recueillis par des témoins tels que les dames Jérusalem?

Les gens dans l'embarras se donnent avec tant de facilité au diable, qu'on ne s'imagine pas ce que le diable peut faire d'une si nombreuse clientèle. Madame Chappe se donna à pis qu'au diable en se livrant à la vieille fille, car la correspondance de Louise et du comte, qu'elle remit entre les mains de M. Creton, contre un premier payement de mille francs, la compromettait assez pour être accusée de complicité dans la fuite de Louise.

Les cadeaux un peu forcés qu'elle tirait constamment de Paris, les sommes envoyées par le comte, étaient accusés dans cette correspondance, où il était facile d'y saisir les traces de demandes. Madame Chappe, égarée par le silence de Julien à ses dernières lettres, livrait des armes empoisonnées contre elle. Mademoiselle Ursule Creton, en lisant ces lettres, passa une journée aussi heureuse que peut le comprendre la lectrice d'un roman intéressant.

Jamais une méchanceté ne causa autant de joie à la vieille fille, qui donna cette correspondance à copier à

Faglain, et qui, pour plus de sûreté, fit descendre le maître clerc dans la chambre où elle se tenait. Poussant la prudence à ses dernières limites, la vieille fille, devenue défiante, dicta cette correspondance au maître clerc, qui souriait, peu habitué à transcrire de pareils actes. C'est muni du double copié de cette correspondance, que M. Creton du Coche partit pour Paris, après avoir reçu de longues instructions de son aînée.

XXII

Julien à Jonquières.

« Combien tu dois m'en vouloir, mon ami, depuis si longtemps que je ne t'ai écrit. Je te l'avoue, j'étais froissé de tes conseils que je trouvais trop sages. Maintenant tu pourrais t'applaudir de ma situation si tu n'avais le cœur excellent; tout ce que tu m'avais prédit est arrivé, et plus encore que tu n'avais prédit. Laisse-moi donc te faire une longue lettre qui me servira de confession, et après laquelle tu me pardonneras, je l'espère. Prévenant le scandale qui allait résulter dans la ville, je ne voulus pas que ma mère pût m'écrire; tout ce qu'elle avait à me dire, je me l'étais dit; mais la passion était plus forte que la raison, et je ne me confiai qu'à madame Chappe, qui, jusqu'alors, avait paru nous protéger avec tant de bonté.

» Te dire la joie que j'éprouvai en retrouvant Louise libre m'est impossible; ces beaux temps sont déjà bien loin. Après six mois, nous décidâmes que nous partirions immédiatement de Paris, afin de dépister les gens qui voudraient nous inquiéter; nous avons été en Belgique, en Allemagne, et nous ne nous sommes arrêtés qu'en Suisse. Là j'ai goûté le bonheur le plus pur de ma vie pendant cinq mois; nous ne nous quittions pas d'un instant, nous étions libres en pays étranger, vis-à-vis d'une belle nature. Retirés dans un petit village de l'Oberland, nous avions eu soin de choisir celui où il arrive le moins d'étrangers.

» Combien de journées avons-nous passées sur la balustrade de notre chalet, les mains l'une dans l'autre, sans nous quitter des yeux ! Jamais je n'ai rencontré une femme comme Louise, douce, aimante, empressée, égale de caractère, et n'ayant conservé de son mariage qu'un air de résignation que je tâchais de faire disparaître. Elle n'avait que le seul défaut de n'être pas assez capricieuse ; elle allait au-devant de mes désirs et me récompensait des souffrances qu'elle m'avait causées jadis. Nos voisins les paysans étaient tout étonnés de voir une Française aussi douce. Il en passe quelquefois par là qui transportent en Suisse leurs petites manières parisiennes, et qui s'en vont devant la *Yung-Frau* comme à l'Opéra, dans des toilettes extravagantes, regardant la montagne avec une lorgnette ; c'est tout au plus si elles ne crient pas *bravo* à la *Yung-Frau*.

» Pour nous, nous nous gardions bien de nous mêler à ces touristes ; nous parcourions souvent les montagnes ; Louise marchait bravement avec son bâton ferré. Elle m'aurait suivi ainsi jusqu'à Milan si j'en avais eu le désir. Les soirs, quand nous ne faisions pas d'excursions dans les environs, nous prenions un petit batelet, et un paysan nous conduisait sur le lac, où nous restions de longues heures sans parler d'autre chose que de notre amour. Vers la fin du cinquième mois, je craignis que Louise ne se fatiguât de cet isolement, et un matin, je lui dis :

» — Nous partons aujourd'hui pour Paris ; on a perdu nos traces, et nous pouvons y vivre tranquilles maintenant.

» Pour toute réponse, elle m'embrassa, et se mit immédiatement à faire ses malles.

» En chemin, le souvenir de la Carolina, qui m'a rendu si malheureux, me revint, et je repassai dans mon esprit les raisons qui m'avaient tant fait souffrir. Je crois réellement que cette fille m'a aimé dans le principe, mais qu'elle s'est dégoûtée de moi parce que je la fatiguais de mon amour. On ne se doute pas dans la jeunesse combien peut être fatigant un homme qui, de neuf heures du matin à minuit, chante à la femme la même litanie : Je vous aime ! L'homme s'étonne un beau jour de rencontrer de la froideur, puis de l'indifférence; il devient de plus en plus aimant, et la froideur augmente chez la femme. Elle s'ennuie, elle vous connaît à fond; vous vous battriez les flancs que vous seriez incapable de trouver quoi que ce soit d'*imprévu*.

» La femme vous abandonne.

» Alors l'amant se désespère; il parle d'ingratitude; il conte ses chagrins à qui veut les entendre; il veut revoir l'ingrate, la supplier, mourir à ses pieds. Il trouve une femme froide qui n'a aucune pitié de lui; rien ne saurait l'attendrir; cet homme, qu'elle a vu au début plus spirituel, plus beau que les autres, est devenu tout à coup un être vulgaire, qu'elle s'étonne d'avoir pu aimer cinq minutes. L'amant chassé devient alors moins intéressant qu'un bossu, car le bossu est inconnu à la femme, et a plus de chance, à ce moment, de s'en faire aimer. Je pensais à ce qui m'était arrivé avec la Carolina pour que le même fait ne se reproduise pas avec Louise.

» Certainement, elle n'a rien de commun avec cette comédienne, mais elle est femme, elle pouvait se fatiguer de moi, et je mis à profit la science que j'avais puisée dans mes chagrins passés. Il fut décidé que nous ne demeurerions pas ensemble à Paris; je donnai à entendre à Louise des motifs de convenance, mais, dans le fond, je craignais la satiété de sa part. Par prudence, je lui choisis un appartement dans les environs du Luxembourg, quoique j'eusse préféré les Tuileries; mais comme elle aime beaucoup à se promener, je craignais une rencontre avec des provinciaux, et d'après ce que m'écrivait madame Chappe, les colères de notre pays n'étaient pas encore éteintes.

» Combien tu avais raison, mon cher Jonquières, de me dire de prendre garde à cette femme. J'ai longtemps été pour elle un banquier ; il n'y avait pas de demandes de toute espèce qu'elle ne me fît ; un jour elle avait envie de s'établir à Paris, un autre elle me faisait prendre des renseignements sur une maison de commerce ; chacune de ses lettres était un mandat à vue tiré sur moi. A Louise elle écrivait en secret, et se faisait envoyer des robes, des chapeaux, que sais-je ? en la priant de ne m'en rien dire. Et je ne sais si, par une sorte de perfidie, elle ne troublait pas la tranquillité de Louise, en lui répétant ce qui se disait sur son compte : tous les méchants propos de la ville et la colère perpétuelle de M. Creton du Coche suspendue sur notre tête.

» Quelquefois je rentrais et je trouvais Louise triste, préoccupée ; je lui demandais ce qu'elle avait, et elle m'embrassait en pleurant. Cela me blessa et jeta d'abord quelque froideur entre nous, jusqu'à ce que je fusse arrivé à connaître la vérité : alors j'écrivis à madame Chappe en lui envoyant les derniers mille francs qu'elle devait recevoir de moi, car je l'engageais à cesser de correspondre. Nous a-t-elle trahis depuis ? je ne sais ; toujours est-il qu'un soir, rentrant dans ma maison, j'aperçus un homme dans la rue qui semblait observer ma fenêtre avec curiosité.

» Mon concierge me dit qu'on était venu peu de temps avant s'informer si je restais dans la maison, si je vivais seul et si je ne recevais pas une jeune dame.

» Dès le soir même, je pris un parti et j'allai m'établir en hôtel garni à quelques rues de distance de la maison où logeait Louise. Ce fut là que je fus pris d'un sentiment inconnu, affreux, que je ne connaissais pas, qui n'est pas de la jalousie et qui cependant s'en rapproche beaucoup. Je me figurais que Louise me trompait. Pourquoi ? Rien ne me le faisait croire, excepté une sorte d'indifférence que je surprenais sur sa physionomie. Regrettait-elle sa petite ville et la maison de M. Creton du Coche? Tu ne saurais croire combien je souffrais sans oser le lui dire. Il me revenait sans cesse en tête : « Si elle a trompé son mari, elle peut aussi bien te tromper. »

» Et cette raison, toute déplorable qu'elle soit, reparaissait toujours avec l'insistance d'un importun. Cependant, mon amour diminuait, je le sentais, je le constatais, je m'étudiais; je ne le voyais pas fuir, pas plus qu'on ne voit marcher les lentes aiguilles d'un cadran. Pourquoi suis-je jaloux? Si je n'aime plus Louise, que m'importe?

» En même temps reparaissaient les idées de devoir, de famille, et de même que la nuit fuit devant l'aurore, l'amour est faible quand les idées de famille sont dominantes. J'ai sacrifié ma mère à une folle passion, je n'ai plus de ses nouvelles; elle doit pleurer mon ingratitude, mon absence. Lâche que j'étais! une vingtaine de lieues me séparent d'elle, et je n'ai pas le courage de me séparer pour quelques jours de Louise. Elle aussi semblait se douter de ce qui se passait en moi, car elle reflétait mes propres sensations.

» Si je la trouvais indifférente en apparence, c'est qu'elle me sentait indifférent au dedans. Elle a été trop douce, trop aimante; je suis entré dans la vie, cravaché par une femme qui m'a fait supporter toutes les tortures que sait trouver la coquetterie, et quand j'ai été broyé, elle m'a laissé étendu sans même me donner le coup de la mort, comme ces martyrs penseurs que l'Inquisition broyait et laissait privés de sentiment pour la vie.

» Un jour, la jalousie m'a repris plus fort que jamais, j'ai décidé que je ne pouvais vivre plus longtemps éloigné de Louise, et nous sommes allés nous installer ensemble dans le quartier du Jardin des Plantes; j'avais loué sous un faux nom et nous vivions ensemble comme un simple étudiant et sa maîtresse. Dès six heures du matin j'étais levé et j'allais dans le Jardin des Plantes, où je rencontrais quelquefois des grisettes qui venaient accompagner leur amant jusqu'à l'hôpital de la Pitié. Croirais-tu que je me surprenais à envier le sort de ces jeunes gens libres, qui s'attachent et se détachent sans remords? Je craignais tant que Louise ne se fatiguât de moi, et c'était moi qui étais fatigué d'elle; je n'osais me l'avouer, me trouvant froid et réservé quand je rentrais, comme autrefois la Carolina vers la fin de nos amours.

» J'ai aimé Louise passionnément; je me serais fait tuer pour obtenir un regard d'elle; j'ai tant fait qu'elle a quitté pour moi son mari, et j'en suis déjà lassé après un an et demi. Ce sont de ces situations douloureuses par lesquelles il faut avoir passé pour s'en faire une idée. Les combats intérieurs sont plus pénibles que ceux d'un homme qui aime encore et qui est repoussé. On arrive à se faire horreur à soi-même. Et plus on se dit : Il faut que j'aime, moins on aime.

» Tu ne sais pas, mon cher ami, quel mal on a à se composer une figure pour avoir l'air aimable comme par le passé; et si la figure ne vous trahit pas, la manière d'écouter, les réponses à des paroles qu'on n'a pas entendues sont là qui témoignent de l'état secret de votre cœur. J'arrivai à ne plus oser regarder Louise, tant j'avais peur qu'elle ne lût la vérité dans mes yeux. Et cependant vois comme l'homme est singulier : si elle avait vu ce qui se passait en moi, si un soir en entrant je ne l'eusse pas trouvée, si elle m'avait quitté, j'aurais été très-malheureux.

» Avant-hier, dès le grand matin, un commissaire de police est venu frapper à notre porte et nous a présenté un mandat d'arrêt du procureur du roi. Louise s'est trouvée mal; je l'ai quittée avant qu'elle reprît ses sens, pour éviter une nouvelle scène douloureuse, et on m'a conduit à la Conciergerie.

» Il y a quinze jours!... — Je l'aime plus que jamais,

maintenant que j'en suis séparé. Mon avocat me conseille de faire faire des démarches auprès de M. Creton du Coche, afin d'éviter la prison préventive. Cela dépend du mari, et en payant un cautionnement je serais libre jusqu'au jour de ma condamnation, car elle est certaine, le flagrant délit étant constaté. Je préfère ne demander aucune grâce à M. Creton. Plus tard je retrouverai Louise.

» Mais ensuite !...

» Julien de Vorges. »

Janvier à novembre 1853. Paris.

FIN

TABLE.

	Pages.
Chapitre Ier. Visite d'un chevreuil à quelques bourgeois.	1
— II. Explication de la Société météorologique.	13
— III. Une jeune femme en province.	29
— IV. Un grand dîner.	38
— V. La vieille fille.	52
— VI. Conversation entre amis.	63
— VII. Diverses aventures de l'avoué savant.	82
— VIII. La distribution des prix.	98
— IX. Peines d'amour.	111
— X. Delirium archeologicum tremens.	124
— XI. La comédie sous la table.	137
— XII. Le cirque Loyal.	152
— XIII. M. Bonneau perd son parapluie.	173
— XIV. Catilinaires de province.	188
— XV. La maîtresse de pension.	209
— XVI. La Société racinienne.	223
— XVII. Une visite à l'Observatoire.	240

		Pages.
Chap. XVIII.	La maison des dames Jérusalem. . . .	254
— XIX.	Misères d'intérieur.	267
— XX.	Le bonheur.	281
— XXI.	Traité de paix entre deux méchantes femmes.	295
XXII.	Julien à Jonquières.	302

FIN DE LA TABLE.

Paris.—Typ. de Mme Ve Dondey-Dupré, rue Saint-Louis, 46.

LIBRAIRIE NOUVELLE
BOULEVARD DES ITALIENS, 15, EN FACE DE LA MAISON DORÉE.
JACCOTTET, BOURDILLIAT ET Cie, ÉDITEURS.

UN FRANC LE VOLUME

BIBLIOTHÈQUE
NOUVELLE

format in-16 imprimé avec caractères neufs sur beau papier satiné

Édition contenant 500,000 lettres au moins, valeur de deux volumes in-8°.

Jamais le besoin de lire n'a été plus développé qu'en ce temps-ci.

On lit tout autant et même plus que par le passé ; seulement, les conditions de lecture sont changées. Donc quelque chose de nouveau est à faire.

Ce qui paralyse la librairie française, — pourquoi ne pas le dire tout de suite ? — c'est la timidité des éditeurs.

On se défie du public, et l'on croit être fort audacieux en tirant un livre à 1,500 exemplaires. Qu'en arrive-t-il ? Que, pour couvrir les frais de l'édition, les droits d'auteur, les remises aux confrères, et avoir, en fin de compte, un bénéfice suffisant, on est forcé de vendre fort cher ce qu'on aurait pu donner à *deux tiers meilleur marché* avec un tirage plus considérable.

C'est aussi évident qu'incontestable.

Partant de ce principe, les fondateurs de la *Bibliothèque Nouvelle* viennent hardiment faire, pour les produits littéraires, ce qui se fait pour tous les autres produits industriels; ce qui s'est fait, — et l'on sait avec quel bonheur, — pour les grands journaux, par exemple.

Donner beaucoup, donner à bon marché, tout est là aujourd'hui; c'est vingt fois prouvé.

Les volumes de la *Bibliothèque Nouvelle* seront, du premier coup, tirés à 10,000 exemplaires, et le prix en sera uniforme, accessible à tous : — **un franc seulement.**

Quelques considérations sont nécessaires pour expliquer cette tentative.

La librairie a affaire :

Aux auteurs, — aux libraires, — au public.

Prouver que libraires, auteurs et public ont tout à gagner à cette combinaison, c'est prouver que le problème est résolu.

AVANTAGES OFFERTS AUX LIBRAIRES.

A part quelques librairies de grandes villes qui reçoivent tout ce qui s'édite à Paris, le plus grand nombre des libraires de province restreint ses demandes, par crainte de nouveautés onéreuses et d'une vente difficile. Au prix de **un franc**, cette crainte n'existera plus. Les acheteurs augmenteront en proportion directe de l'abaissement des prix; l'écoulement sera prompt, le bénéfice immédiat.

AVANTAGES OFFERTS AUX AUTEURS.

Le bénéfice que peut rapporter un volume n'est pas la seule chose qu'un auteur demande à l'édition. Ce qu'il lui faut surtout, pour sa réputation, pour la juste satisfaction de son amour-propre, c'est d'être acheté par le plus grand nombre possible de lecteurs.

En vendant son œuvre à 10,000 exemplaires *au moins*, la *Bibliothèque Nouvelle* lui procure toute l'expansion qu'il est en droit de demander. Sans diminuer en rien son bénéfice légitime, elle étend son action, en même temps que la juste popularité qu'elle lui donne.

AVANTAGES OFFERTS AU PUBLIC.

Quant aux avantages que la *Bibliothèque Nouvelle* offre au public, ils sont tellement visibles, qu'il suffira de les énoncer.

Grâce à elle, le lecteur de province et de l'étranger est assimilé au lecteur parisien. Du fond de la France, comme à Paris même, il pourra suivre le mouvement littéraire de son époque; son libraire ne craindra plus d'acheter des livres d'un placement douteux, et lui-même, vu l'abaissement des prix, en achètera davantage.

A Paris, comme en province, le public payera **un franc seulement** ce que jusqu'à ce jour, chez n'importe quel éditeur, il a payé 3 fr., 3 fr. 50 et 5 fr.

Il trouvera dans un format élégant, imprimé sur beau papier, avec des caractères neufs, la matière de ces volumes dits *Charpentier* qui ont eu, jusqu'à ce jour, une faveur méritée malgré leur prix relativement élevé.

Quelques rapprochements, donnés ici comme exemples, sur trois volumes pris dans différentes librairies, montreront éloquemment la vérité de cette assertion :

LAMARTINE. — *Geneviève, Histoire d'une Servante*, dont plusieurs éditions ont été épuisées, et qui se vend actuellement chez deux éditeurs au prix de 3 fr. . . . . **1 fr.**

STENDHAL (Henry Beyle). — *Le Rouge et le Noir*, *la Chartreuse de Parme*, etc., qui viennent d'être réédités avec un si grand succès en volumes de plus de 500 pages, partout vendus 3 fr. . . . . **1 fr.**

GÉRARD (Jules). — La *Chasse au lion et les chasses de l'Algérie*, par le célèbre *tueur de lions*, est en vente au prix de 7 fr. 50 c. La Bibliothèque Nouvelle, donnant en plus **12** saisissantes gravures dessinées par GUSTAVE DORÉ, le plus populaire des illustrateurs contemporains. . . . **1 fr.**

On pourrait multiplier ces citations; mais à quoi bon?

Les éditeurs de la *Bibliothèque Nouvelle*, loin de s'en défier, ont la plus grande confiance dans l'intelligence des lecteurs français. Ils fondent le succès de leur entreprise sur l'accueil qu'ils attendent du public, des auteurs et des libraires.

Plus de 200 volumes seront publiés dans le courant de la première année. Ils comprendront non-seulement les auteurs contemporains les plus en vogue, mais la plupart des chefs-d'œuvre des morts glorieux dont il n'est permis à personne d'ignorer les œuvres. Les littératures étrangères fourniront aussi leur contingent, scrupuleusement choisi.

OUVRAGES PARUS

(AVRIL 1855)

A. DE LAMARTINE.

GENEVIÈVE.—HISTOIRE D'UNE SERVANTE, 1 vol. de 384 pages. 1 fr.

Ce livre est à la fois une bonne action et un chef-d'œuvre. Dans toute famille digne de ce nom, il doit passer des mains du maître dans celles des serviteurs.

Mme E. DE GIRARDIN. — J. SANDEAU. — MÉRY. — TH. GAUTIER.

LA CROIX DE BERNY, 1 vol. de 320 pages. . . . . 1 fr.

La *Croix de Berny* est une joute littéraire des plus brillantes. Mme de Girardin, Méry, Théophile Gautier et Jules Sandeau y rompent des lances comme des preux. A qui la victoire? C'est au public à juger. Le livre n'en est pas moins une œuvre unique en son genre, qui a pris date, et dont l'intérêt ne vieillira pas.

LE COMTE DE RAOUSSET-BOULBON.

UNE CONVERSION, 1 vol. de 284 pages. . . . . 1 fr.

L'intérêt qui s'est attaché à ce livre n'est pas dû seul à la vie aventurière et à la fin héroïque de l'auteur. C'est aussi une œuvre littéraire remarquable par le style, par la composition, et qui a le plus légitime succès.

Mme LAFARGE (née Marie Capelle).

HEURES DE PRISON, 1 vol. de 320 pages. . . . . 1 fr.

La première édition de ce livre, tirée à 3,000 exemplaires, s'est rapidement et complétement épuisée. Marie Capelle raconte dans ces pages résignées sa vie de réclusion et de silence avec une mélancolie si touchante, avec de tels cris de l'âme, que les cœurs les plus prévenus s'émeuvent à ces plaintes douces.

STENDHAL (Henry Beyle).

LE ROUGE ET LE NOIR, 1 vol. de 500 pages. . . . . . . 1 fr.

On rend enfin aujourd'hui à Stendhal toute la justice qu'il mérite. *Le Rouge et le Noir* est, de l'aveu de tous, son chef-d'œuvre.

PHILARÈTE CHASLES,
(Professeur au Collége de France).

SOUVENIRS D'UN MÉDECIN (de Samuel Warren), 1 vol. de 320 p. 1 fr.

M. Philarète Chasles a rendu aux lettres les plus grands services par ses travaux consciencieux et élégants sur la littérature étrangère. Le livre de Samuel Warren, en passant par la plume de M. Chasles, n'a rien perdu de son intérêt piquant, de ses révélations curieuses, qui en font une merveille d'analyse psychologique et d'humour de bon aloi.

ALEXANDRE DUMAS FILS.

DIANE DE LYS, 1 vol. de 320 pages. . . . . 1 fr.

L'immense succès de la pièce de M. Dumas fils nous dispense de dire ce qu'est cette œuvre. Telle pièce, tel roman. M. Dumas fils porte vaillamment un nom illustre, et sa jeune gloire marche hardiment à côté de la gloire de son père.

AMÉDÉE ACHARD.

LA ROBE DE NESSUS, 1 vol. de 320 pages. . . . . 1 fr.

La place de. M. Amédée Achard est faite aujourd'hui, et elle est des plus honorables. *La Robe de Nessus*, son dernier roman, est une étude de mœurs parisiennes, piquante de détails et vive d'allures.

DE SESENOFF.

LA VÉRITÉ SUR L'EMPEREUR NICOLAS, 1 vol. de 320 pages. . . 1 fr.

Un Russe seul pouvait écrire ce livre, plein de détails inconnus, tout intimes, qui peint d'une façon si vraie, si saisissante et si complète, ce czar redouté qui a si longtemps intimidé l'Europe entière.

Mme ROGER DE BEAUVOIR.

CONFIDENCES DE Mlle MARS, 1 vol. de 320 pages. . . . . 1 fr.

Si quelque chose peut remplacer les *Mémoires de Mademoiselle Mars*, c'est à coup sûr ces confidences faites par la grande artiste à sa jeune camarade, dans l'intimité de la vie dramatique et avec la liberté des conversations de foyers.

ARNOULD FRÉMY.

LES MAITRESSES PARISIENNES, 1 vol. de 320 pages. . . . 1 fr.

Tous les grands écrivains de ce temps se sont préoccupés de l'existence singulière et des mœurs du monde interlope. A son tour, M. Fremy vient, sans le déchirer violemment, soulever le voile mystérieux ; il peint avec une vérité implacable ces périodes de splendeurs, de misères, d'amours vrais et frelatés, et sait tirer un haut enseignement de cette peinture en apparence frivole.

THÉOPHILE GAUTIER.

THÉATRE DE POCHE, 1 vol. . . . . 1 fr.

M. Th. Gautier a fait aussi du théâtre, mais à sa manière, plutôt en fantaisiste qu'en dramatiste de métier. C'est une curieuse légende qu'*Une larme du diable*, espèce de *mystère* ciselé comme un bijou du moyen âge ; la *Fausse conversion* rappelle un peu les proverbes d'Alfred de Musset, les meilleurs s'entend. Quant au *Tricorne enchanté*, l'écho de la salle des Variétés murmure encore des bravos frénétiques qui accueillirent cette désopilante pochade, remplie de bastonnades, de mots verts et de joyeux rire rabelaisien.

JULES GÉRARD.
(Le tueur de lions.)

LA CHASSE AU LION, 1 vol. de 300 pages, orné de 12 saisissantes gravures par GUSTAVE DORÉ. . . . . 1 fr.

Ce livre, pour n'être pas écrit par un homme littéraire, n'en est pas moins des plus remarquables. M. Jules Gérard est aussi émouvant conteur que chasseur intrépide. Douze vigoureux dessins, dus au crayon de Gustave Doré, illustrent brillamment les principaux exploits de l'Hercule moderne.

LE COMTE RUFINI,
Ancien ambassadeur de Sardaigne.

LORENZO BENONI. — MÉMOIRES D'UN CONSPIRATEUR, 1 volume de 400 pages. . . . . 1 fr.

Les Mémoires du comte Rufini, ancien ambassadeur de Sardaigne, qui viennent de remuer l'Italie entière, pourraient à juste titre s'intituler la *Confession d'un conspirateur*. M. Rufini a conspiré de tout temps et à tout âge, au collége, au séminaire, à l'université, et son nom se trouve mêlé à tous les événements qui ont agité l'Italie dans ces dernières années. Aujourd'hui, désillusionné, lassé, désespéré, pour ainsi dire, il raconte, sous le titre de *Lorenzo Benoni*, l'histoire émouvante de ces luttes cachées et persistantes. Des pseudonymes transparents voilent à peine les individualités vivantes, — *Fantasio*, entre autres, pour *J. Mazzini*, — et l'on retrouve avec un sentiment singulier, dans les conspirateurs des grandes scènes publiques, les collégiens mutins et les étudiants révoltés des premières pages du livre.

MARIE FONTENAY (Mme Manoël de Grandfort).

L'AUTRE MONDE, 1 vol. . . . . 1 fr.

La société américaine est, à juste titre, une des grandes préoccupations de la vieille Europe; on est avide de détails intimes sur cette civilisation étrange, féconde en miracles, contradiction vivante de nos mœurs et de nos traditions. — Mme Marie Fontenay revient des États-Unis. Rien de plus curieux que le livre qu'elle en rapporte : mœurs, religions, politique, tout a trouvé place dans ces pages élégantes. Ce n'est pas une prédicante comme Mme Beecher Stowe ; loin de là : c'est un observateur toujours fidèle, parfois ironique, qui nous apprend ce qu'il faut penser de *l'Oncle Tom* et de ce bloomérisme tant raillé par nos petits journaux.

JULES SANDEAU.

UN HÉRITAGE, 1 vol. . . . . 1 fr.

M. Jules Sandeau se complaît dans les récits familiers, drames intimes, où l'étude du cœur humain l'emporte sur les préoccupations romanesques. *Un Héritage* est un de ces récits. Jamais son talent simple et élégant ne s'est trouvé plus à l'aise que dans la peinture de ces mœurs allemandes, douces et bizarres à la fois, riches en types, et si bien faites pour tenter un conteur curieux.

(Un catalogue des ouvrages parus sera publié chaque mois.)

PARIS. — TYP. DE Mme Ve DONDEY-DUPRÉ, RUE SAINT-LOUIS, 46

www.ingramcontent.com/pod-product-compliance
Lightning Source LLC
Chambersburg PA
CBHW071247160426
43196CB00009B/1198